Jugendhilfeplanung in Deutschland – Herausforderungen, Potenziale und Entwicklungstendenzen

Soziale Praxis

herausgegeben vom
Institut für soziale Arbeit e. V.,
Münster

Philipp-Emanuel Oettler, Julia Pudelko

Jugendhilfeplanung in Deutschland – Herausforderungen, Potenziale und Entwicklungstendenzen

Empirische Ergebnisse einer aktuellen Bestandsaufnahme

Waxmann 2023
Münster · New York

Ein Forschungsprojekt des Instituts für soziale Arbeit e. V.

Gefördert von der Auridis Stiftung

Bibliografische Information der Deutschen Nationalbibliothek
Die Deutsche Nationalbibliothek verzeichnet diese Publikation in der Deutschen Nationalbibliografie; detaillierte bibliografische Daten sind im Internet über http://dnb.dnb.de abrufbar.

ISSN 0932-416X
Print-ISBN 978-3-8309-4661-8
E-Book-ISBN 978-3-8309-9661-3

Steinfurter Straße 555, 48159 Münster
www.waxmann.com
info@waxmann.com

Umschlaggestaltung: Fabian Möcking
Umschlagabbildung: hobbitfoot/stock.adobe.com
Satz und Layout: Fabian Möcking
Druck: Plump Druck und Medien, Rheinbreitbach

Printed in Germany

Danksagung des Forschungsteams

An dieser Studie waren viele Menschen beteiligt, die uns als Forschungsteam durch ihr Wissen unterstützt haben und u. a. bei der Entwicklung der Forschungsfragestellungen und der Erhebungsinstrumente mitgewirkt haben.

In diesem Zusammenhang sei zunächst Prof. Dr. Reinhold Schone genannt, der uns seit Entstehung des Projektes und über dessen Verlauf als Berater mit fundierten, inspirierenden und teilweise kritischen Fragen und Anmerkungen zur Seite stand.

Einen großen Dank möchten wir den Mitgliedern des Beirats aussprechen, die den Forschungsprozess mit ihren wichtigen und guten Anregungen, Korrekturen und Ideen immer wieder bereichert haben und stets bereit waren, uns konstruktive Rückmeldungen und Hinweise zu geben, die uns in der Entwicklung der Forschungsinstrumente sowie in der Auswertung der Ergebnisse sehr vorangebracht haben.

Ein besonderer Dank gilt der Auridis Stiftung und Markus Büchel als unserem Ansprechpartner für die Förderung der Studie, die fachlichen Impulse und die vertrauensvolle Zusammenarbeit.

Eine wesentliche Grundlage der Studie stellt die quantitative Online-Befragung deutscher Jugendämter dar. Wir möchten uns daher herzlich bei all denen bedanken, die sich die Zeit genommen haben, an der sehr umfänglichen und zeitintensiven Befragung teilzunehmen und dadurch dazu beigetragen haben, ein datenbasiertes Bild zur aktuellen Situation der kommunalen Jugendhilfeplanung zu erhalten.

Der vertiefende Blick auf die Planungspraxis in ausgewählten Kommunen gelang durch die Durchführung von Fallstudien. Wir bedanken uns herzlich bei den fünf Kommunen und insbesondere bei unseren Interviewpartner:innen, dass sie uns mit ihrer Zeit und Offenheit die Untersuchung ihrer Planungsaktivitäten ermöglicht haben.

Zuletzt möchten wir unseren ehemaligen Projektmitarbeiter:innen und besonders den Kolleg:innen im ISA danken, die uns während dieser Zeit stets unterstützend und für die eine oder andere reflexive Schleife im Forschungsprozess zur Seite standen.

Julia Pudelko (Projektleitung) und
Philipp-Emanuel Oettler
(wissenschaftlicher Mitarbeiter)

Vorwort der Auridis Stiftung

Kinder und Jugendliche, die in herausfordernden Situationen aufwachsen (z. B. in Familien, die über einen längeren Zeitraum hinweg nur sehr wenig Geld zur Verfügung haben) können ihre individuellen Potenziale nur selten voll verwirklichen.

Zwar stehen zur Minderung der Folgen von benachteiligenden Verhältnissen für Kinder und Jugendliche zahlreiche und verschiedenartige Angebote zur Verfügung. Jedoch ist die erfolgreiche Beteiligung aller Kinder, Jugendlichen und Eltern hieran eine große Herausforderung. Dies gilt sowohl mit Blick auf die Planung entsprechender Angebote und Leistungen wie auch hinsichtlich deren Nutzung bzw. Inanspruchnahme.

Die Auridis Stiftung hat es sich zur Aufgabe gemacht, einen Beitrag zur kommunalen Strukturentwicklung zu leisten, um dieses Problem der Erreichbarkeit aller Eltern sowie Kinder und Jugendlichen zu verbessern. Zwei wesentliche Ansätze in diesem Zusammenhang sind die Förderung des Auf- und Ausbaus kommunaler Präventionsketten sowie die Förderung integrierter Planungs- und Koordinierungsprozesse in der Kommunalverwaltung.

Die vorliegende Studie wurde durch die Auridis Stiftung im Kontext der Gründung von Kommune 360° initiiert und gefördert. Das Ziel von Kommune 360° ist es, Kommunalverwaltungen dabei zu unterstützen, die Potenziale integrierter Planung besser nutzen zu können, um Kindern und jungen Menschen ein gutes Aufwachsen zu ermöglichen.

Die Studienergebnisse des Instituts für soziale Arbeit e.V. (ISA) zeigen, dass die Planungsbedingungen in der kommunalen Gesamtlandschaft sehr unterschiedlich sind. Insbesondere lässt sich feststellen, dass Kommunen der Planung präventiver Angebote und Leistungen überwiegend keinen besonders hohen Stellenwert einräumen. Dass sich dies ändern sollte, ergibt sich auch durch den gesetzgeberischen Willen im Kinder- und Jugendstärkungsgesetz – KJSG, u. a. im Bereich »Mehr Prävention vor Ort«.

Viele Mitarbeiter:innen in Kommunalverwaltungen in Deutschland engagieren sich bereits für verbesserte Planungs- und Koordinierungsprozesse zugunsten eines gelingenden Aufwachsens von Kindern. Aus Sicht der Auridis Stiftung wäre eine weite Verbreitung der Studienergebnisse des ISA in Kombination mit einer kontinuierlichen bundesweiten Vernetzung der zahlreichen engagierten Planungs- und Koordinationsfachkräfte wünschenswert. Auf dieser Grundlage ließen sich zukünftig die vielen Beispiele guter Praxis sowie das entsprechende Wissen zur Veränderung kommunaler Strukturen und Prozesse gezielt auf die analysierten Planungsdefizite in Kommunen anwenden. Den (kommunal-)politischen Willen vorausgesetzt, ließe sich sodann möglicherweise in zehn Jahren feststellen: Die kommunale Planungspraxis entspricht vielerorts den gesellschaftlichen Herausforderungen unserer Zeit.

Markus Büchel

Projektmanager und Prokurist Auridis Stiftung

Inhalt

Abbildungsverzeichnis		**11**
Tabellenverzeichnis		**13**
Einleitung		**15**
1.	**Hintergrund und Forschungsdesign**	**17**
1.1	Auftrag und Rechtsgrundlage der Jugendhilfeplanung	17
1.2	Überblick zum Forschungs- und Diskussionsstand	18
1.2.1	Entwicklungen und Diskurs	18
1.2.2	Forschungsstand	19
1.3	Ziele der Studie und Forschungsdesign	25
2.	**Ergebnisse der quantitativen Befragung bei Jugendämtern**	**28**
2.1	Rücklauf der Online-Befragung	28
2.1.1	Rücklauf nach Bundesländern	28
2.1.2	Rücklauf nach Jugendamtstypen	29
2.1.3	Rücklauf nach Einwohner:innenzahl	31
2.1.4	Funktion(en) der Befragungsteilnehmenden	32
2.2	Personelle und sachliche Ausstattung in der Jugendhilfeplanung	33
2.2.1	Anzahl, Verortung und weitere Aufgaben der Planungsfachkräfte	33
2.2.2	Qualifikation und Geschlecht der Planungsfachkräfte	38
2.2.3	Stellenumfang für Jugendhilfeplanung	40
2.2.4	Sachmittel und externe Beratung	42
2.2.5	Zusammenfassende Kommentierung zur personellen und sachlichen Ausstattung	45
2.3	Konzeption und Auftrag der Jugendhilfeplanung	46
2.3.1	Planungsansätze	46
2.3.2	Grundsatzbeschluss und Planungskonzeption	49
2.3.3	Planungsbeschlüsse und -aktivitäten in den Teilbereichen der Kinder- und Jugendhilfe	53
2.3.4	Zusammenfassende Kommentierung zur Konzeption und zum Auftrag	57
2.4	Datengrundlage der kommunalen Jugendhilfeplanung	57
2.4.1	Überblick: Aktuelle und kleinräumige Daten in der Jugendhilfeplanung	58
2.4.2	Vergleich der Jugendamtstypen	62
2.4.3	Weitere zur Verfügung stehende Daten	64
2.4.4	Nutzen und Defizite der Datengrundlage	65

2.4.5 Zusammenfassende Kommentierung zur Datengrundlage 67
2.5 Beteiligung im Planungsprozess 68
2.5.1 Anmerkungen zur Beteiligung in der Jugendhilfeplanung 68
2.5.2 Planungsbeteiligung von Adressat:innen 69
2.5.3 Planungsbeteiligung von Fachkräften und Ehrenamtlichen 73
2.5.4 Zusammenfassende Kommentierung zur Beteiligung im Planungsprozess 76
2.6 Kooperation und Abstimmung mit anderen Planungsbereichen 78
2.6.1 Beteiligung, Kooperation und Abstimmung im Rahmen und zum Zweck der Jugendhilfeplanung 78
2.6.2 Ämter- und systemübergreifende Planungsaktivitäten und -themen im Kontext einer integrierten Sozial- und Bildungsplanung 84
2.6.3 Zusammenfassende Kommentierung zu Kooperation und Abstimmung mit anderen Planungsbereichen 89
2.7 Aktuelle Themen und Herausforderungen 90
2.7.1 Wichtigkeit und Priorität der Themen in der Jugendhilfeplanung 90
2.7.2 Diskussion ausgewählter aktueller Entwicklungsthemen 94
2.7.3 Zusammenfassende Kommentierung zu aktuellen Themen und Herausforderungen 97
2.8 Bewertung der Rahmenbedingungen, Berücksichtigung durch Politik und Bedeutung von Jugendhilfeplanung 98
2.8.1 Bewertung der Rahmenbedingungen 99
2.8.2 Berücksichtigung durch kommunale Politik 104
2.8.3 Bedeutung der Jugendhilfeplanung für die Weiterentwicklung der kommunalen Praxis 109
2.8.4 Überblick nach Jugendamtstypen 112
2.8.5 Zusammenfassende Kommentierung zur Bewertung der örtlichen Jugendhilfeplanung 112
2.9 Zwischenfazit 1: Aktueller Stand der Umsetzung 113

3. Ergebnisse der qualitativen Fallstudien 118
3.1 Methodische Hinweise und Fallübersicht 118
3.2 Fall 1 – Kitabedarfsplanung mit umfangreicher Trägerbeteiligung 122
3.2.1 Rahmenbedingungen der Jugendhilfeplanung in der Kommune 122
3.2.2 Darstellung des ausgewählten Planungsprozesses 124
3.2.3 Zusammenfassung und Fazit zum Fall 131
3.3 Fall 2 – Ein arbeitsfeldübergreifendes Planungsthema der Kinder- und Jugendhilfe 133
3.3.1 Rahmenbedingungen der Jugendhilfeplanung in der Kommune 133
3.3.2 Darstellung des ausgewählten Planungsprozesses 134
3.3.3 Zusammenfassung und Fazit zum Fall 141
3.4 Fall 3 – Bestandsaufnahme zur Weiterentwicklung der Familienbildung 143
3.4.1 Rahmenbedingungen der Jugendhilfeplanung in der Kommune 143

3.4.2 Darstellung des Planungsprozesses 144
3.4.3 Zusammenfassung und Fazit zum Fall 150
3.5 Fall 4 – Quantitative Kitabedarfsplanung als dringlichste Planungsaufgabe 152
3.5.1 Rahmenbedingungen der Jugendhilfeplanung in der Kommune 152
3.5.2 Darstellung des Planungsprozesses 153
3.5.3 Zusammenfassung und Fazit zum Fall 159
3.6 Fall 5 – Entwicklung einer Angebots- und Netzwerkstruktur in den Frühen Hilfen 161
3.6.1 Rahmenbedingungen der Jugendhilfeplanung in der ausgewählten Kommune 161
3.6.2 Darstellung des ausgewählten Planungsprozesses 162
3.6.3 Zusammenfassung und Fazit zum Fall 168
3.7 Zwischenfazit zu übergreifenden Erkenntnissen aus den Fallstudien 170

4. Zusammenfassung der Forschungsergebnisse und Fazit: Herausforderungen, Potenziale und Entwicklungsbedarfe der Jugendhilfeplanung 172

Literatur 179

Die Autor:innen 186

Abbildungsverzeichnis

Abbildung 1: Forschungsdesign 26

Abbildung 2: Verteilung der Jugendamtstypen (gruppiert) im Rücklauf des Online-Fragebogens (n=243) 30

Abbildung 3: Verteilung der Einwohner:innenzahl im Einzugsgebiet des Jugendamtes im Rücklauf (n=243, Anteil der Jugendämter) 31

Abbildung 4: Verortung der Planungsfachkraft/-fachkräfte in der Organisationsstruktur (n=241) 35

Abbildung 5: Höchster Bildungsabschluss der Planungsfachkräfte (n=339; Anteil der Fachkräfte) 39

Abbildung 6: Budget der Jugendhilfeplanung für Sachmittel (n=242; Mehrfachnennungen bei den Einsatzbereichen des Budgets) 43

Abbildung 7: Inwieweit werden in Ihrer Kommune die folgend aufgeführten Planungsansätze nach Ihrer Einschätzung umgesetzt? (Skala: 1 = gar nicht, 6 = vollständig; Darstellung der Mittelwerte unter Ausschluss der fehlenden Antworten) 48

Abbildung 8: Grundsatzbeschluss und Planungskonzeption (Anteil der Jugendämter) 50

Abbildung 9: Planungsbeschlüsse zu den Leistungen und Aufgaben der Kinder- und Jugendhilfe (Anteil der Jugendämter in Bezug auf die jeweils angegebene Teilmenge ohne fehlende Werte) 54

Abbildung 10: Planungsaktivität zu den Leistungen und Aufgaben der Kinder- und Jugendhilfe (Anteil in Bezug auf die jeweils angegebene Teilmenge ohne fehlende Werte) 55

Abbildung 11: Aktuelle und kleinräumige Datengrundlage der Jugendhilfeplanung (Anteil der Jugendämter ohne fehlende Werte) 59

Abbildung 12: Bewertung des Nutzens der Datengrundlage (Anteil der Jugendämter ohne fehlende Werte) 65

Abbildung 13: Beteiligung von Adressat:innen (Anteil der Jugendämter, die in dem jeweiligen Planungsbereich eine Planungsaktivität angeben und dabei die genannten Adressat:innen beteiligen) 71

Abbildung 14: Beteiligung von Fachkräften und Ehrenamtlichen (Anteil der Jugendämter, die in dem jeweiligen Planungsbereich eine Planungsaktivität angeben und dabei die genannte Personengruppe beteiligen) 74

Abbildung 15: Beteiligungsformen für Träger der freien und gewerblichen Kinder- und Jugendhilfe (n=234, Anteil der Jugendämter, die mindestens eine Beteiligungsform angegeben haben) 75

Abbildung 16: Beteiligung von Fachkräften anderer Systeme und Kommunen (Anteil der Jugendämter, die in dem jeweiligen Planungsbereich eine Planungsaktivität angeben und dabei die genannten Fachkräfte beteiligen) 80

Abbildung 17: Vergleich Wichtigkeit vs. tatsächliche Intensität der Kooperation (Mittelwerte) 83

Abbildung 18: Planungsbeschlüsse und Planungsaktivitäten in systemübergreifenden Themenfeldern (Anteil der Jugendämter ohne fehlende Werte in Bezug zur jeweils angegebenen Teilmenge) 85

Abbildung 19: Umsetzung eines integrierten Planungsansatzes (Anteil der Jugendämter) 87

Abbildung 20: Umsetzung eines integrierten Planungsansatzes nach Anzahl der Planungsfachkräfte (Anteil der Jugendämter in Bezug auf die jeweils angegeben Teilmenge) 88

Abbildung 21: Vergleich von Wichtigkeit und Priorität (1 = unwichtig/keine Priorität, 6 = sehr wichtig/sehr hohe Priorität) der aktuellen Themen in 2020 und 2010 (Mittelwerte; n=208–234) 92

Abbildung 22: Wie bewerten Sie die Rahmenbedingungen für die Jugendhilfeplanung in Ihrer Kommune insgesamt? (n=237; Anteil der Jugendämter ohne fehlende Werte) 99

Abbildung 23: Wie stark werden die Ergebnisse Ihrer Planung bei Entscheidungen durch die kommunale Politik berücksichtigt? (n=226; Anteil der Jugendämter ohne fehlende Werte) 105

Abbildung 24: Welche Bedeutung hat aus Ihrer Sicht die Jugendhilfeplanung bei der Gestaltung bzw. (Weiter-)Entwicklung der Kinder- und Jugendhilfepraxis in Ihrer Kommune? (n=232; Anteil der Jugendämter ohne fehlende Werte) 110

Abbildung 25: Ablauf einer Fallstudie 119

Tabellenverzeichnis

Tabelle 1: Anzahl der Jugendämter in den Bundesländern (sortiert nach Häufigkeit) und Rückläufe 28

Tabelle 2: Rücklauf nach Jugendamtstyp 29

Tabelle 3: Tatsächlich beschäftigtes Personal in der Jugendhilfeplanung nach Jugendamtstyp (n=241) 32

Tabelle 4: Personelle und sachliche Beschlusslage, Konzeption, Grundsatzbeschluss und Bewertung nach Verortung der Planungsfachkräfte (n=241) 36

Tabelle 5: Tatsächlich besetzte Wochenstunden in der Jugendhilfeplanung nach Jugendamtstyp (n=236) und Vergleich mit Daten aus 2010 (n=260) 39

Tabelle 6: Externe Beratung (n=239, ohne fehlende Werte; Mehrfachantworten bei »ja« möglich) 43

Tabelle 7: Planungsansätze nach Jugendamtstypen (Darstellung der Mittelwerte unter Ausschluss der fehlenden Antworten) 47

Tabelle 8: Grundsatzbeschluss und Planungskonzeption nach Jugendamtstypen (Anzahl und Anteil der Jugendämter) 50

Tabelle 9: Bewertung der Jugendhilfeplanung vor Ort durch Jugendämter mit und ohne Grundsatzbeschlusses bzw. Planungskonzeption (Mittelwerte und Anzahl der Jugendämter) 51

Tabelle 10: Planungsbeschluss und Planungsaktivität zu Teilbereichen der Kinder- und Jugendhilfe nach Jugendamtstypen (Anteil der Jugendämter in Bezug auf die jeweils angegebene Teilmenge des Jugendamtstyps inkl. fehlende Werte) 55

Tabelle 11: Alters- und geschlechtsspezifische Daten (Anteil der Jugendämter ohne fehlende Werte) 61

Tabelle 12: Aktuelle Datengrundlage der Jugendhilfeplanung nach Jugendamtstypen (Anteil der Jugendämter) 63

Tabelle 13: Beteiligungsformen für Adressat:innen nach Jugendamtstyp (Anteil der Jugendämter, die mindestens eine Beteiligungsform angegeben haben) 73

Tabelle 14: Planungsbereiche, in denen am häufigsten Fachkräfte anderer Kommunen beteiligt werden, nach Jugendamtstyp (Anteil der Jugendämter, die in dem jeweiligen Planungsbereich eine Planungsaktivität angeben und dabei die genannten Fachkräfte beteiligen) 81

Tabelle 15: Planungsbeschluss und Planungsaktivität in systemübergreifenden Themenfeldern nach Jugendamtstyp (Anteil der Jugendämter in Bezug zur jeweiligen Teilmenge) 86

Tabelle 16: Bewertung der Jugendhilfeplanung vor Ort nach Jugendamtstypen (Darstellung der Mittelwerte) 112

Tabelle 17: Fallübersicht 121

Einleitung

Die Kinder- und Jugendhilfe hat den gesetzlichen Auftrag, »positive Lebensbedingungen für junge Menschen und ihre Familien sowie eine kinder- und familienfreundliche Umwelt zu erhalten oder zu schaffen« (§ 1 Abs. 3 Satz 5 SGB VIII). Jugendhilfeplanung ist das zentrale Steuerungsinstrument, um diesem umfassenden Auftrag nachzukommen und eine zukunftsgerichtete (Weiter-)Entwicklung der kommunalen Infrastruktur für Kinder, Jugendliche und Familien zu gewährleisten. Unter Berücksichtigung von Wünschen, Bedürfnissen und Interessen der Adressat:innen (§ 80 Abs. 1 SGB VIII) und mit Einbezug der Träger der freien Jugendhilfe sollen die öffentlichen Träger die erforderlichen und geeigneten Angebote und Maßnahmen rechtzeitig und ausreichend zur Verfügung stellen. Die Bewertung der örtlichen Infrastruktur anhand dieser Kriterien (erforderlich, geeignet, rechtzeitig, ausreichend) verlangt immer wieder von neuem, in diskursiver Auseinandersetzung den Bestand von Angeboten und Leistungen zu erheben, Bedarfe zu formulieren, einen politischen Willen zu bilden und darauf aufbauend Maßnahmen zu planen, zu entwickeln und umzusetzen. Jugendhilfeplanung ist somit ein auf Kommunikation und Aushandlung angewiesener Prozess, an dem viele Akteur:innen mitwirken und der in politischen Entscheidungen mündet.

Über die deutschlandweite Praxis der Jugendhilfeplanung auf kommunaler Ebene – d. h. darüber, welche Planungsbereiche und -themen fokussiert werden, auf welche Datengrundlage zurückgegriffen wird, wie Planungsprozesse methodisch umgesetzt werden oder welche Verbindungen zu anderen Fachplanungen bestehen – liegt nur wenig systematisches und empirisches Wissen vor. Die letzte bundesweite Untersuchung, die vor rund zehn Jahren durch die Fachhochschule Münster durchgeführt und durch das Institut für soziale Arbeit e. V. (ISA) mitgefördert wurde, beschrieb schon damals eine ruhiger werdende öffentliche Diskussion um das Thema Jugendhilfeplanung (vgl. Adam et al. 2010: 6).

Jugendhilfeplanung als unverzichtbares Planungs- und Steuerungsinstrument auf kommunaler Ebene ist ein Kernthema des ISA, das sowohl in Forschungs- und Beratungsprojekten als auch in Qualifizierungsangeboten aufgegriffen und bearbeitet wird. Seit den neunziger Jahren begleitet das ISA viele Kommunen bei Planungsprozessen und bietet den Zertifikatskurs Jugendhilfeplanung an, um Planungsfachkräfte in Bezug auf ihre Rolle und ihre komplexen Aufgaben zu qualifizieren. Mit dem von der Auridis Stiftung geförderten Forschungsprojekt »Jugendhilfeplanung in Deutschland – Herausforderungen, Potenziale und Entwicklungstendenzen«, das von 2020 bis 2022 durchgeführt wurde, nutzt das ISA seine Expertise aus Praxisberatung und Qualifizierung und knüpft mit dem aktuellen Forschungsinteresse an die Studie von 2010 an.

Der vorliegende Abschlussbericht zum Forschungsprojekt liefert anhand der quantitativen und qualitativen Ergebnisse eine aktuelle bundesweite Bestandsaufnahme zur Umsetzung der Jugendhilfeplanung und zeigt Entwicklungsbedarfe auf.

Im ersten Kapitel werden zunächst der Forschungs- und Diskussionsstand zur Jugendhilfeplanung und das Forschungsdesign der aktuellen Studie erläutert. Das zweite Kapitel umfasst die Ergebnisse der quantitativen Befragung von Jugendämtern zur personellen und sachlichen Ausstattung sowie zur Konzeption und zum Auftrag der Jugendhilfeplanung, zur Umsetzung von Planungsprozessen (Datengrundlage, Beteiligung von Fachkräften und Adressat:innen, Kooperation und Abstimmung mit anderen Planungsbereichen), zu aktuellen Themen und Herausforderungen sowie zur Bewertung der Planungspraxis vor Ort. Jeder Abschnitt erhält eine kurze Zusammenfassung und Kommentierung zum jeweiligen Thema. Im Zwischenfazit des zweiten Kapitels wird der Status Quo der Jugendhilfeplanung und die Entwicklungen seit der Erhebung von 2010 zusammengefasst. Ergänzt werden diese Ergebnisse mit den vertiefenden Fallstudien, die im dritten Kapitel differenziert vorgestellt werden. Das dazugehörige Zwischenfazit greift fallübergreifende Erkenntnisse zur Gestaltung und zu den Rahmenbedingungen der untersuchten Planungsprozesse auf. Im abschließenden Gesamtfazit werden auf Basis der Forschungsergebnisse die wesentlichen Herausforderungen, Potenziale und Entwicklungsbedarfe der Jugendhilfeplanung Anfang der 2020er Jahre zusammengeführt und kommentiert.

1. Hintergrund und Forschungsdesign

1.1 Auftrag und Rechtsgrundlage der Jugendhilfeplanung

Das Kinder- und Jugendhilfegesetz (SGB VIII) normiert Jugendhilfeplanung ausdrücklich als Verpflichtung des öffentlichen Trägers der Kinder- und Jugendhilfe. Somit ergibt sich für die örtlichen Jugendämter der Auftrag zur zukunftsgerichteten Gestaltung und Entwicklung der Handlungsfelder der Kinder- und Jugendhilfe mit der Zielsetzung, positive Lebensbedingungen für junge Menschen und ihre Familien zu erhalten oder zu schaffen (§ 1 SGB VIII). Gemäß § 79 SGB VIII ist ein qualitativ und quantitativ dem Bedarf angemessenes sowie den verschiedenen Grundrichtungen der Erziehung entsprechendes Jugendhilfeangebot rechtzeitig und ausreichend bereitzustellen. Der Jugendhilfeplanung kommt somit eine hohe Bedeutung zu, da sie einen Gestaltungsrahmen für die planerische Abstimmung von Bedarfen und der daran angepassten Einrichtungen, Dienste, Angebote und Maßnahmen in gemeinsamer Verantwortung der öffentlichen und freien Träger der Kinder- und Jugendhilfe bietet. Außerdem stellt Jugendhilfeplanung das zentrale Steuerungsinstrument auf kommunaler Ebene und für die Politikberatung dar (vgl. Bundesjugendkuratorium 2012: 8). Diese Funktion ist jedoch stark von den örtlichen Planungskonzepten abhängig.

Neben einigen »harten« Anforderungen an Planungsprozesse (Bestandserhebung, Bedarfsermittlung, Trägerbeteiligung, Beteiligung der Adressat:innen sowie Abstimmung der Planung mit anderen Stellen und öffentlichen Einrichtungen (gemäß den §§ 79–81 SGB VIII)) greift die gesetzliche Norm im Kern auf unbestimmte Rechtsbegriffe zurück (erforderlich, geeignet, rechtzeitig und ausreichend), die es durch geeignete Verfahren für die örtlichen Bedingungen jeweils zu operationalisieren, auszudifferenzieren und umzusetzen gilt.

Neben der Verantwortlichkeit des Trägers der öffentlichen Jugendhilfe für die Umsetzung der Planung zur Gewährleistung der quantitativen und qualitativen Jugendhilfeinfrastruktur werden auch Bestimmungen zur angemessenen Beteiligung der anerkannten Träger der freien Jugendhilfe und der kreisangehörigen Gemeinden getroffen sowie die notwendige ressortübergreifende Abstimmung (insbesondere mit den Planungsbereichen Schule, Kultur, Stadtentwicklung und Gesundheit) festgelegt. Die Kinder- und Jugendhilfe soll dadurch in die gesamte kommunale Infrastruktur als Querschnittaufgabe eingebunden sein (vgl. Daigler 2018: 5). Die in diesem Rahmen getroffenen Abstimmungen fallen in der Praxis – so die verbreitete Beobachtung – allerdings sehr unterschiedlich aus, wenngleich die Bedeutung von ressortübergreifenden, integrierten Planungsprozessen hervorgehoben wird.

Die Übertragung der Gesamtverantwortung auf den örtlichen Träger der öffentlichen Jugendhilfe hat in der Praxis zur Folge, dass sich sowohl zwischen den Bundesländern als auch innerhalb der einzelnen Bundesländer eine Vielzahl unterschiedlicher Realisierungs- und Umgangsformen mit der Pflichtaufgabe der Jugendhilfeplanung herausgebildet haben und dass in diesem Kontext auch die Planungsintensität zwischen Kommunen deutlich variiert.

1.2 Überblick zum Forschungs- und Diskussionsstand

1.2.1 Entwicklungen und Diskurs

Die Fachdiskussion um die Jugendhilfeplanung hat Anfang der Neunziger Jahre durch die Einführung des SGB VIII und damit der Verpflichtung der öffentlichen Träger der Jugendhilfe zur Jugendhilfeplanung einen Aufschwung erlebt. Dabei ging es in erster Linie um die konkrete Organisation von Planungsprozessen in den Kommunen unter Berücksichtigung der rechtlichen, fachlichen und verschiedenen örtlichen Anforderungen.

Anfang der 2000er Jahre wurde in der Diskussion das Verhältnis von Kommunikation und Empirie im Planungsprozess in den Fokus gerückt. Ausgangspunkte waren die Forderung nach einer stärkeren empirischen Datenbasierung in der Jugendhilfeplanung (u. a. im 14. Kinder- und Jugendbericht, vgl. BMFSFJ 2013) sowie die Verknüpfung mit Fragen der Wirkungsorientierung und des Controllings in der Jugendhilfe. Demgegenüber steht die Formel »Jugendhilfeplanung als kommunikativer Prozess« (Merchel 2016 und in früheren Veröffentlichungen), die die Gestaltung von beteiligungsorientierten Aushandlungs- und Entscheidungsprozessen als zentrale Aufgabe der Jugendhilfeplanung in den Mittelpunkt stellt. Merchel (vgl. 2006: 196) erkennt die Bedeutung der Datenbasierung an, hält diese jedoch nicht für das wichtigste Element im Umgang mit den Spannungsfeldern und Strukturkonflikten, denen sich die Jugendhilfeplanung stellen müsse. Strukturkonflikte bestünden für die Jugendhilfeplanung zwischen fachlichen Konzepten, fachlich legitimierbaren Bedarfsanforderungen und fiskalischen Restriktionen, zwischen administrativ gesteuerten Prozessen und politischer Verantwortlichkeit, zwischen sozialwissenschaftlicher Rationalität und politischer Dynamik sowie zwischen breiter Träger-/ Mitarbeiterbeteiligung und fachlichen Bewertungsprozessen (vgl. Merchel 2006: 198 ff.). Maykus plädiert dafür, beide Herangehensweisen zusammenzuführen und eine »Balance von Empirie, Reflexion und Kommunikation« (Maykus 2006: 52) herzustellen.

Ein weiterer wichtiger und wiederkehrender Diskussionsstrang ist die Umsetzung von Beteiligung von Adressat:innen im Planungsprozess (vgl. Stork 2010). In einer Studie von Liebig (2016; 2017) wird das Thema anhand einer Analyse von Kinder- und Jugendberichten sowie Jugendhilfe- und Jugendförderplänen der Jugendämter in Nordrhein-Westfalen aufgegriffen (siehe folgenden Abschnitt).

Vom Bundesjugendkuratorium (2012) und von der Arbeitsgemeinschaft für Kinder- und Jugendhilfe (AGJ 2015) wird eine »Neuaktivierung der Jugendhilfeplanung« und eine praxisorientierte Forschung zum Stand der Handlungspraxis der Jugendhilfeplanung gefordert. Im Jahr 2016 stellt auch Merchel wiederholt fest, dass die Diskussion um die Jugendhilfeplanung deutlich leiser geworden sei und Planung nur noch eine der alltäglichen Gestaltungsaufgaben im Jugendamt zu sein scheint. Gleichzeitig nimmt er wahr, dass die Forderung nach Planung und Steuerung in der Jugendhilfe an vielen Stellen auftaucht: in der Qualitätsentwicklung nach § 79a SGB VIII, wenn es um Vernetzung in den Frühen Hilfen oder um die Steuerung von Hilfen zur Erziehung geht (vgl. Merchel 2016: 11).

Einen Überblick über Herausforderungen der Jugendhilfeplanung Ende der 2000er Jahre gibt das »Handbuch Jugendhilfeplanung« von Maykus/Schone (2010):

- Demografischer Wandel,
- Wirkungsorientierung,
- Integrierte kommunale Planung und Berichterstattung,
- Controlling, Planung und Steuerung,
- Kinderschutz und Frühe Hilfen als Planungsthema,
- Frühe Förderung und Bildung als Planungsthema,
- Migrationssensible Jugendhilfeplanung,
- Qualitätsentwicklung.

Auch nach zehn Jahren zeigt sich, dass die im Handbuch behandelten Themen nichts an ihrer Aktualität verloren haben. Zu ergänzen sind aus heutiger Perspektive wesentliche Entwicklungsthemen, die die Kinder- und Jugendhilfe aktuell und perspektivisch erheblich betreffen, wie u. a. die inklusive Kinder- und Jugendhilfe, der Fachkräftemangel sowie gesellschaftliche Transformationsprozesse (z. B. die voranschreitende Digitalisierung und der Klimawandel).

1.2.2 Forschungsstand

Insgesamt wurden im vergangenen Jahrzehnt nur wenige Studien zur Jugendhilfeplanung durchgeführt:

- Die einzige bundesweite Erhebung zur Jugendhilfeplanung stammt aus dem Jahr 2009. Von der Fachhochschule Münster wurde eine Online-Befragung bei Jugendämtern durchgeführt und durch Interviews mit Jugendhilfeplaner:innen aus Nordrhein-Westfalen ergänzt (vgl. Adam et al. 2010).
- Daten zur Jugendhilfeplanung, die die Entwicklungen in der Praxis der Kinder- und Jugendhilfe aufzeigen, werden auch im Rahmen der DJI-Dauerbeobachtung

»Kinder- und Jugendhilfe im Wandel« erhoben (vgl. Pluto et al. 2007; Gadow et al. 2013).

- Ebenso wurde im Rahmen einer von Merchel (2012) für das Bundesjugendkuratorium verfassten Expertise in 13 Jugendämtern eine qualitative Erhebung bei Jugendamtsleitungen und Jugendhilfeplanungsfachkräften durchgeführt.
- 2014 gab das Bayrische Landesjugendamt eine Befragung bei Jugendamtsleitungen in Auftrag (Veröffentlichung: Bayrisches Landesjugendamt 2015). Gefragt wurde insbesondere nach den Rahmenbedingungen und Themen der Jugendhilfeplanung, im Detail nach der Stellenausstattung, der Berufserfahrung der Fachkraft für Jugendhilfeplanung sowie den beteiligten Akteur:innen.
- In Baden-Württemberg wurde von 2013 bis 2015 ebenfalls eine Bestandsaufnahme zur Situation und Handlungspraxis der Jugendhilfeplanung durchgeführt, indem die örtlichen Jugendhilfeplaner:innen befragt wurden (vgl. KVJS 2015).
- Des Weiteren hat Liebig 2015 im Auftrag des Forschungsverbundes Deutsches Jugendinstitut/Technische Universität Dortmund eine Studie in NRW durchgeführt. Hierbei fand eine Analyse von 160 zur Verfügung gestellten Berichten zur Jugendhilfeplanung von 118 Kommunen in NRW statt. Forschungsinteresse war dabei, die Beteiligung von Kindern und Jugendlichen sowie die Berücksichtigung von Lebenslagen und Interessen junger Menschen in Planungsprozessen zu beleuchten (vgl. Liebig 2017; 2016).

Fasst man die Erkenntnisse dieser Studien zusammen, ergeben sich folgende zentrale Aspekte (vgl. hierzu auch die Zusammenfassung von Daigler 2018: 5 f.):

- Für die Umsetzung der Jugendhilfeplanung haben sich in der Praxis keine allgemeinen konzeptionellen und strukturellen Standards gebildet. Das bloße Vorliegen einer Jugendhilfeplanung enthält noch keine Informationen darüber, welches Grundverständnis der Planung zugrunde liegt und mit welchen methodischen Instrumenten und inhaltlichen Schwerpunkten sie durchgeführt wird (vgl. Pluto et al. 2014: 16f.).
- Konkretisierende Handlungsempfehlungen zur fachgerechten und qualitativ hochwertigen Umsetzung von Jugendhilfeplanung sind in einigen Bundesländern verfügbar, u. a. in Baden-Württemberg (vgl. KVJS 2018), Niedersachsen (vgl. Niedersächsisches Landesamt für Soziales, Jugend und Familie 2020), Nordrhein-Westfalen (vgl. LWL/LVR 2010) und Thüringen (vgl. Thüringer Ministerium für Bildung, Jugend und Sport 2019). Von der Bundesarbeitsgemeinschaft der Landesjugendämter wurde zudem ein Kompetenzprofil Jugendhilfeplanung veröffentlicht, das insbesondere die Planungsfachkräfte adressiert (vgl. BAGLJÄ 2018). Dennoch bleibt die Herausforderung für jede Kommune, die Planung entsprechend der gesetzlichen Vorgaben sowie angepasst an die lokalen Gegebenheiten und amtsinternen Organisationsstrukturen umzusetzen.

- Die Planungspraxis ist vor diesem Hintergrund in Umfang und Qualität sehr heterogen, was durch die unterschiedliche Personalausstattung in diesem Bereich noch verstärkt wird.
- Des Weiteren findet Jugendhilfeplanung häufig als Teilplanung statt, d. h. die Arbeitsfelder der Kinder- und Jugendhilfe werden hinter- und nebeneinander bearbeitet (vgl. Adam et al. 2010: 41; KVJS 2015: 17; Pluto et al. 2014: 16f.). Eine Verknüpfung der Teilfachplanungen auf inhaltlicher Basis erfolgt selten. Hintergrund ist u. a., dass die Beschlusslage in den unterschiedlichen Handlungsfeldern zeitlich versetzt ist.
- Eine verlässliche, empirische Datenbasis für die Jugendhilfeplanung vor Ort ist nur begrenzt vorhanden. Nicht in allen Bereichen sind die notwendigen aktuellen Informationen und Daten vorhanden, um Diskussionen und Planungen fundiert umzusetzen (vgl. Adam et al. 2010: 29 ff.).
- Die Beteiligung von Kindern, Jugendlichen und Eltern im Planungsprozess wird in den Kommunen anhand unterschiedlicher Formate und mit variierender Intensität umgesetzt. Laut der bundesweiten Bestandsaufnahme von Adam et al. (vgl. 2010) geben beispielsweise über die Hälfte der Jugendämter an, Eltern- und Jugendbefragungen durchzuführen. Deutlich wird in der Studie jedoch auch, dass die Beteiligung weniger systematisch, sondern eher punktuell bzw. durch einzelne Aktionen stattfindet. Die Studie von Liebig (vgl. 2017) kommt zu dem Ergebnis, dass laut der analysierten Berichte ca. drei Viertel der nordrhein-westfälischen Jugendämter sowohl unmittelbare Formen der Beteiligung umsetzen als auch mittels Personen, Institutionen oder Daten die Lebenslagen und Interessen junger Menschen berücksichtigen.
- Die rechtliche Verpflichtung und fachliche Notwendigkeit, die Jugendhilfeplanung mit anderen Arbeits- und Planungsbereichen abzustimmen, stellt neue Anforderungen an das Datenkonzept und den Planungsprozess (vgl. Merchel 2016: 56–60; Bürger 2010).
- Im 14. Kinder- und Jugendbericht wird kritisch bilanziert: »Insgesamt wird Jugendhilfeplanung vielerorts unterkomplex betrieben, und es werden die bestehenden Steuerungsmöglichkeiten häufig nicht ausgeschöpft« (BMFSFJ 2013: 391). Verbesserungen werden auch im Bereich der Personalausstattung, der Fortbildungsmöglichkeiten, sowie der Partizipation von Kindern, Jugendlichen und deren Familien gesehen. Merchel (vgl. 2012: 61). weist ebenfalls darauf hin, dass es für die Jugendhilfeplanung sowohl ressourcenbezogene als auch konzeptionelle Probleme bei der Bewerkstelligung der großen Aufgabenkomplexität gibt.

Die aus den beschriebenen Studien vorliegenden Ergebnisse und Erkenntnisse enthalten insgesamt vielfältige Hinweise auf deutliche Entwicklungsbedarfe in der kommunalen Planungspraxis, betrachten jedoch überwiegend nur spezifische geographische oder thematische Ausschnitte der Planungslandschaft. Ein aktueller und systematischer Überblick über die Planungspraxis fehlte im Jahr 2019, d. h. in der Vorbereitungsphase der vorliegenden Studie. Deutlich war zu dem Zeitpunkt der Bedarf, die Forschung zur Jugendhilfeplanung voranzutreiben, um verlässliche Aussagen über die Ausgestaltung der Jugendhilfeplanung vor dem Hintergrund aktueller und zukünftiger Anforderungen insgesamt treffen zu können.

Integrierte Sozialplanung/Bildungsplanung

Über die Jugendhilfeplanung hinaus ist im Fachdiskurs der 2010er Jahre in Bezug auf kommunale Planung der deutliche Trend zu erkennen, die Potenziale einer integrierten Sozialplanung und/oder Bildungsplanung zu beschreiben und eine entsprechende Umsetzung zu fordern. Dieser Diskurs geht über die gesetzliche Vorgabe, dass die Jugendhilfeplanung mit anderen Planungsbereichen kooperiert, hinaus. Vielmehr wird Verzahnung aller Planungsbereiche auf kommunaler Ebene fokussiert, um damit die Entwicklung einer verlässlichen, umfassenden Infrastruktur für gelingendes Aufwachsen und darüber hinaus für alle kommunalen Leistungen bis ins hohe Lebensalter zu befördern.

Hintergrund dieser Diskussion ist die Abgrenzung unterschiedlicher Handlungsfelder durch die verschiedenen Sozialgesetzbücher, die eine »Versäulung« der kommunalen Daseinsvorsorge zur Folge hat. Dadurch sind die unterschiedlichen Bereiche (z. B. Jugendhilfe, Gesundheitswesen, Sozialhilfe und Bildung) nicht nur rechtlich voneinander abgegrenzt, sondern auch in der Praxis oft organisatorisch und fachlich getrennt, was bewirkt, dass die dort tätigen Akteur:innen oftmals nur innerhalb der Zuständigkeiten ihrer jeweiligen Ressorts denken und agieren (vgl. Schubert 2015a: 3).

Gottwald und Schröder konstatieren, dass eine »entsprechend erforderliche Vernetzung (...) an vielen Stellen noch unzureichend statt[findet]« und man »von ressortübergreifenden integrierten Planungsprozessen (...) vielerorts noch weit entfernt« sei (Gottwald/Schröder 2018: 162). Erschwert werden Verknüpfungsbemühungen sowohl durch tiefliegende, unterschiedliche Planungslogiken und -traditionen als auch durch Berührungsängste sowie Macht- und Steuerungsansprüche der einzelnen Handlungsfelder (vgl. ebd.). Auch unterschiedliche Steuerungsinteressen und -zuständigkeiten sowie unterschiedliche Haltungen zu Perspektiven und Interessen der Organisationen tragen zu diesem Umstand bei (vgl. Bundesjugendkuratorium 2012: 39).

Diese starke Zergliederung in funktionale Teilsysteme hat zur Folge, dass die Bürger:innen Dienstleistungen der Kommune nicht ganzheitlich erfahren können. Hinzu kommen Hierarchiebarrieren (z. B. zwischen kommunaler Ebene, Kreisebene sowie operativen Akteur:innen und der Bevölkerung), was zu »operativen Inseln« (Schubert 2018a: 12) und isoliertem Handeln der verschiedenen Ressorts führt. Durch diesen Mangel an Transparenz und den fehlenden Austausch zwischen den Institutionen bzw. Ressorts kann eine Doppelstruktur entstehen, welche einerseits zu Ressourcenineffizienz führt und andererseits eine ganzheitliche Wahrnehmung des Leistungsangebots durch die Adressat:innen verhindert (vgl. ebd.: 11 ff.).

Ziel einer integrierten Sozialplanung ist vor diesem Hintergrund die Überwindung der leistungsrechtlichen »Versäulung« sowie eine Verbesserung von Wirksamkeit und Wirtschaftlichkeit von sozialen Entwicklungs- und Planungsaufgaben durch eine abgestimmte bzw. integrierte Betrachtungsweise und Zusammenarbeit (vgl. Schubert 2015b). Eine integrierte Planung und damit die wechselseitige Bezugnahme und Vermittlung von Impulsen, zwischen z. B. Jugendhilfe und Schule, kann zudem einen wichtigen und notwendigen Baustein zur Gestaltung einer bedarfsgerechten und transparenten Infrastruktur darstellen (vgl. Zipperle 2016: 162).

Veröffentlichungen zum Thema beziehen sich vor allem auf kommunale Good-Practice-Beispiele und Erkenntnisse aus Modellprojekten:

- Aus dem Forschungsschwerpunkt »Sozial • Raum • Management« der TH Köln stammen verschiedene Veröffentlichungen, z. B. eine Good-Practice-Analyse zu integrierter Sozialplanung in Deutschland (vgl. Schubert et al. 2016), die Darstellung der Altenhilfeplanung mit Methoden, Konzepten und ebenfalls Good-Practice-Beispielen (vgl. Schubert 2018b) sowie eine Modellevaluation der sozialraumorientierten Armutsbekämpfung in Nordrhein-Westfalen (vgl. Schubert et al. 2018).
- Facettenreich untersucht wird der Gegenstand auch von den Ligen der freien Wohlfahrtspflege einiger Länder, u. a. im Hinblick auf deren eigene Rolle. So hat die LIGA Thüringen eine Machbarkeitsstudie zur Implementierung eines strategischen Zentrums für Sozialplanung veröffentlicht (vgl. Beck et al. 2012). Aus Baden-Württemberg stammt eine Expertise zur aktuellen Situation und zu Zukunftsperspektiven integrierter Sozialplanung auf Basis einer Dokumentenanalyse und einer empirischen Befragung von Expert:innen insbesondere im Hinblick auf die älter werdende Gesellschaft (vgl. Liga der freien Wohlfahrtspflege Baden-Württemberg 2018).
- Mit den Rollenverständnissen und Kompetenzprofilen von Verantwortlichen in der Sozialplanung beschäftigt sich die Studie von Tabatt-Hirschfeld et al. (vgl. 2018) und zeigt u. a. Zusammenhänge mit Führungskompetenzen und -verhalten auf.
- Ein Beispiel für eine landesweite integrierte Berichterstattung ist der »Thüringer Sozialstrukturatlas mit der Fokussierung auf Armut und Armutsprävention« (vgl. Helbig et al. 2020), in dem Daten aus allen Kommunen und unterschiedlichen Ressorts zusammengetragen werden und der die kommunale Planung unterstützen soll.
- Das Ziel einer ganzheitlichen und abgestimmten Bildungsplanung wird durch Programme und Initiativen zum Aufbau kommunaler Bildungslandschaften und eines

(datenbasierten) Bildungsmanagements verfolgt.[1] Ausgangspunkt ist hier u. a. die Betrachtung des Verhältnisses von Schulentwicklungs- und Jugendhilfeplanung und die wiederkehrende Feststellung, dass es auf der operativen Ebene viele Kooperationskontexte zwischen dem Jugendhilfe- und dem Schulsystem gibt und eine enge Verknüpfung der Planungsbereiche fachlich notwendig ist, sich die Zusammenarbeit auf struktureller Ebene jedoch noch in einem Entwicklungsstadium befindet (vgl. BMFSFJ 2013: 327; Maykus 2010: 273; Merchel 2016: 61). Die Herausforderungen in der Zusammenführung beider Planungsbereiche ergeben sich im Wesentlichen durch Unterschiede in der institutionellen Einbindung (begrenzte Zuständigkeit für Schulangelegenheiten auf kommunaler Ebene) sowie beim Planungsverständnis (prozessorientiert vs. ergebnisorientiert) und bei den Planungsmethoden (quantitativ vs. qualitativ bzw. in Kombination) (vgl. Hetz/Schnurr 2007: 74).

- Der Ansatz der kommunalen Präventionsketten wird seit 2012 in NRW und mittlerweile auch in weiteren Bundesländern (z. B. Niedersachsen, Thüringen) sowie in Vorarlberg (Österreich) umgesetzt und verfolgt das Ziel einer passgenauen und lückenlosen Angebotslandschaft, die Familien, Eltern und Kinder stärkt. Notwendige Rahmenbedingung ist die ressortübergreifende Planung und Zusammenarbeit von öffentlichen und freien Trägern aus den Bereichen Kinder- und Jugendhilfe, Gesundheit, Bildung und Soziales. Aus dem Modellprojekt in NRW sind Arbeitshilfen und Praxistipps zur Umsetzung von integrierten Planungsprozessen entstanden.[2]

Es fällt auf, dass die meisten Veröffentlichungen zu integrierter Planung auf zwei Teilbereiche – z. B. Jugendhilfe und Schule, oder Teilaspekte, z. B. Sozialberichterstattung – beschränkt sind oder den Fokus auf eine bestimmte Zielgruppe – z. B. die alternde Gesellschaft – bzw. die Zielverfolgung – z. B. Armutsbekämpfung – legen.

Die »Eckpunkte des Deutschen Vereins für eine integrierte kooperative Sozialplanung« fassen wesentliche Erkenntnisse und Forderungen zu integrierten Planungsstrukturen und -prozessen zusammen und betonen die Bedeutung der übergeordneten Zusammenführung:

> »Für eine präventive und aktive Gestaltung und Steuerung von Angeboten sozialer Infrastruktur bedarf es einer integrierten kooperativen Sozialplanung, die als Bestandteil einer kommunalen Gesamtplanung in der Lage ist, die einzelnen Fachplanungen problem- und themenbezogen zusammenzuführen, ohne deren jeweiligen Kompetenzen zu verletzen.« (Deutscher Verein 2020: 4)

---

1 Weitere Informationen u. a. bei der Deutschen Kinder- und Jugendstiftung (DKJS): https://www.dkjs.de/themen/bildungslandschaften und bei der Transferagentur Nordrhein-Westfalen https://www.transferagentur-nordrhein-westfalen.de als Teil der bundesweiten »Transferinitiative Kommunales Bildungsmanagement«

2 https://www.kinderstark.nrw

Gleichzeitig wird deutlich, dass weder eine einheitliche Definition noch Standards in der Umsetzung von integrierter Planung vorliegen (vgl. ebd.: 3).

Diese Studie kann nicht leisten, das ganze Feld der integrierten Planung (mit all ihren Planungsgegenständen, Zugängen und Umsetzungsstrategien) abzubilden. Sie wird aber versuchen, sich aus Perspektive der Jugendhilfeplanung und deren Rolle im Gesamtgefüge der kommunalen Planung dem Thema zu nähern.

1.3 Ziele der Studie und Forschungsdesign

Das Forschungsprojekt »Jugendhilfeplanung in Deutschland – Herausforderungen, Potenziale und Entwicklungstendenzen« wurde von der Auridis Stiftung von 2020 bis 2022 gefördert und knüpft an die oben benannte bundesweite Bestandserhebung zur Jugendhilfeplanung von 2010 mit aktuellen Fragestellungen an. Das Erkenntnisinteresse zielt darauf ab,

1. zur Umsetzung und zu den Auswirkungen der Jugendhilfeplanung als zentrales Steuerungsinstrument zur Gestaltung und Weiterentwicklung der kommunalen Infrastruktur für Kinder, Jugendliche und Familien sowie
2. zur Rolle der Jugendhilfeplanung im Zusammenspiel integrierter kommunaler Sozial- und Bildungsplanung für ein gelingendes Aufwachsen von Kindern und Jugendlichen

sowohl datenbasiert die aktuelle Situation zu beschreiben als auch Entwicklungspotenziale und Zukunftsperspektiven herauszuarbeiten.

Zentrale Forschungsfragen:

Wie wird Jugendhilfeplanung in Deutschland umgesetzt?

- Wie ist Jugendhilfeplanung als fachliches und politisches Steuerungsinstrument in den Kommunen konzeptionell und strukturell verankert?
- Wie wird Jugendhilfeplanung als kommunikativer, diskursiver Prozess der fachlichen, fachpolitischen und kommunalpolitischen Willensbildung und Entscheidungsfindung ausgestaltet?
- Wie werden die Interessen und Bedürfnisse der Jugendhilfe-Adressat:innen festgestellt und in die Planung bzw. in deren Ergebnisse eingebunden?
- Welche Auswirkungen der Jugendhilfeplanung auf die Infrastruktur und Qualität des Jugendhilfeangebots in den Kommunen sind erkennbar?

Welche Rolle spielt die Jugendhilfeplanung in einer integrierten kommunalen Sozial- und Bildungsplanung für Kinder, Jugendliche und Familien und wie wird diese ausgestaltet?

- Mit welchen Themen und Herausforderungen muss sich eine integrierte kommunale Planung für Kinder, Jugendliche und Familien aktuell und zukünftig auseinandersetzen und wie werden diese bearbeitet?
- Welche verbindenden Elemente (konzeptionell, strukturell, personell) der Jugendhilfeplanung zur Planung anderer Bereiche gibt es (z. B Schulentwicklungsplanung, Sozialplanung, Gesundheitsplanung)?
- Was sind fördernde und hindernde Bedingungen für eine integrierte kommunale Planung?

Zur Beantwortung der Forschungsfragen wurde ein Forschungsdesign entwickelt, welches drei aufeinander aufbauende Bausteine beinhaltet (s. Abbildung 1).

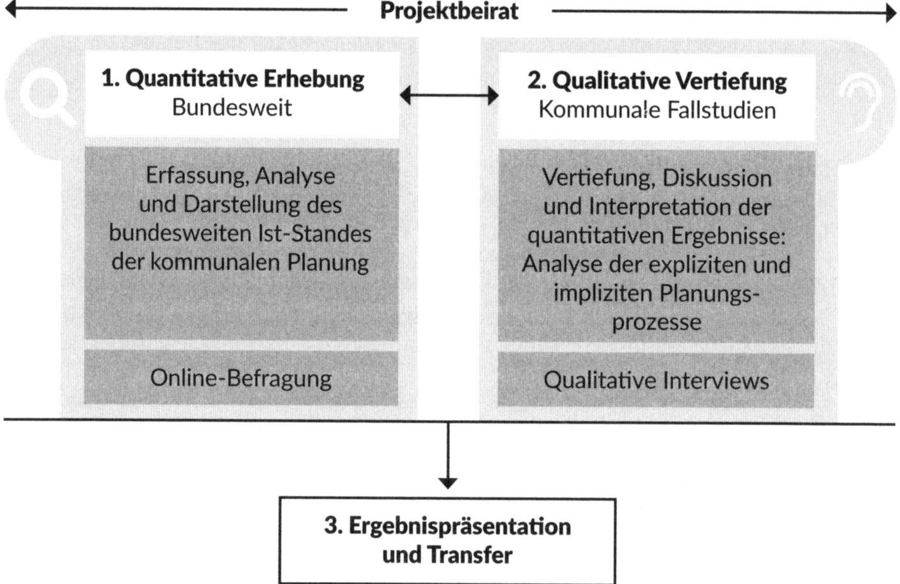

Abbildung 1: Forschungsdesign

Der **1. Baustein** des Forschungsvorhabens stellt die quantitative Erhebung dar. Diese wurde als bundesweite Online-Befragung bei allen Jugendämtern in Deutschland geplant und richtete sich an die explizit mit Planung beauftragten Fachkräfte. Beworben wurde die Teilnahme an der Studie bei allen deutschen Jugendämtern u. a. über die kommunalen Spitzenverbände (Deutscher Städtetag, Deutscher Städte- und Gemeindebund, Deutscher Landkreistag). Zudem wurden alle Jugendämter direkt durch das Forschungsteam angeschrieben. Dafür wurden vorab die entsprechenden E-Mail-Adressen recherchiert. Die Erhebungsphase hat von Juni bis August 2020 stattgefunden.

Die quantitative Erhebung dient der Abbildung und Analyse des Ist-Standes der Planungspraxis in den Kommunen anhand der genannten Forschungsfragen. Dabei geht es vor allem um die Erhebung von konzeptionellen und strukturellen Merkmalen. Gleichzeitig konnten die aktuellen Themen und Herausforderungen, die für planerische Tätigkeiten bestehen, erhoben werden. Auch die Rolle und die Bedingungen in der Kommune der für die Planung verantwortlichen Fachkräfte wurden erfragt.

Bei der Konzipierung des Fragebogens wurden Fragen der 2010er-Studie berücksichtigt und soweit möglich identisch formuliert, um stellenweise einen Vergleich zu ermöglichen und ggf. Entwicklungen über ein Jahrzehnt sichtbar zu machen. Anhand dieser Ergebnisse wurden vertiefende Fragestellungen entwickelt, denen im Rahmen der qualitativen Erhebung nachgegangen wurde.

Diese qualitative Vertiefung wurde im **2. Baustein** realisiert und ergänzt die quantitativen Ergebnisse. Wenn sich kommunale Jugendhilfeplanung so differenziert und unterschiedlich bedeutsam darstellt wie in der Analyse des Forschungsstandes beschrieben, verlangt es nach einem Forschungszugang, der neben der quantitativen Bestandserhebung der Planungskonzeption und -strukturen den Blick auf die impliziten und expliziten Planungsprozesse sowie auf das Zusammenspiel planungsrelevanter Akteur:innen vor Ort legt. Es bedarf demnach einer genaueren Betrachtung des operativen und strategischen Planungsgeschehens. Daher wurden anhand von Fallstudien exemplarisch in ausgewählten Städten und Kreisen Planungsprozesse untersucht. Dabei sollten vor allem Faktoren identifiziert werden, die für das Gelingen von Planung verantwortlich, bzw. hinderlich sind.

Die Auswahl der Kommunen erfolgte nach der quantitativen Erhebung, um neben der regionalen Verteilung und Größe der Kommune auch inhaltliche Kriterien zu berücksichtigen, die sich erst anhand der Ergebnisse und der daraus abgeleiteten vertiefenden Fragestellungen ergaben.

Der **3. Baustein** umfasst die Zusammenfassung und den Transfer der Ergebnisse im Projektverlauf. Erste Ergebnisse zur quantitativen Befragung der Jugendämter wurden bereits im Rahmen eines Forums des 17. Deutschen Kinder- und Jugendhilfetages im Mai 2021 in Essen und in Form eines Zwischenberichts veröffentlicht. Zum Projektabschluss wurden die finalen Ergebnisse im Rahmen einer bundesweiten Transferveranstaltung im Januar 2022 einer breiten Fachöffentlichkeit vorgestellt und diskutiert. Im vorliegenden Abschlussbericht werden die Forschungsergebnisse final zusammengetragen und dargestellt.

Über die gesamte Laufzeit wurde das Forschungsprojekt von einem **Projektbeirat** begleitet und beraten. Dieser setzte sich zusammen aus Vertreter:innen aus Wissenschaft und Praxis, die sich durch besondere Kenntnisse und Erfahrungen zur Jugendhilfeplanung bzw. kommunaler Planung ausweisen. In diesem Gremium wurden u. a. das Forschungsdesign und Zwischenergebnisse kritisch diskutiert.

Zusätzlich wurde das Forscher:innen-Team durch Prof. Dr. Reinhold Schone (Fachhochschule Münster) beraten, der Expertise zur Jugendhilfeplanung und Erfahrungen aus dem Forschungsprojekt »Jugendhilfeplanung in Deutschland« von 2010 einbringen konnte. Das damalige Erhebungsinstrument und die Rohdaten standen dem ISA als Referenz zur Verfügung.

2. Ergebnisse der quantitativen Befragung bei Jugendämtern

2.1 Rücklauf der Online-Befragung

2.1.1 Rücklauf nach Bundesländern

Nach Angabe des Jugendamts-Monitors der Bundesarbeitsgemeinschaft der Landesjugendämter existieren in Deutschland 559 Jugendämter (vgl. BAGLJÄ 2020: 82 ff.). Diese Zahl berücksichtigt jedoch nicht die einzelnen Bezirksjugendämter der Stadtstaaten Berlin und Hamburg. Werden diese in die Zählung einbezogen – wie es in dieser Studie getan wurde – existierten zum Zeitpunkt der Online-Befragung bundesweit insgesamt 576 Jugendämter.

Zur Teilnahme an der Studie wurde bei allen deutschen Jugendämtern u. a. über die kommunalen Spitzenverbände (Deutscher Städtetag, Deutscher Städte und Gemeindebund, Deutscher Landkreistag) geworben. Alle Jugendämter wurden direkt durch das Forschungsteam per Mail angeschrieben und über den beigefügten Zugangslink konnte der Onlinefragebogen[3] ausgefüllt werden.

Mit 243 gültig ausgefüllten Fragebögen aus allen 16 Bundesländern wurde eine Rücklaufquote von 42,2 % erzielt. In Tabelle 1 wird die Verteilung der 576 Jugendämter auf die Bundesländer sowie die jeweiligen Rückläufe dargestellt. Die höchsten Beteiligungen/Rückläufe sind aus den Bundesländern Sachsen (69 %) und Baden-Württemberg (64 %) zu verzeichnen.

Hervorzuheben ist in der Betrachtung, dass das Bundesland Nordrhein-Westfalen mit 186 im Vergleich die meisten Jugendämter aufweist und somit auch mit einem hohen Anteil in der Befragung vertreten ist. Zudem teilt sich das Bundesland in die Zuständigkeitsgebiet zweier Landschaftsverbände/Landesjugendämter. Differenziert betrachtet nahmen 41 der nordrheinwestfälischen Jugendämter aus dem Landschaftsverband Rheinland und 45 aus Westfalen-Lippe teil.

In der früheren Studie wurde eine etwas höhere Rücklaufquote von 46,7 % erreicht. In absoluten Zahlen ist der Unterschied auf den ersten Blick deutlicher (282 von insgesamt 604 Jugendämtern), was jedoch auch damit zusammenhängt, dass sich seitdem die Gesamtzahl der Jugendämter in der Bundesrepublik reduziert hat (u. a. zu erklären durch Gebietsreformen, die im Laufe der letzten Dekade umgesetzt wurden). So wurden bspw. in Mecklenburg-Vorpommern im Rahmen der 2010er-Studie noch 18 Jugendämter an-

3 https://isa-muenster.de/fragebogen-jugendhilfeplanung

geschrieben. Nach einer Kreisgebietsreform im September 2011 wurde die Anzahl der Landkreise von 12 auf sechs, die der kreisfreien Städte von sechs auf zwei reduziert, womit heute folglich nur noch acht Jugendämter existieren (vgl. Bundesinstitut für Bau-, Stadt- und Raumforschung 2020).

Bundesland	Anzahl der Jugendämter im jeweiligen Bundesland	Anteil an Jugendämtern in der BRD	Rücklauf (Anzahl)	Rücklauf (Anteil)
Nordrhein-Westfalen	186	32,3 %	86	46,2 %
Bayern	96	16,7 %	40	41,7 %
Niedersachsen	57	9,9 %	18	31,6 %
Baden-Württemberg	45	7,8 %	29	64,4 %
Rheinland-Pfalz	41	7,1 %	18	42,9 %
Hessen	32	5,6 %	8	25,0 %
Thüringen	23	4,0 %	8	34,8 %
Brandenburg	18	3,1 %	6	33,3 %
Schleswig-Holstein	16	2,8 %	8	50,0 %
Sachsen-Anhalt	14	2,4 %	4	28,6 %
Sachsen	13	2,3 %	9	69,2 %
Berlin	12	2,1 %	4	33,3 %
Mecklenburg-Vorpommern	8	1,4 %	1	12,5 %
Hamburg	7	1,2 %	2	28,6 %
Saarland	6	1,0 %	1	16,7 %
Bremen	2	0,0%	1	50,0 %
GESAMT	576	100 %	243	42,2 %

Tabelle 1: Anzahl der Jugendämter in den Bundesländern (sortiert nach Häufigkeit) und Rückläufe

2.1.2 Rücklauf nach Jugendamtstypen

Das wesentliche Unterscheidungsmerkmal in der Klassifizierung der Jugendämter stellt deren Zuständigkeitsgebiet bzw. die zu verantwortende Gebietskörperschaft dar. Um eine statistische Vergleichbarkeit in der weiteren Auswertung der Daten zu ermöglichen, wurden die Kategorien »Jugendamt einer kreisfreien Stadt« und »Bezirksjugendamt« zusammengefasst, da die Strukturen der Bezirke denen kreisfreier Städte am ehesten gleichen.

Nahezu die Hälfte (49,8 %) der an der Befragung teilnehmenden Jugendämter sind Kreisjugendämter (s. Abbildung 2). Jugendämter kreisfreier Städte/Bezirksjugendämter[4] und kreisangehörige Jugendämter machen jeweils etwa ein Viertel des Rücklaufs aus. Im Vergleich mit der bundesweiten Verteilung der Jugendamtstypen und anhand des dargestellten Rücklaufs je Jugendamtstyp in Tabelle 2 wird deutlich, dass die kreisfreien Kommunen in der Befragung etwas überrepräsentiert und die kreisangehörigen etwas unterrepräsentiert sind.

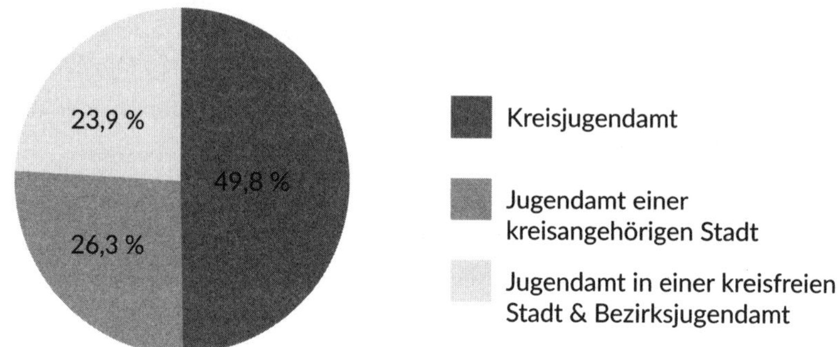

Abbildung 2: Verteilung der Jugendamtstypen (gruppiert) im Rücklauf des Online-Fragebogens (n=243)

In der Betrachtung der Ausprägung der unterschiedlichen Jugendamtstypen ist insbesondere auf das Bundesland Nordrhein-Westfalen hinzuweisen. Von den 162 Jugendämtern kreisangehöriger Städte im Bundesgebiet liegen in NRW allein 136 (83,9 %). Somit ist es nicht verwunderlich, dass auch 90,4 % der an der Studie teilnehmenden Jugendämter dieses Typus aus Nordrhein-Westfalen kommen.

Jugendamtstyp	Anzahl der Jugendämter	Anteil an allen Jugendämtern	Rücklauf (Anzahl)	Rücklauf (Anteil)
Kreisjugendamt	290	50,3 %	121	41,7 %
Jugendamt einer kreisangehörigen Stadt	162	28,1 %	64	39,5 %
Jugendamt einer kreisfreien Stadt & Bezirksjugendamt	124	21,5 %	58	46,8 %
GESAMT (N)	576	100 %	243	42,2 %

Tabelle 2: Rücklauf nach Jugendamtstyp

4 Für eine bessere Lesbarkeit wird im folgenden Text für den Jugendamtstyp »Jugendamt einer kreisfreien Stadt/Bezirksjugendamt« die Formulierung »Jugendämter kreisfreier Städte« verwendet.

Die Hälfte der deutschen Jugendämter und somit die größte Gruppe sind Kreisjugendämter. Von bundesweit insgesamt 290 haben 121 (41,7 %) an der Befragung teilgenommen. Das Bundesland, in dem dieser Jugendamtstyp mit Abstand am häufigsten vertreten ist, ist der Freistaat Bayern. Hier existieren 71 Jugendämter, die für einen Landkreis zuständig sind.

Bayern als flächengrößtes und Nordrhein-Westfalen als einwohnerstärkstes Bundesland weisen im Bundesvergleich zudem jeweils die höchste Anzahl an Jugendämtern kreisfreier Städte auf (Bayern: 25, NRW: 27).

Die Besonderheit in der Unterscheidung zwischen Jugendämtern in Landkreisen und denen in urbanen Regionen zeigen sich unter anderem an Flächenunterschieden und dem damit verbunden Verantwortungsbereich eines Jugendamtes:

> »Mit 5.470 Quadratkilometern ist das Kreisjugendamt Mecklenburgische Seenplatte flächenmäßig das größte Jugendamt. Hingegen liegt das räumlich kleinste Jugendamt in der Stadt Mayen (Rheinland-Pfalz) und bemisst ca. sechs Quadratkilometer. Diese Flächenunterschiede beeinflussen die Arbeit der Jugendämter (z. B. Fahrzeiten) sowie die Erreichbarkeit für die Familien.« (BAGLJÄ 2020: 86).

2.1.3 Rücklauf nach Einwohner:innenzahl

Neben der Verteilung der Jugendämter nach Bundesländern und ihrer Zugehörigkeit nach Jugendamtstypen wurden die an der Befragung Teilnehmenden ebenfalls nach der Einwohner:innenzahl im Einzugsgebiet des Jugendamtes gefragt. Diesbezüglich gestaltet sich der Rücklauf wie in Abbildung 3 dargestellt.

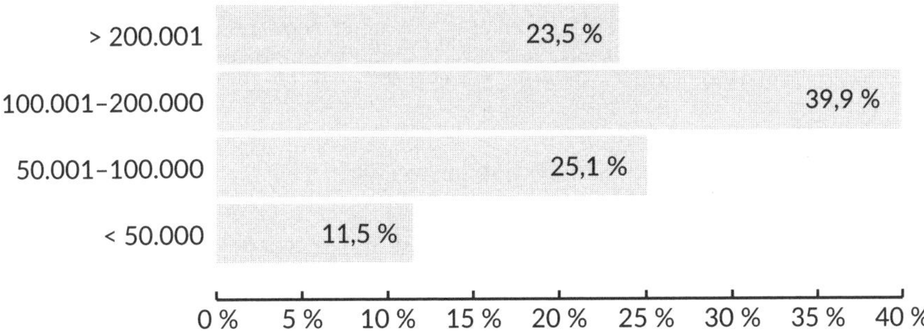

Abbildung 3: Verteilung der Einwohner:innenzahl im Einzugsgebiet des Jugendamtes im Rücklauf (n=243, Anteil der Jugendämter)

Die mit Abstand größte Gruppe im vorliegenden Rücklauf stellen Jugendämter mit einer Einwohner:innenzahl zwischen 100.001–200.000 dar. Von diesen 97 sind allein 75 Kreisjugendämter.

Im Einzugsgebiet von etwa einem Viertel der teilnehmenden Jugendämter leben mehr als 200.000 Menschen. Dies sind ausschließlich Jugendämter kreisfreier Städte/Bezirksjugendämter. Davon weisen acht Jugendämter eine Einwohner:innenzahl von über 500.000 vor.

Die kleinste Gruppe hingegen sind Jugendämter mit einer Bevölkerungszahl unter 50.000. Von diesen 28 sind 23 Jugendämter in kreisangehörigen Städten. Da die Mehrheit dieses Jugendamtstyps im Rücklauf aus dem Bundesland Nordrhein-Westfalen zu verzeichnen ist, sei hier darauf hingewiesen, dass Städte dort bereits ab einer Größe von 25.000 Einwohner:innen Aufgaben des Kreises – so auch die Aufgaben des öffentlichen Trägers der Kinder- und Jugendhilfe – übernehmen können (vgl. Städte- und Gemeindebund Nordrhein-Westfalen 2022).

2.1.4 Funktion(en) der Befragungsteilnehmenden

Die Online-Befragung richtete sich primär an die für Jugendhilfeplanung verantwortlichen Fachkräfte des öffentlichen Trägers der Kinder- und Jugendhilfe. Mit der erfahrungsbasierten Annahme, dass Planung nicht nur von insofern benannten Planungsfachkräften, sondern auch von Leitungskräften oder Mitarbeitenden in Fachabteilungen übernommen wird, wurde im Fragebogen erhoben, in welcher Funktion die Befragten an der Studie teilnehmen. Mehrfachnennungen waren möglich, aber die Mehrheit (93,8 %) gab nur eine Funktion an.

Für 90 % der Jugendämter wurde der Fragebogen von den Jugendhilfeplaner:innen ausgefüllt (acht Personen davon mit weiteren Funktionen, z. B. Amts- oder Fachdienstleitung, Sozialplanung, Frühe Hilfen). In der Funktion der Jugendamtsleitung (und teilweise gleichzeitig Dezernent:in bzw. ASD-Leitung) haben 5,8 % teilgenommen. Der verbleibende Anteil umfasst Personen, die ausschließlich in einer anderen Leitungsfunktion oder mit einer Controlling- oder Qualitätsmanagement-Stelle tätig sind.

Hinweise zur Stichprobe und statistischen Auswertung

Gesamtmenge der Befragungsteilnehmenden (n=243):

Die Gesamtmenge beschreibt die gesamte Anzahl an Fällen, auf deren Grundlage die Auswertung der Erhebung vorgenommen wurde. Diese umfasst 243 Jugendämter.

Teilmenge (n=<243):

Häufig kommt es vor, dass einzelne Fragen von den Teilnehmenden nicht beantwortet und ausgelassen werden. Die Personen, die eine Frage nicht beantworten bzw. eine ungültige Antwort geben, werden bei der jeweiligen Auswertung in der Regel nicht berücksichtigt. Dadurch ergibt sich eine Teilmenge, die von Frage zu Frage variieren kann und immer angegeben wird.

2.2 Personelle und sachliche Ausstattung in der Jugendhilfeplanung

Bei der Personalausstattung geht es sowohl um die Anzahl und den Stellenumfang der Planungsfachkräfte als auch um deren Verortung und weitere Aufgaben, die Qualifikation und geschlechtsspezifische Verteilung. Zur sachlichen Ausstattung wird dargestellt, ob und für was der Jugendhilfeplanung ein Budget zur Verfügung steht. Die Inanspruchnahme von externer Beratung wird vertiefend betrachtet.

2.2.1 Anzahl, Verortung und weitere Aufgaben der Planungsfachkräfte

In der Online-Befragung machten 241 Jugendämter Angaben zur Anzahl der Jugendhilfeplaner:innen. Insgesamt sind hier 358 Personen beschäftigt. Durchschnittlich sind also 1,5 Fachkräfte pro Jugendamt in der Jugendhilfeplanung tätig – ebenso viele wie schon in der Studie von 2010 (vgl. Adam et al. 2010: 12). In der bundesweiten Kinder- und Jugendhilfestatistik wurden 651 Fachkräfte in der Jugendhilfeplanung für das Jahr 2018 verzeichnet (vgl. Mühlmann 2020: 7) – d.h. durchschnittlich rund 1,1 Fachkräfte pro Jugendamt (n=576). Die Differenz lässt sich so interpretieren, dass sich unter den Teilnehmenden der hier vorgestellten Studie vorrangig personell besser ausgestattete Jugendämter wiederfinden.

Gleichwohl haben auch hier die meisten Jugendämter (73 %) nur eine Fachkraft für die Jugendhilfeplanung eingestellt. Der Vergleich der Jugendamtstypen zeigt, dass bei den (Bezirks-)Jugendämtern in kreisfreien Städten in Einzelfällen auch bis zu zehn Planungsfachkräfte tätig sind (s. Tabelle 3). Im Vergleich der Einwohnerzahlen der befragten Kommunen entsteht ein ähnliches Bild: je höher die Einwohnerzahl, desto höher die Anzahl an hauptamtlichem Personal für die Jugendhilfeplanung.

Tatsächlich beschäftigtes Personal in der Jugendhilfeplanung nach Jugendamtstyp								
	Jugendamt in einer kreisfreien Stadt		Kreisjugendamt		Kreisangehöriges Jugendamt		Gesamt	
	Anzahl	Anteil	Anzahl	Anteil	Anzahl	Anteil	Anzahl	Anteil
keine Person	1	1,8 %	1	0,8 %	1	1,6 %	3	1,2 %
1 Person	34	59,6 %	94	78,3 %	48	75,0 %	176	73,0 %
2 Personen	9	15,8 %	16	13,3 %	12	18,8 %	37	15,4 %
3 Personen	3	5,3 %	7	5,8 %	1	1,6 %	11	4,6 %
4 Personen	5	8,8 %	2	1,7 %	1	1,6 %	8	3,3 %
5–10 Personen	5	8,8 %	-	-	1	1,6 %	6	2,5 %
GESAMT	57	100 %	120	100 %	64	100 %	241	100 %

Tabelle 3: Tatsächlich beschäftigtes Personal in der Jugendhilfeplanung nach Jugendamtstyp (n=241)

Die Anzahl der Planungsfachkräfte ist nicht gleichzusetzen mit Vollzeitstellen (s. auch Abschnitt 3.1.3). Zwei Drittel der Jugendämter gibt an, dass die Planungsfachkräfte für weitere Aufgaben zuständig sind, die in der Regel nicht zur Jugendhilfeplanung gehören. Am häufigsten wurden Aufgaben in den folgenden Kategorien genannt:

- Leitungsaufgaben (Abteilungs- oder Bereichsleitung/(stellv.) Jugendamtsleitung),
- Qualitätsentwicklung/Controlling,
- Vernetzungs-/Kooperations-/Koordinationsaufgaben (z. B. Frühe Hilfen),
- Planung anderer Fachbereiche (z. B. Sozialplanung, Schulentwicklungsplanung),
- operative Tätigkeit im Jugendamt (z. B. Kinder- und Jugendarbeit),
- Fachberatung/Fachaufsicht (z. B. Kindertagesbetreuung).

Wenn Planungsfachkräfte mehrheitlich für weitere Aufgaben zuständig sind, können damit Vor- und Nachteile verbunden sein. Einerseits können weitere Aufgaben Synergieeffekte und eine Perspektiverweiterung auf die Gestaltung der Kinder- und Jugendhilfeinfrastruktur ermöglichen, z. B. durch Netzwerkarbeit oder Abstimmung mit anderen Planungsbereichen.

Andererseits können die zusätzlichen Aufgaben die für die Jugendhilfeplanung verantwortliche Fachkraft in ihrer Tätigkeit einschränken und somit daran hindern, Jugendhilfeplanung ernsthaft umzusetzen, da ihre Ressourcen an anderer Stelle gebunden sind. Wenngleich die Befragten die Übernahme dieser weiteren Aufgaben nicht explizit kommentieren konnten, wurden sie an anderer Stelle im Fragebogen aufgefordert, die Rahmenbedingungen für die Jugendhilfeplanung in ihrer Kommune insgesamt zu bewerten. Hier zeigt sich, dass die Personen, die angeben, dass die eingesetzte Planungsfachkraft weitere Aufgaben übernimmt, die Rahmenbedingungen durchschnittlich schlechter bewerteten als diejenigen, deren Planungsfachkraft keine weiteren Aufgaben übernimmt. Wird die Übernahme anderer Aufgaben neben der Jugendhilfeplanung in den Kommentaren zu dieser Bewertung erwähnt, dann ausschließlich negativ konnotiert: Die Planungsfachkraft muss ihre unterschiedlichen Aufgaben fortlaufend priorisieren und Planungsvorhaben mitunter ruhen lassen oder es kommen kurzfristige, teilweise fachfremde Aufgaben hinzu. Die folgenden Zitate stehen exemplarisch für die Jugendhilfeplanung als »Auffangbecken« für neu zu verteilende Aufgaben:

> »Das heißt konkret, immer dann, wenn eine Herausforderung oder Aufgabe auf die Verwaltung zukommt, für die sich keiner zuständig fühlt bzw. für die keiner Kapazitäten hat, wird dies an die Jugendhilfeplanung delegiert.« (Online-Befragung, AB06_01, Case 1508)

> »Mehrere Wechsel der Leitungsebene bzw. fehlende Besetzung von Leitungsstellen führten dazu, dass JHP für fachfremde Tätigkeiten herangezogen wurde und dass Ziele verändert bzw. deren Prioritäten verschoben wurden.« (Online-Befragung, AB06_01, Case 1520)

»Jugendhilfeplanung wird in Krisen gern verantwortlich gemacht für Aufgaben, die anschließend nicht weiter delegiert werden (bspw. Flüchtlingskrise/UmA), so dass neben der eigentlichen Planung zusätzliche Aufgaben hinzukommen.« (Online-Befragung, AB06_01, Case 1183)

Jugendhilfeplanung ist nicht allein Aufgabe von Planungsfachkräften. Als kontinuierlicher und diskursiver Prozess, der darauf abzielt, vor Ort auszuhandeln, was die erforderlichen, geeigneten, rechtzeitigen und ausreichenden Leistungen und Angebote zur Umsetzung der Ziele der Kinder- und Jugendhilfe sind (§ 79 SGB VIII), stellt sie ein komplexes System mit unterschiedlichen Ebenen und Beteiligten dar. An welcher Stelle Planungsfachkräfte in diesem System verortet sind, hat einen Einfluss auf den Planungsprozess sowie die Organisation im Jugendamt bzw. in der kommunalen Verwaltung (vgl. Merchel 2016: 135).

In knapp über der Hälfte der teilnehmenden Jugendämter ist die Jugendhilfeplanung als Stabsstelle der Leitung eingerichtet (s. Abbildung 4). Rund ein Viertel gibt an, dass die Jugendhilfeplanungsfachkraft/-fachkräfte als Stelle innerhalb einer Abteilung/eines Fachbereichs im Jugendamt verortet ist/sind. Am seltensten ist die Planungsstelle in einem eigenständigen Fachbereich/einer eigenen Abteilung oder auf Dezernatsebene verankert.

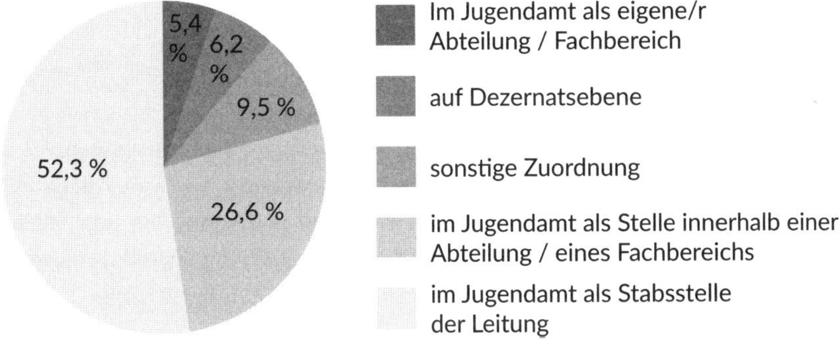

Abbildung 4: Verortung der Planungsfachkraft/-fachkräfte in der Organisationsstruktur (n=241)

Als sonstige Zuordnungen wurden u. a. folgende Ausprägungen beschrieben: Jugendhilfeplanung ist ...

- Leitungsaufgabe und daher bei der Amtsleitung verortet,
- als Stabsstelle der Sozialplanung zugeordnet oder
- im Sozialamt/Sozialdezernat angesiedelt.

Die in der Fachliteratur empfohlene Stabsstelle bei der Jugendamtsleitung wird auch von einigen Befragten in den offenen Kommentaren positiv hervorgehoben, u. a. begründet durch einen größeren Handlungsspielraum, direkte Abstimmung mit der Leitung und Einblick in interne (Planungs-)Prozesse. Im Durchschnitt werden die Rahmenbedingungen für Jugendhilfeplanung in den Jugendämtern mit entsprechender Stabstelle höher bewertet als in den Jugendämtern mit anderer Verortung. In den folgenden Zitaten wird zusätzlich hervorgehoben, dass die Stabstelle eine koordinierende Funktion hinsichtlich weiterer Planungsprozesse in den Fachabteilungen übernehmen kann:

> »Aufgrund der vielfältigen Themen ist die Planung nur im Zusammenspiel mit weiteren Leitungskräften im Jugendamt umsetzbar. Es können meistens nur Teilausschnitte in den Planungsprozess einfließen. Letztlich ist es aber wichtig, dass die unterschiedlichen Planungsprozesse immer wieder miteinander abgeglichen werden. Hierfür ist die Stabsstelle bei der Amtsleitung ein guter organisatorischer Ankerpunkt.« (Online-Befragung, AB09_01, Case 1021)

> »Es ist wichtig, die Jugendhilfeplanung strukturell mindestens als Stabsstelle bei der Amtsleitung oder auf der Ebene des Dezernats anzusiedeln und keine gleichzeitige Verantwortung für einen inhaltlichen Bereich zu übertragen. Strukturen der Kooperation zwischen Fachabteilungen und Jugendhilfeplanung müssen etabliert und gelebt werden.« (Online-Befragung, AB09_01, Case 1416)

Gleichzeitig wird die Einbindung in ein Planungsteam als bedeutsam für die eigene Arbeit bewertet. In folgendem Beispiel handelt es sich um eine eigene Abteilung:

> »Die Zusammenfassung mit anderen Planern in einer Abteilung (Bildungsnetz, Jugendarbeit, Jugendbeteiligung, Familienbildung, Qualitätsentwicklung, ...) ist sehr von Vorteil, um gemeinsam zu planen und die Prozesse aufeinander abzustimmen.« (Online-Befragung, AB06_01, Case 1667)

In Tabelle 4 ist dargestellt, inwieweit Unterschiede bei ausgewählten strukturellen Aspekten (Personal- und Sachressourcen, Planungskonzeption, politischer Grundsatzbeschluss) sowie bei der Bewertung der Rahmenbedingungen und Bedeutung der Jugendhilfeplanung durch eine differenzierte Betrachtung der Verortung der Jugendhilfeplanungsfachkräfte zu erkennen sind. Dahinter steht die Frage, ob die Verortung auch unterschiedliche »Planungsprofile« zur Folge hat.

Deutlich wird, dass eine eigene Abteilung für Jugendhilfeplanung in der Regel mit min. zwei Personen besetzt ist (durchschnittliche Wochenstundenzahl von 62,4) und auch bei der »sonstigen Zuordnung«[5] die durchschnittliche Wochenstundenzahl mit knapp über 60 Stunden angegeben wird, während bei den anderen Zuordnungen die Stundenzahl deutlich darunter liegt. Die Jugendämter mit eigener Abteilung verfügen zudem am zweithäufigsten über ein Sachkostenbudget und am häufigsten über einen politischen Grundsatzbeschluss zur Jugendhilfeplanung. Umso überraschender ist es, dass gleichzeitig eine Planungskonzeption nur bei 15,4 % und damit bei zwei Jugendämtern mit diesem Organisationsmodell vorliegt. Das Modell der Stabsstelle bei der Jugendamtsleitung hat mit 34,1 % am häufigsten eine Planungskonzeption vorliegen und mit 50 % am zweithäufigsten einen Grundsatzbeschluss. Die Stelle auf Dezernatsebene ist mit dem geringsten

5 Da die Ausprägungen der »sonstigen Zuordnung« sehr unterschiedlich sind, lassen sich die einzelnen Daten hierzu nur begrenzt interpretieren.

Stundenvolumen (durchschnittlich 33,6 Wochenstunden), aber am häufigsten mit einem Sachkostenbudget ausgestattet (86,7 %) und verfügt am seltensten über einen Grundsatzbeschluss (46,7 %). Die Betrachtung dieser ausgewählten strukturellen Merkmale zeigen kein eindeutiges Bild in Zusammenhang mit der Verortung der Jugendhilfeplanung. Dies könnte ein Hinweis darauf sein, dass die Verortung nicht alleine die Ausrichtung, Ausstattung und Bedeutung von Jugendhilfeplanung in der Kommune bestimmt.

	Verortung der Planungsfachkräfte in der Verwaltung					
	Auf Dezernatsebene (n=15)	**Im Jugendamt als Stabsstelle der Leitung** (n=126)	**Im Jugendamt als eigene/r Abteilung / Fachbereich** (n=13)	**Im Jugendamt als Stelle innerhalb einer Abteilung / eines Fachbereichs** (n=64)	**sonstige Zuordnung** (n=23)	**Gesamt** (=241)**
Durchnittliche tatsächl. besetzte Wochenstunden (Mittelwert in Std.)	33,6	35,9	62,4	38,4	60,2	40,1
Anteil der Jugendämter* mit Sachkostenbudget für Jugendhilfeplanung	86,7 %	77,0 %	84,6 %	67,2 %	78,3 %	75,5 %
Anteil der Jugendämter* mit Vorliegen einer Planungskonzeption	20,0 %	34,1 %	15,4 %	29,7 %	26,1 %	30,3 %
Anteil der Jugendämter* mit Grundsatzbeschluss	46,7 %	50,0 %	53,8 %	48,4 %	47,8 %	49,4 %
Durchschnittliche Bewertung der Rahmenbedingungen (1 = sehr schlecht, 6 = sehr gut)	3,9	4,3	3,9	3,5	4,2	4,0
Durchschnittliche Bewertung der Berücksichtigung der Planungsergebnisse durch Politik (1 = sehr wenig, 6 = sehr stark)	4,6	4,4	4,5	4,0	4,3	4,3
Durchschnittliche Bewertung der Bedeutung der Jugendhilfeplanung für die Infrastrukturentwicklung (1 = völlig unbedeutend, 6 = sehr hohe Bedeutung)	4,9	4,8	4,3	4,2	4,7	4,6

*Berechnung und Darstellung der Anteile bezogen auf die jeweilige Teilmenge (keine Unterscheidung der Antwortkategorien »nein«, »keine Angabe« und »nicht beantwortet«)
**zwei Jugendämter haben keine Angabe zur Verortung gemacht und werden deshalb in dieser Darstellung nicht weiter berücksichtigt

Tabelle 4: Personelle und sachliche Beschlusslage, Konzeption, Grundsatzbeschluss und Bewertung nach Verortung der Planungsfachkräfte (n=241)

Hinsichtlich der drei Bewertungsaspekte (Rahmenbedingungen, Berücksichtigung der Planungsergebnisse, Bedeutung für Infrastrukturentwicklung)[6] ist jedoch auffällig, dass die Befragten aus Jugendämtern mit dem Modell »Jugendhilfeplanung im Jugendamt als Stelle innerhalb einer Abteilung/eines Fachbereichs« alle drei Aspekte durchschnittlich am niedrigsten bewerteten. Die Berücksichtigung der Planungsergebnisse und die Bedeutung für die Infrastrukturentwicklung werden von den Jugendämtern mit einer Stelle auf Dezernatsebene im Vergleich am höchsten bewertet und die Rahmenbedingungen von den Jugendämtern mit einer Stabsstelle bei der Jugendamtsleitung. Möglicherweise deuten diese Daten darauf hin, dass die höhere Einbindung in der Hierarchie zumindest die eigene Wahrnehmung der Fachkräfte in Bezug auf Wertschätzung und Wirksamkeit von Jugendhilfeplanung beeinflusst.

2.2.2 Qualifikation und Geschlecht der Planungsfachkräfte

Qualifizierende Abschlüsse wurden für 339 Planungskräfte angegeben. Insgesamt ist der Akademisierungsgrad bei den Jugendhilfeplaner:innen sehr hoch: Über 90 % haben einen Hochschulabschluss. Für die Arbeitsfelder der Kinder- und Jugendhilfe (ohne Kindertageseinrichtungen und Tagespflege) liegt dieser Anteil laut der Bundestatistik bei durchschnittlich 47 % (vgl. Mühlmann et al. 2020: 6), nur die Fachkräfte im ASD liegen mit einem Anteil von 92 % auf einem ähnlichen Qualifikationsniveau. Der Diplom-Abschluss (Fachhochschule und Universität) ist bei den Planungsfachkräften der vorliegenden Studie mit 61,7 % am häufigsten vertreten (s. Abbildung 5). Da Mitte der 2000er Jahre die Bachelor- und Masterabschlüsse eingeführt wurden, lässt sich aus diesem Ergebnis ableiten, dass die befragten Fachkräfte tendenziell mehr als zehn Jahre Berufserfahrung haben – jedoch nicht zwangsläufig in der Jugendhilfeplanung. Unter den »sonstigen Abschlüssen« (6,2 %) werden sowohl Ausbildungsberufe als auch Magister- und Promotionsabschlüsse genannt.

6 Fragestellungen: 1. Wie bewerten Sie die Rahmenbedingungen für die Jugendhilfeplanung in Ihrer Kommune insgesamt? 2. Wie stark werden die Ergebnisse Ihrer Planung bei Entscheidungen durch die kommunale Politik berücksichtigt? 3. Welche Bedeutung hat aus Ihrer Sicht die Jugendhilfeplanung bei der Gestaltung bzw. (Weiter-)Entwicklung der Kinder- und Jugendhilfepraxis in Ihrer Kommune?

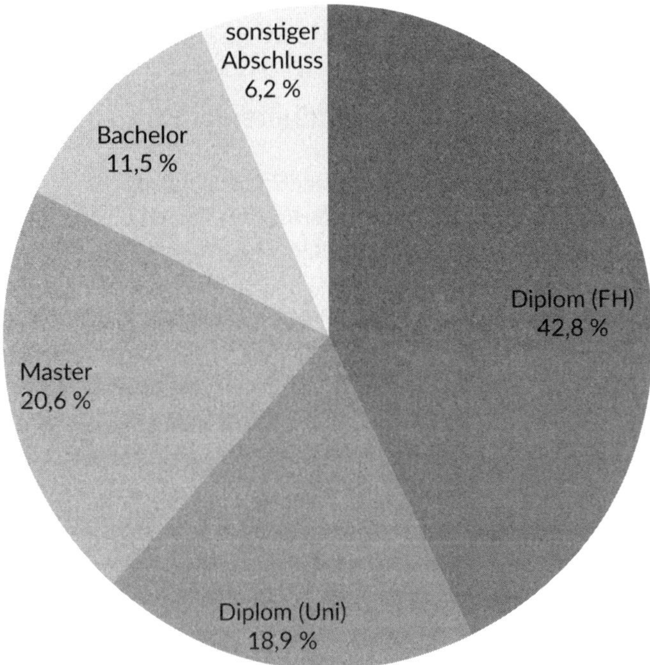

Abbildung 5: Höchster Bildungsabschluss der Planungsfachkräfte (n=339; Anteil der Fachkräfte)

Jugendhilfeplaner:innen müssen für ihre Tätigkeit vielfältige fachspezifische und personale Kompetenzen einbringen. Entsprechend ist neben dem formalen Abschluss auch die jeweilige Fachrichtung relevant, um Aussagen über das Qualifikationsniveau treffen zu können. Beim FH-Diplom und bei den Bachelorabschlüssen ist die Fachrichtung Soziale Arbeit/Sozialpädagogik mit deutlichem Abstand am häufigsten vertreten. Beim Uni-Diplom sind Sozial- und Erziehungswissenschaften jeweils etwas häufiger vertreten und beim Masterabschluss ist der Anteil der »sonstigen Fachrichtungen« vergleichsweise hoch. Dieser letzte Befund lässt sich mit der Vielfalt an Master-Abschlüssen an den Hochschulen erklären. Über alle Abschlüsse hinweg wurden unter »Sonstige« Verwaltungsrecht/Verwaltungslehre, Betriebswirtschaftslehre und Sozialmanagement als Fachrichtungen angegeben. Zusammenfassend ist festzuhalten, dass die kommunale Jugendhilfeplanung mit Fachkräften unterschiedlicher Qualifikationen und professionellen Perspektiven besetzt ist. Inwieweit Jugendhilfe- oder Sozialplanung in den jeweiligen Studiengängen als Inhalte behandelt werden – d.h. inwieweit die Absolvent:innen auf eine entsprechende Tätigkeit vorbereitet sind –, könnte für eine vertiefende Analyse eine wichtige Fragestellung sein.

Insgesamt sind 64,2 % (230 von 358 Fachkräften) der Planungsfachkräfte weiblich. Diesbezüglich ist im Vergleich zur Studie von 2010 (vgl. Adam et al. 2010: 11) ein deutlicher Anstieg um 17,4 % zu verzeichnen; damals lag der Anteil von Jugendhilfeplanerinnen noch bei 46,8 %. Im Vergleich zur gesamten Kinder- und Jugendhilfe – wo 87,9 % bzw.

ohne das Arbeitsfeld der Kindertageseinrichtungen/-pflege 72,4 % Frauen tätig sind (vgl. Mühlmann et al. 2020: 4) – ist dieser Anteil jedoch gering.

2.2.3 Stellenumfang für Jugendhilfeplanung

Da viele Planungsfachkräfte neben der Jugendhilfeplanung noch andere Aufgaben übernehmen, sind Informationen über die zur Verfügung stehenden Wochenstunden für die Planungsaufgaben bei der Konkretisierung der Personalressourcen in der Jugendhilfeplanung zu berücksichtigen. Bei 69,1 % der Jugendämter, die in dieser Studie Auskunft zum Personalumfang gegeben haben, werden in der Jugendhilfeplanung 19,5 bis 40 Wochenstunden tatsächlich mit Personal besetzt. Über ein Vollzeitäquivalent (38,5 bis 40 Wochenstunden) verfügen lediglich 38,6 % der Jugendämter. Mehr als 40 Wochenstunden sind in 16,5 % der Jugendämter besetzt, weniger als 19,5 Stunden in 13,1 % der Jugendämter. In drei Jugendämtern gibt es keine Personalressource für die Jugendhilfeplanung.

Zwischen den im Stellenplan für die Jugendhilfeplanung vorgesehenen Wochenstunden (Mittelwert: 42,6 Stunden) und den tatsächlich besetzten Wochenstunden (Mittelwert: 40,1 Stunden) lässt sich nur ein geringer Unterschied erkennen. Eine große Differenz könnte auf Schwierigkeiten in der Stellenbesetzung hindeuten – offensichtlich spielt dieses Problem im Arbeitsfeld der Jugendhilfeplanung jedoch keine große Rolle.

Analog zur Anzahl der Planungsfachkräfte variieren auch die Wochenstunden abhängig vom Jugendamtstyp: Am meisten Wochenstunden werden in Jugendämtern der kreisfreien Städte und in Bezirksjugendämtern besetzt (s. Tabelle 5). Im Vergleich zu den Daten der Studie von 2010 (vgl. Adam et al. 2010: 15) ist ein leichter Anstieg der durchschnittlichen Wochenstundenzahl zu verzeichnen – insbesondere bei den Jugendämtern kreisfreier und kreisangehöriger Städte.

Tatsächlich besetzte Wochenstunden nach Jugendamtstyp (n=236)				
	Jugendamt in einer kreisfreien Stadt & Bezirksjugendamt (n=56)	**Kreisjugendamt** (n=117)	**Kreisangehöriges Jugendamt** (n=63)	**Gesamt** (n=236)
Mittelwert in Std.	64,6	31,5	34,4	40,1
Daten aus der Studie von 2010: (vgl. Adam et al. 2010, 15)				
Tatsächlich besetzte Wochenstunden nach Jugendamtstyp (n=260)				
	Jugendamt in einer kreisfreien Stadt & Bezirksjugendamt (n=74)	**Kreisjugendamt** (n=111)	**Kreisangehöriges Jugendamt** (n=75)	**Gesamt** (n=260)
Mittelwert in Std.	58,5	31,5	29,4	38,7

Tabelle 5: Tatsächlich besetzte Wochenstunden in der Jugendhilfeplanung nach Jugendamtstyp (n=236) und Vergleich mit Daten aus 2010 (n=260)

Ohne Zweifel hat die zur Verfügung stehende Personalressource Einfluss auf die Bewertung der Rahmenbedingungen der Jugendhilfeplanung durch die Befragten. So zeigt sich, dass mit steigender Wochenstundenanzahl auch die Rahmenbedingungen durchschnittlich besser bewertet werden. Diese quantitativen Daten werden durch zahlreiche Erläuterungen im Fragebogen, in denen die Personalausstattung erwähnt wird, gestützt. So wird eine positive Bewertung der Rahmenbedingungen häufig mit ausreichenden Personalressourcen begründet, während bei einer mittleren oder schlechten Bewertung in vielen Fällen darauf hingewiesen wird, dass der zur Verfügung stehende Stellenumfang und/oder die Anzahl der Fachkräfte nicht für alle anstehenden oder intendierten Planungsaufgaben ausreiche.

Grundsätzlich ist es schlüssig, dass die Anzahl der tatsächlich besetzten Wochenstunden im Zusammenhang mit der Größe der Kommune sowie dem Aufgabenzuschnitt der Planungsfachkraft/-fachkräfte variiert. Fraglich ist allerdings, wie – auch wenn es sich dabei um eine kleine Kommune handelt – die vielfältigen Anforderungen an Jugendhilfeplanung erfüllt werden können, wenn dazu weniger als eine Vollzeitstelle besetzt ist oder gar weniger als 19,5 Wochenstunden zur Verfügung stehen. Hinzu kommt, dass die Komplexität der Jugendhilfeplanung vielfältige Kompetenzen von Fachkräften verlangt (vgl. BAGLJÄ 2018): Sie müssen Konzeptentwickler:innen, Prozessgestalter:innen, Netzwerker:innen, Datenexpert:innen und Politikberater:innen sein, sollen Diskurse initiieren, eine verlässliche Datenbasis liefern, Beteiligung ermöglichen, Ergebnisse präsentieren und vieles mehr. Diese Anforderungen können durch eine Fachkraft allein (unabhängig ihres Stellenanteils) kaum bewältigt werden und es bedarf dafür vielmehr eines Planungsteams (vgl. hierzu auch Merchel 2016: 138). Allerdings sind nur in 25,8 % der befragten Jugendämter zwei Personen oder mehr für die Jugendhilfeplanung zuständig. Die hohe Aufgabendichte und die fehlende Abstimmung bzw. Aufgabenteilung mit anderen Planungsfachkräften werden durch die offenen Antworten im Fragebogen bestätigt:

> »Der Stelle der Jugendhilfeplanung wird eine große Bedeutung zugeschrieben. Allerdings passt der Stellenumfang nicht zu der Themenvielfalt, [dem] Aufgabenumfang und [der] Dringlichkeit der Themen. Dies führt zu einer Überladung der Stelle.« (Online-Befragung, AB06_01, Case 1520)

> »Anhand der zur Verfügung stehenden personellen Ressourcen und dass Einzelkämpfertum für einen Planungsbereich von der Wiege bis zur Bahre verliert die Jugendhilfeplanung an ihrer Wirkungskraft.« (Online-Befragung, AB06_01, Case 1415)

> »Die Fachkraft wird oft als diejenige Person gesehen, die allein plant, wobei der Gesichtspunkt fehlt, dass sie die Koordination der Planung gemeinsam mit anderen Partnern übernimmt und die Jugendhilfeplanung in Kooperation stattfinden sollte.« (Online-Befragung, AB06_01, Case 792)

> »Zu wenig Stunden, um an mehreren Themen zu arbeiten – ein weiterer Kollege/Kollegin wäre sehr gut, auch um sich im Prozess der Planung besser abstimmen und austauschen zu können.« (Online-Befragung, AB06_01, Case 1624)

Jugendhilfeplaner:innen sind häufig Einzelkämpfer:innen und übernehmen auch über ihre Zuständigkeit hinaus weitere (dringende) Aufgaben in der Kommune.

Einschränkend ist darauf hinzuweisen, dass die hier erhobenen Daten keine vollständige Abbildung aller tatsächlichen Planungstätigkeiten in den Kommunen bieten. Die folgenden Zitate zeigen beispielhaft, dass Planung auch an anderen Stellen stattfindet und nicht allein auf die benannten Jugendhilfeplaner:innen reduziert werden kann:

> »Jugendhilfeplanung erfährt innerhalb der Verwaltung und auch in der Politik eine hohe Wertschätzung. Neben der Stelle der Jugendhilfeplanung sind weitere Fachkräfte mit jugendhilfeplanerischen Tätigkeiten befasst (Fachplanung Kita, Frühe Hilfen, Familienzentren, Schule/OGS, EGH-Minderjährige).« (Online-Befragung, AB06_01, Case 854)

> »Die Steuerungsaufgabe der Jugendhilfeplanung wird von [der] Verwaltung kaum wahrgenommen, dementsprechend gibt es nicht genug Ressource und werden viele Planungen in den Fachabteilungen einzeln vorgenommen. Sie ergeben kein abgestimmtes Gesamt-Konzept.« (Online-Befragung, AB06_01, Case 1333)

Die beiden Aussagen illustrieren gleichzeitig unterschiedliche Bewertungen der Planung durch anderen Fachabteilungen: In der einen Kommune wird damit die übergreifende Bedeutung von Planung hervorgehoben, in der anderen Kommune wird dies vielmehr als Notlösung beschrieben.

In welchem Umfang und in welcher Form die Möglichkeit genutzt wird, durch externe Begleitung und Beratung Planungsaufgaben abzugeben bzw. fehlende Expertise zu kompensieren und damit das Planungspersonal zu entlasten, wird im folgenden Abschnitt dargestellt.

2.2.4 Sachmittel und externe Beratung

Die methodische Ausgestaltung von Analyse- und Aushandlungsprozessen in der Jugendhilfeplanung, wie z. B. die Datenbeschaffung und -auswertung, die Beteiligung von Trägern oder Befragung von Adressat:innen, verlangen neben der angemessenen Personalausstattung auch nach einer hinlänglichen sachlichen Ausstattung. In der Organisation von Planung dienen Sachmittel u. a. dazu, Sitzungen von Planungsgremien angemessen zu gestalten (z. B. Material, Räume, Verpflegung), Fort- und Weiterbildungen zu konzipieren bzw. wahrzunehmen oder externe Beratung in Anspruch zu nehmen.

Umso überraschender ist es, dass knapp ein Viertel der Jugendämter angibt, über kein Budget für Sachmittel in der Jugendhilfeplanung zu verfügen (s. Abbildung 6). Dieser Anteil variiert im Vergleich der Jugendamtstypen nur um wenige Prozentpunkte. Wenn

Budget vorhanden ist, fließt es am häufigsten in Fort- und Weiterbildungen (80,2 %), die Beschaffung von Literatur und die Organisation von Gremienarbeiten (jeweils 71,4 %). Über ein Drittel der Jugendämter verfügt über ein Budget für externe Beratung, die in der Regel mit höheren Kosten verbunden ist als die anderen genannten Bereiche. Unter »Sonstiges« wurden in den offenen Antworten von 14 Befragten darauf hingewiesen, dass die Jugendhilfeplanung auf ein allgemeines Budget des Jugendamtes bzw. der Fachabteilung zugreifen kann, und weitere acht Personen führen aus, dass Verwendungszeck und Höhe nach Bedarf beantragt werden. Dass die Notwendigkeit eines Sachkostenbudgets für Planungsprozesse auch in der Praxis gesehen wird, zeigen wieder die unterschiedlichen Bewertungen der Rahmenbedingungen: Diese werden im Durchschnitt signifikant schlechter bewertet, wenn kein Budget vorhanden ist.

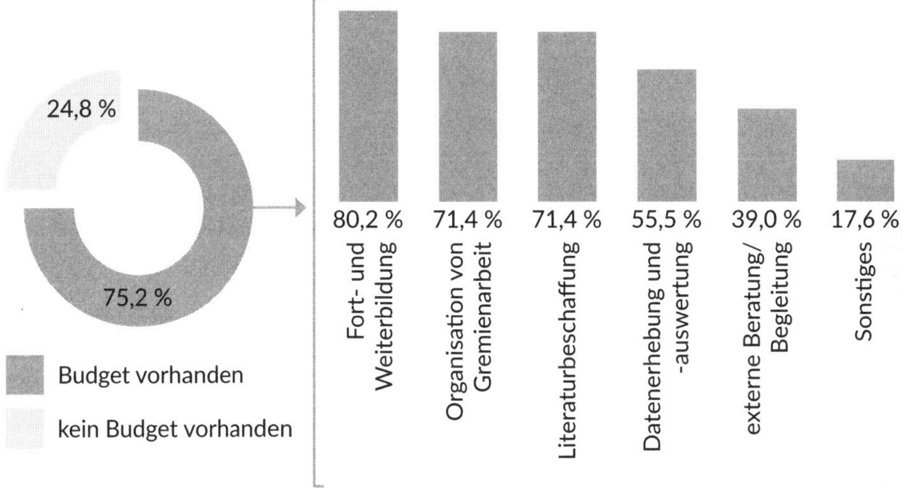

Abbildung 6: Budget der Jugendhilfeplanung für Sachmittel (n=242; Mehrfachnennungen bei den Einsatzbereichen des Budgets)

Weiterführende Angaben zur externen Beratung/Begleitung zeigen, dass nur 12,1 % der Jugendämter diese aktuell in Anspruch nehmen und 19,2 % dies in den letzten fünf Jahren getan haben (s. Tabelle 6). Bei 4,2 % ist eine Inanspruchnahme zukünftig geplant. Der Anteil der Jugendämter kreisfreier Städte, die aktuell externe Beratung in Anspruch nehmen (19,3 %), ist deutlich höher als bei den anderen Jugendamtstypen (7,9–10,9 %).

»Wurde/Wird die Jugendhilfeplanung durch eine externe Fachkraft bzw. Institution beraten/begleitet?« (n=239)								
	Jugendamt in einer kreisfreien Stadt & Bezirksjugendamt (n=57)		**Kreisjugendamt** (n=119)		**Kreisangehöriges Jugendamt** (n=63)		**Gesamt** (n=239)	
	Anzahl	Anteil	Anzahl	Anteil	Anzahl	Anteil	Anzahl	Anteil
Ja, die Beratung hält aktuell an	11	19,3 %	13	10,9 %	5	7,9 %	29	12,1 %
Ja, in den letzten fünf Jahren	10	17,5 %	26	21,8 %	10	15,9 %	46	19,2 %
Ja, vor mehr als fünf Jahren	8	14,0 %	18	15,1 %	10	15,9 %	36	15,1 %
nein	32	56,1 %	69	58,0 %	36	57,1 %	137	57,3 %
nein, ist aber geplant	2	3,5 %	4	3,4 %	4	6,3 %	10	4,2 %

Tabelle 6: Externe Beratung (n=239, ohne fehlende Werte; Mehrfachantworten bei »ja« möglich)

Im Rahmen der externen Beratung ging oder geht es bei rund einem Drittel der insgesamt 102 Jugendämter, die darauf zurückgreifen, um die Gesamtplanung der Kinder- und Jugendhilfe und bei zwei Drittel um Teilbereiche (z. B. Kita-Bedarfsplanung, Kinder- und Jugendarbeit, Hilfen zur Erziehung) oder methodische Unterstützung (z. B. Sozialraumanalyse, Datenerhebung/-auswertung, Befragungen).

Der Einsatz von externer Beratung steht in keinem quantitativen Zusammenhang mit den besetzten Wochenstunden in der Jugendhilfeplanung, d. h. der Mittelwert ist bei Jugendämtern, in denen externe Beratung aktuell stattfindet bzw. in den letzten 5 Jahren stattgefunden hat (n=63, Mittelwert: 40,23 Wochenstunden), nur geringfügig höher als bei denen, die keine bzw. länger zurückliegende Beratung angegeben haben (n=173, Mittelwert: 40,11 Wochenstunden).[7]

Anhand dieser Ergebnisse kann zusammenfassend nicht davon ausgegangen werden, dass fehlende Personalressource oder fachliche Expertise in der kommunalen Jugendhilfeplanung umfänglich durch externe Beratung kompensiert wird. Gleichzeitig ist erkennbar, dass bei Jugendämtern, in denen externe Beratung aktuell stattfindet bzw. in den letzten 5 Jahren stattgefunden hat, häufiger ein politischer Grundsatzbeschluss und eine Planungskonzeption vorliegen als bei denen, die keine bzw. länger zurückliegende Beratung angegeben haben. Ob die Konzeption bzw. der Beschluss den Einsatz der externen Beratung begünstigt bzw. notwendig macht oder ob die externe Beratung dazu beiträgt,

7 Es wurden nur die Jugendämter bei der Berechnung einbezogen, die Angaben zu den Wochenstunden gemacht haben (n=236).

dass die Jugendhilfeplanung eine konzeptionelle Grundlage und einen politischen Auftrag erhält, ist aus den Daten jedoch nicht abzuleiten. Die Rahmenbedingungen für die Jugendhilfeplanung werden ebenfalls durchschnittlich besser bewertet, wenn externe Beratung aktuell oder in der Vergangenheit in Anspruch genommen wird bzw. wurde.

2.2.5 Zusammenfassende Kommentierung zur personellen und sachlichen Ausstattung

Auf der Basis der vorliegenden Ergebnisse ist festzuhalten, dass die Personalressourcen in der Mehrheit der Jugendämter zu gering für die Erfüllung aller Anforderungen der Jugendhilfeplanung sind. Dies führt dazu, dass vor allem die dinglichsten Anliegen bzw. Pflichtaufgaben der Kinder- und Jugendhilfe bearbeitet werden (allen voran: Kitabedarfsplanung). Eine langfristige strategische Ausrichtung ist dadurch kaum möglich und in vielen Jugendämtern liegt keine politisch beschlossene Gesamtkonzeption zur Planung der Kinder- und Jugendhilfe vor (s. Kapitel 3.2). Ohne einen expliziten Planungsauftrag verwundert es nicht, wenn mitunter Stellen- oder Aufgabenbeschreibung für Jugendhilfeplaner:innen fehlen und sie bei Bedarf für andere, fachfremde Aufgaben eingesetzt werden. In Diskussionen mit der Fachöffentlichkeit zu diesen Ergebnissen haben einige Planungsfachkräfte davon berichtet, dass sie während der Corona-Pandemie zeitweise im Gesundheitsamt ausgeholfen haben. Ob es sich dabei um mehr als Einzelfälle handelt, kann mit den quantitativen Ergebnissen allerdings nicht bestätigt werden.

Diese Bestandsaufnahme hebt ebenso wie die Studie von 2010 erneut die Notwendigkeit hervor, dass der Jugendhilfeplanung eine größere Bedeutung in den Kommunen zugeschrieben wird. Eine angemessene Personalausstattung ist hierfür eine Grundvoraussetzung. »Angemessen« können die Ressourcen der Planungsfachkräfte nur sein, wenn sie an die Planungskonzeption bzw. an politische beschlossene Planungsaufträge sowie damit einhergehende Aufgabenbeschreibungen angepasst werden und die Jugendhilfeplanung somit in die Lage versetzt wird, ihre gesetzlich vorgeschriebenen Aufgaben adäquat erfüllen zu können – nicht umgekehrt.

Es ist davon auszugehen, dass Planung auch in den jeweiligen Fachabteilungen stattfindet (z. B. durch Leitungskräfte und/oder koordinierende Fachkräfte). Ob dort viel mehr Ressourcen zur Verfügung stehen, ist vor dem Hintergrund des Fachkräftemangels in den Arbeitsfeldern der Kinder- und Jugendhilfe kritisch zu hinterfragen. Wenn Planungsaktivitäten in unterschiedlichen Abteilungen im Jugendamt umgesetzt werden, ist die Notwendigkeit einer koordinierenden Stelle, die die Aktivitäten, Diskurse und Ergebnisse der jeweiligen (Teilfach-)Planungen im Sinne einer abgestimmten, integrierten Gesamtplanung zusammenführt, umso bedeutungsvoller. Diesen Stellenumfang allein anhand der Einwohnerzahl zu bestimmen, ist jedoch wenig zielführend – die grundsätzlichen Aufgaben der Kinder- und Jugendhilfe sind in jeder Kommune gleich. In größeren Städten oder Landkreisen ergibt sich jedoch am ehesten der Bedarf, zusätzliche Personalstellen einzurichten, um z. B. sozialräumliche Planung zu ermöglichen.

Neben der personellen Ausstattung ist auch das Sachkostenbudget in den Jugendämtern sehr unterschiedlich verteilt und die Inanspruchnahme von externer Beratung und Begleitung bei der Planung hat quantitativ keinen großen Stellenwert. Überwiegend geht es bei den externen Aufträgen um Teilaspekte der Planung (z. B. in Bezug auf ein Arbeitsfeld oder die methodische Umsetzung). Externe Prozessbegleitung kann zur Bedeutung und Sichtbarkeit der Jugendhilfeplanung beitragen, wichtige Schritte in der Planung umsetzen (z. B. Beteiligungsformate, Datenauswertung) sowie begrenzte Personalressource oder fehlende Expertise zumindest kurzfristig kompensieren. Langfristig hilft aber auch die beste Prozessbegleitung nicht, wenn in der Kommune Ressourcen zur weiteren Umsetzung fehlen.

Der beschriebene Mangel an Personalressourcen in der Jugendhilfeplanung ist nicht gleichzeitig als Fachkräftemangel zu verstehen, d.h. im Sinne der Schwierigkeit, ausgeschriebene Stellen adäquat zu besetzen. Hierzu gibt es in der Studie keine Hinweise, es wurde aber auch nicht explizit erfragt. Vielmehr ist ein hohes Qualifikationsniveau der Fachkräfte und eine Diversität bei den Fachrichtungen und damit verbundenen Kompetenzen festzustellen. Diese Vielfalt passt generell zu den unterschiedlichen Anforderungen der Jugendhilfeplanung, wenngleich davon auszugehen ist, dass sich die Planungsfachkräfte abhängig von ihrem professionellen Hintergrund zusätzliches Wissen und neue Fähigkeiten aneignen müssen.

Bemerkenswert ist außerdem, dass der Fachkräftemangel in der Kinder- und Jugendhilfe als (aktuelle) Herausforderung bei der Planung von den Befragten nicht benannt wird. Es ist zu erwarten, dass die Verwaltung begrenzter Mittel bei der Infrastrukturplanung durch den Personalmangel in den Einrichtungen und Angeboten der Kinder- und Jugendhilfe verschärft wird. Hinzu kommt, dass die aktuellen gesetzlichen Änderungen zusätzliche Personalressourcen sowohl in der planerischen als in der operativen Arbeit einfordern (z. B. neue und inklusive Leistungen durch das Kinder- und Jugendstärkungsgesetz (KJSG) oder der Rechtsanspruch auf Ganztagsbetreuung durch das Ganztagsförderungsgesetz (GaFöG)).

2.3 Konzeption und Auftrag der Jugendhilfeplanung

Wie Jugendhilfeplanung als fachliches und politisches Steuerungsinstrument in den Kommunen konzeptionell und strukturell verankert ist, wird im Folgenden anhand der ihr zugrundeliegenden Programmatik (Planungsansätze und Planungskonzeption) sowie an politischen Planungsaufträgen und -beschlüssen dargestellt.

2.3.1 Planungsansätze

Dass bereits die Planung von Planungsprozessen besondere Relevanz besitzt, zeigt sich u. a. daran, wie Planungsthemen methodisch bearbeitet, Prozesse vorbereitet und somit

Zugänge gestaltet werden. Denn »Zielrichtung, Verlauf und Methoden der Organisation und Durchführung werden geprägt und bestimmt vom Planungsverständnis und -ansatz, mit dem Jugendhilfe betrieben werden soll« (LWL/LVR 2010: 6).

In der Online-Befragung wurden die Teilnehmenden daher aufgefordert einzuschätzen, inwieweit die folgenden Planungsansätze[8] in ihren Kommunen verfolgt werden:

- **Sozialraumorientierter Planungsansatz** (definierte Sozialräume im Planungsgebiet bilden die Planungsgrundlage)
- **Bereichsorientierter Planungsansatz** (die Leistungs- und Aufgabenbereiche der Kinder- und Jugendhilfe bilden die Planungsgrundlage)
- **Zielgruppenorientierter Planungsansatz** (Planungsaktivitäten orientieren sich an definierten Adressat:innengruppen)

Diese Planungsansätze bieten praktische Zugänge zur komplexen Herausforderung der Jugendhilfeplanung und sind als gleichrangig zu verstehen. In der Umsetzung von Planungsaktivitäten schließen sie sich somit nicht gegenseitig aus, sondern können in jeweils unterschiedlicher Ausprägung kombiniert werden:

> »Die verschiedenen Orientierungen sind Teile eines Ganzen, die jeweils spezifische Dimensionen und Perspektiven in den Blick nehmen. Jugendhilfeplanung lebt durch den dadurch erzwungenen steten Perspektivwechsel auf den Gegenstand ›kommunale Jugendhilfe‹.« (Jordan/Schone 2000: 95)

In Abbildung 7 ist erkennbar, dass der bereichsorientierte Planungsansatz in den befragten Kommunen am häufigsten umgesetzt wird. Gleichzeitig korrelieren alle Planungsansätze miteinander d. h. in der Praxis wird nicht einer, sondern werden mehrere Planungsansätze kombiniert. So haben 28 Jugendämter (11,5 %) die Ausführung aller Planungsansätze als hoch (5–6) bewertet.

8 In der Literatur wird zusätzlich der zielorientierte Planungsansatz benannt. Zielorientierung ist aus Sicht des Projektteams jedoch vielmehr ein grundlegendes Arbeitsprinzip von Planung, das quer zu den anderen Ansätzen in der Planung verfolgt werden sollte. Somit wurde dieser Ansatz nicht im Fragebogen erhoben.

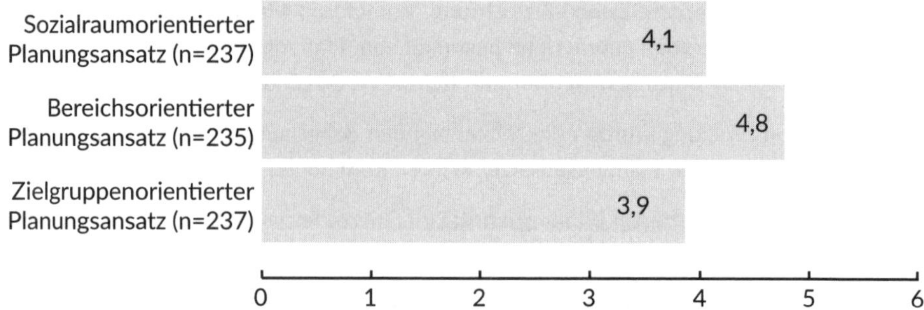

Abbildung 7: Inwieweit werden in Ihrer Kommune die folgend aufgeführten Planungsansätze nach Ihrer Einschätzung umgesetzt? (Skala: 1 = gar nicht, 6 = vollständig; Darstellung der Mittelwerte unter Ausschluss der fehlenden Antworten)

Im Vergleich der Jugendamtstypen (s. Tabelle 7) zeigt sich, dass der sozialraumorientierte Planungsansatz in Jugendämtern kreisfreier Städte und in Bezirksjugendämtern signifikant häufiger (fast) vollständig umgesetzt wird. Der Mittelwert liegt mit 4,7 deutlich über dem der Kreisjugendämter (3,6) und dem der kreisangehörigen Jugendämter (3,8).

Inwieweit werden in Ihrer Kommune die folgend aufgeführten Planungsansätze nach Ihrer Einschätzung umgesetzt? (Skala: 1 = gar nicht, 6 = vollständig)				
	Jugendamt in einer kreisfreien Stadt & Bezirksjugendamt	**Kreisjugendamt**	**Kreisangehöriges Jugendamt**	**Gesamt**
Sozialraumorientierter Planungsansatz	4,7 (n=58)	3,6 (n=117)	3,8 (n=63)	4,1 (n=238)
Bereichsorientierter Planungsansatz	4,9 (n=57)	4,8 (n=118)	4,7 (n=60)	4,8 (n=235)
Zielgruppenorientierter Planungsansatz	4,3 (n=58)	3,7 (n=116)	3,8 (n=63)	3,9 (n=237)

Tabelle 7: Planungsansätze nach Jugendamtstypen (Darstellung der Mittelwerte unter Ausschluss der fehlenden Antworten)

Möglich ist, dass diese theoretische Systematisierung der Planungsansätze und sprachliche Abgrenzung in der Praxis so nicht – oder nicht explizit – vorgenommen werden. Um zu prüfen, ob sich die Angabe eines Planungsansatzes auch in konkreten Strukturen, Planungsthemen oder Prozesselementen niederschlägt, wurden Zusammenhänge mit anderen Variablen geprüft.

Die Ausrichtung der Planung an definierten Sozial- bzw. Planungsräumen erfordert als Grundlage die kleinräumige Erhebung und Auswertung von aussagekräftigen kommunalen Daten. Bei hoher Bewertung des sozialraumorientierten Ansatzes (5–6 auf der oben genannten Skala) liegen bei den entsprechenden Jugendämtern gleichzeitig über fast alle abgefragten Planungsdaten hinweg signifikant häufiger auch kleinräumige Daten vor (mit

Ausnahme der Daten zur Bevölkerungsstruktur und zu Kindern in Fördermaßnahmen – hier gibt es keinen signifikanten Unterschied). Außerdem werden durch diese Gruppe die Themen »sozialräumliche Organisation« und »Sozialraumbudgets« durchschnittlich als wichtiger bewertet und mit höherer Priorität bearbeitet als von Jugendämtern, die den sozialraumorientierten Ansatz weniger stark verfolgen (s. Kapitel 2.7 zu allen abgefragten aktuellen Themen und Herausforderungen). Diese Zusammenhänge bestätigen, dass mit der Benennung dieses Ansatzes in der Praxis auch konkrete sozialraumorientierte Planungsaktivitäten und/oder Konzepte verbunden sind.

Ähnliche, plausible Zusammenhänge können für die anderen beiden Planungsansätzen nicht überprüft bzw. bestätigt werden. So könnte man aus fachlich-theoretischer Perspektive vermuten, dass in den Jugendämtern, die einen bereichsorientierten Planungsansatz verfolgen, mehr Planungsbeschlüsse zu den einzelnen Bereichen als in den anderen Jugendämtern vorliegen. Diese Annahme basiert aber auf dem idealtypischen Verständnis, dass die Planung alle Leistungen und Aufgaben der Kinder- und Jugendhilfe umfasst. Wie in folgenden Abschnitten dargestellt wird, ist dies in der Praxis nicht durchweg gegeben.

Ein zielgruppenorientierter Planungsansatz würde theoretisch noch stärker die Beteiligung der entsprechenden Zielgruppen einfordern. Die Annahme, dass sich eine höhere Bewertung des zielgruppenorientierten Ansatzes gleichsam in höheren Werten bei der Beteiligung der Adressat:innen ausdrückt, lässt sich jedoch nicht bestätigen.

2.3.2 Grundsatzbeschluss und Planungskonzeption

Damit Jugendhilfeplanung ihre Steuerungswirkung entfalten kann, braucht es eine »Planung der Planung«, also eine Beschreibung der Zielsetzung, der Organisation, des methodischen Vorgehens und der Beteiligten am Planungsprozess. Diese Konzeption spielt insofern eine besondere Bedeutung, als dass mit Planung von unterschiedlichen Akteuren Erwartungen hinsichtlich Effektivität, Effizienz und Wirkung verknüpft werden, die ohne eine grundlegende Zielformulierung und Ausdifferenzierung dessen, wie diese für wen, wann zu erreichen sind, schwerlich zu überprüfen sind. Dabei zeichnet sich Planung vor allem dadurch aus, dass »sie durch die Kriterien Zukunftsbezogenheit, Zielorientiertheit, Methodik des Vorgehens und Zeithorizont gekennzeichnet ist. Planung ist damit ein final determiniertes, methodisches Lenkungsmittel zukünftigen Geschehens – das Gegenteil einer ad-hoc-Reaktion. Sie erfordert Koordinierung verschiedener (auch widerstreitender) Interessen zur Verwirklichung einer Ordnungsvorstellung. Produkt einer solchen Planung ist regelmäßig ein Plan.« (Smessaert; Münder 2010: 158)

Durch einen politischen Grundsatzbeschluss und eine Planungskonzeption erhält Jugendhilfeplanung somit einen expliziten Auftrag und eine Zielrichtung als Teil einer kommunalen Strategie. Lediglich knapp die Hälfte der Jugendämter gibt an, dass seitens des Jugendhilfeausschusses ein **Grundsatzbeschluss** zur Jugendhilfeplanung vorliegt. Bei 28,1 % der Jugendämter liegt ein solcher Beschluss nicht vor und 22,7 % wählten die

Antwort »keine Angabe«[9] (s. Abbildung 8). Noch seltener – bei 30,4 % der Jugendämter – liegt eine schriftliche **Planungskonzeption** vor. Fast die Hälfte der Jugendämter verneint das Vorliegen einer Konzeption und 10,8 % macht hierzu »keine Angabe«.

Der jeweils hohe Anteil derer, die hier aktiv die Option »keine Angabe« gewählt hat, wirft in der Interpretation Fragen auf. Wissen die befragten Planungsfachkräfte bzw. Leitungskräfte nicht (sicher), ob ein Grundsatzbeschlusses oder eine Planungskonzeption zur Jugendhilfeplanung vorliegt? Sind die Begriffe unpräzise oder »zu theoretisch« und gehen an der Praxis vorbei?

Die beiden Fragen umfassen zwei Aspekte bei der Konzeptionierung der Jugendhilfeplanung, die unmittelbar zusammenhängen: Erstens, die Formulierung der Zielsetzung sowie zeitlicher und methodischer Organisation des Planungsprozesses und zweitens, die Erörterung und der Beschluss dieser Planungskonzeption im Jugendhilfeausschuss.

Gibt es einen Grundsatzbeschluss des Jugendhilfeausschusses zur Durchführung der Jugendhilfeplanung?
(n=242)

Gibt es eine schriftliche Planungskonzeption als Grundlage der Jugendhilfeplanung?
(n=240)

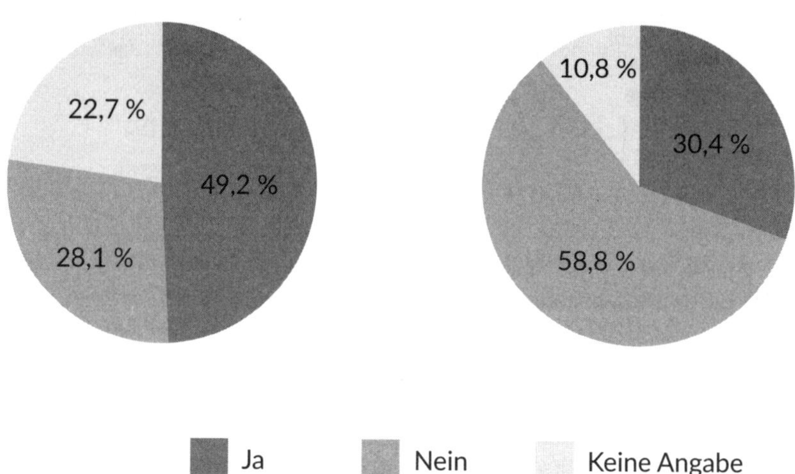

Abbildung 8: Grundsatzbeschluss und Planungskonzeption (Anteil der Jugendämter)

Dieses Vorgehen sollte in Zusammenarbeit von Planungsfachkraft, Jugendamt und Jugendhilfeausschuss stattfinden, um der Jugendhilfeplanung einen klaren, politisch legitimierten Auftrag zu geben, Transparenz über den Planungsprozess zu schaffen und

9 Bei dieser und den folgenden Fragen in diesem Kapitel wird »keine Angabe« als aktiv ausgewählte Antwort mit ausgewertet und dargestellt. Nur eine kleine Anzahl an fehlenden Werten bleibt durch Auslassen/Überspringen der Frage durch Teilnehmende übrig; diese wurden, wie eingangs beschrieben, bei der Auswertung nicht berücksichtigt.

die Akzeptanz der Planungsergebnisse zu erhöhen. Wenn eine politisch beschlossene Gesamtkonzeption für die Jugendhilfeplanung nur in der Minderheit der Jugendämter (sicher) vorliegt, heißt dies gleichzeitig für die anderen Jugendämter, dass eine wichtige Grundlage für einen erfolgreichen Planungsprozess fehlt.

Beim **Vergleich der Jugendamtstypen** zeigt sich, dass bei den kreisfreien Städten am häufigsten ein Grundsatzbeschluss (51,7 %) und eine Planungskonzeption (39,7 %) vorliegt (s. Tabelle 8) – letztere mit einem deutlichen Unterschied zu den anderen Jugendamtstypen. Zur Interpretation dieser Differenz sollten die zur Verfügung stehenden Wochenstunden berücksichtigt werden, denn eine schriftlich ausgearbeitete Konzeption bedarf zeitlicher Ressourcen. Die Jugendämter kreisfreier Städte und Bezirksjugendämter haben durchschnittlich erheblich mehr Wochenstunden für Jugendhilfeplanung zur Verfügung (s. Kapitel 2.2.3) und bei Jugendämtern mit einer Wochenstundenanzahl über 40 Stunden liegt ebenfalls deutlich häufiger eine Planungskonzeption vor.

		Jugendamt in einer kreisfreien Stadt & Bezirksjugendamt (n=58)	**Kreisjugendamt** (n=121)	**Kreisangehöriges Jugendamt** (n=64)	**Gesamt** (n=243)
Jugendämter mit Grundsatzbeschluss	Anzahl	30	62	27	119
	Anteil	51,7 %	51,2 %	42,2 %	49,0 %
Jugendämter mit Planungskonzeption	Anzahl	23	33	17	73
	Anteil	39,7 %	27,3 %	26,6 %	30,0 %

Tabelle 8: Grundsatzbeschluss und Planungskonzeption nach Jugendamtstypen (Anzahl und Anteil der Jugendämter)

Dass die konzeptionelle Grundlage und der politische Auftrag zur Jugendhilfeplanung nicht nur formellen Charakter haben oder zur Erfüllung der Ansprüche der Fachliteratur dienen, zeigen Unterschiede in der Bewertung durch die Befragten: Jugendämter mit Grundsatzbeschluss und/oder Planungskonzeption bewerten die Rahmenbedingungen der Jugendhilfeplanung[10] und die Berücksichtigung ihrer Ergebnisse durch die Politik[11] durchschnittlich positiver (s. Tabelle 9).

10 Fragestellung: »Wie bewerten Sie die Rahmenbedingungen für die Jugendhilfeplanung in Ihrer Kommune insgesamt?« (1 = sehr schlecht, 6 = sehr gut).

11 »Wie stark werden die Ergebnisse Ihrer Planung bei Entscheidungen durch die kommunale Politik berücksichtigt?« (1 = sehr wenig, 6 = sehr stark).

	Grundsatzbeschluss		Planungskonzeption	
	liegt vor	**liegt nicht vor**	**liegt vor**	**liegt nicht vor**
Durchschnittliche Bewertung der Rahmenbedingungen (1=sehr schlecht, 6=sehr gut)	4,2 (118)	3,7 (67)	4,3 (73)	3,8 (139)
Durchschnittliche Bewertung der Berücksichtigung durch Politik (1=sehr wenig, 6=sehr stark)	4,4 (112)	4,2 (63)	4,8 (70)	4,0 (131)

Tabelle 9: Bewertung der Jugendhilfeplanung vor Ort durch Jugendämter mit und ohne Grundsatzbeschluss bzw. Planungskonzeption (Mittelwerte und Anzahl der Jugendämter)

Offene Antworten zur Bewertung der Rahmenbedingungen zeigen, dass Jugendhilfeplanung auf konzeptionelle Grundlagen angewiesen ist (z. B. Gesamtkonzept der Kinder- und Jugendhilfe) und/oder selbst Freiraum braucht, um ein Planungskonzept zur erarbeiten:

> »Die Steuerungsaufgabe der Jugendhilfeplanung wird von [der] Verwaltung kaum wahrgenommen, dementsprechend gibt es nicht genug Ressource und werden viele Planungen in den Fachabteilungen einzeln vorgenommen. Sie ergeben kein abgestimmtes Gesamt-Konzept.« (Online-Befragung, AB06_01, Case 1333)

> »Für eine professionalisierte Jugendhilfeplanung bräuchte es im Jugendamt ein besseres Verständnis für die Funktion der Jugendhilfeplanung/Rolle der Jugendhilfeplanungsfachkraft, eine [sic] der Stelle zu Grunde liegendes Konzept und die aktive Mitwirkung des Jugendhilfeausschusses, damit die Fachkraft in Kooperation die Jugendhilfeplanung durchführen kann.« (Online-Befragung, AB06_01, Case 792)

> »Eine fehlende strategische Ausrichtung/Gesamtkonzept der Kinder- und Jugendhilfe aufgrund zuletzt hoher Personalfluktuation an entscheidenden Positionen erschwert zwar einerseits das operative Geschäft, andererseits bietet sich die Möglichkeit und der Bedarf an Neuorientierung.« (Online-Befragung, AB06_01, Case 905)

> »Generell wird der Jugendhilfeplanung viel Freiraum zur Planung und Konzepterstellung gelassen (dies schätze ich bei uns im Amt).« (Online-Befragung, AB06_01, Case 1509)

In den Kommentaren zur Bewertung der Berücksichtigung der Planungsergebnisse durch die Politik geht es nicht explizit um einen Grundsatzbeschluss zur Planung, der zu Beginn eines Planungsprozess steht. Es wird jedoch mehrfach darauf hingewiesen, dass die Ergebnisse eher berücksichtigt werden und in einem Umsetzungsbeschluss münden, wenn vorab ein Planungsauftrag des Jugendhilfeausschusses vorlag und politische Vertreter:innen im Prozess beteiligt bzw. informiert wurden:

»In der Regel werden die Ergebnisse der Planungen berücksichtigt, aber es erfordert langfristige Planungen mit regelmäßiger Berichterstattung und Einbindung der politischen Ebene in Planungsprozesse, z. B. durch Planungsbegleitgruppen indem politische Vertretungen aus dem [Jugendhilfeausschuss] vertreten sind. Sehr arbeitsaufwendig!« (Online-Befragung, AB08_01, Case 1132)

»Wenn konkrete Planungsaufträge aus der Politik erfolgen, werden diese meist berücksichtigt; jedoch erfolgen konkrete Planungsaufträge aus der Politik selten. Häufiger hingegen erfolgen Aufträge zur Berichterstattung, denen allenfalls Handlungsvorschläge und -empfehlungen angefügt werden können.« (Online-Befragung, AB08_01, Case 1472)

2.3.3 Planungsbeschlüsse und -aktivitäten in den Teilbereichen der Kinder- und Jugendhilfe

Die Jugendämter wurden nicht nur nach einem Grundsatzbeschluss, sondern auch nach Planungsbeschlüssen in Teilbereichen der Kinder- und Jugendhilfe gefragt. In dieser differenzierten Betrachtung zeigt sich, dass hier deutlich mehr Planungsaufträge vorliegen (s. Abbildung 9): am häufigsten im Bereich der Förderung von Kindern in Tageseinrichtungen und Tagespflege (77 %) – der sogenannten Kitabedarfsplanung – gefolgt von der Kinder- und Jugendarbeit/Jugendverbandsarbeit (67,8 %) sowie der Jugendsozialarbeit/Jugendberufshilfe/Schulsozialarbeit (64,7 %). Im Durchschnitt liegen in den Jugendämtern rund vier von insgesamt neun abgefragten Planungsbeschlüssen vor, d. h. Planung findet zu mehreren Aufgabenfeldern parallel statt.

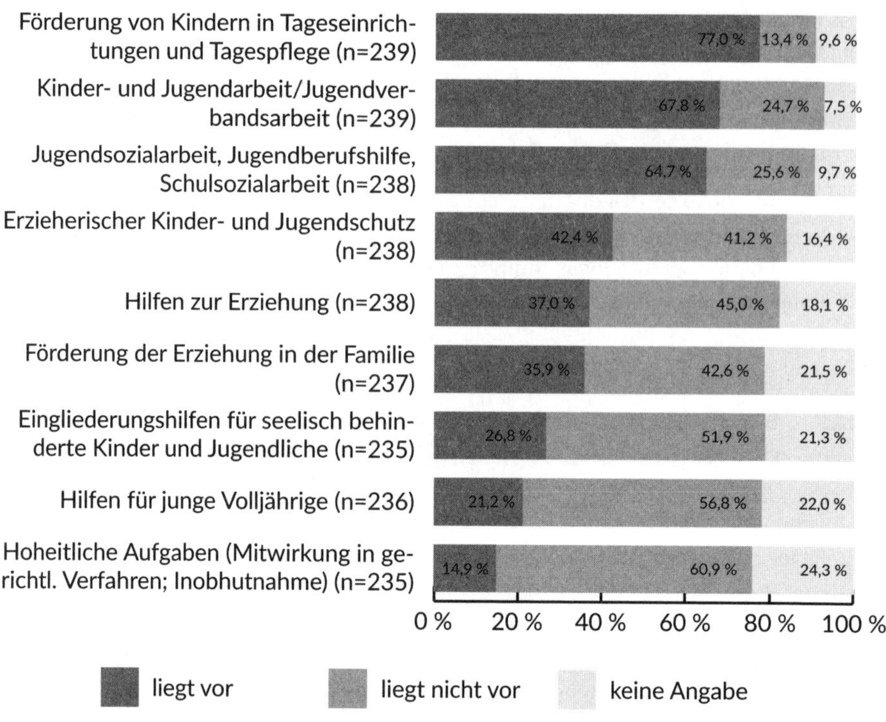

Abbildung 9: Planungsbeschlüsse zu den Leistungen und Aufgaben der Kinder- und Jugendhilfe (Anteil der Jugendämter in Bezug auf die jeweils angegebene Teilmenge ohne fehlende Werte)

Bei der Interpretation dieser Werte ist zu berücksichtigen, dass die Beschlüsse sowohl als Planungsauftrag zu Beginn des Prozesses als auch als Bestätigung der erarbeiteten Ergebnisse und Empfehlungen gelten können. Dies könnte auch dazu beitragen, dass die Werte deutlich höher liegen als beim Grundsatzbeschluss. Gleichzeitig ist auch bei den Teilbereichen bemerkenswert, dass bis zu fast einem Viertel der Befragten aktiv »keine Angabe« zu Planungsbeschlüssen machten. Anscheinend haben die Planungsfachkräfte mitunter keine Kenntnis darüber, ob und an welcher Stelle Planung stattfindet. Aus den Kommentaren wurde deutlich, dass einige Befragte erst kürzlich die Stelle übernommen hatten und somit nicht alle Fragen beantworten konnten – jedoch nicht in der Höhe der oben dargestellten Anteile.

Der Vergleich der Ergebnisse mit der Studie von 2010 ist nicht präzise möglich, da dort die Beschlusslage nach Kalenderjahren erhoben wurde und in dieser Studie nach »aktuell gültigen Planungsbeschlüssen« gefragt wurde. Zumindest lässt sich festhalten, dass die Reihenfolge der Häufigkeiten nahezu gleich ist – nur die Hilfen zur Erziehung liegen knapp vor dem erzieherischen Kinder- und Jugendschutz.

Hinsichtlich der angegebenen Planungsaktivität fällt auf, dass die Werte in allen Bereichen höher als bei den Planungsbeschlüssen sind (s. Abbildung 10) – es wird also teilweise geplant, ohne dass ein politischer Beschluss hierfür vorliegt. Möglicherweise ist dies ein weiterer Hinweis darauf, dass teilweise erst die Planungsergebnisse in den Jugendhilfeausschuss eingebracht werden. Besonders deutlich wird das beispielsweise bei den Hilfen zur Erziehung, zu denen bei 37 % der Jugendämter ein Planungsbeschluss vorliegt, aber 60,3 % Planungsaktivitäten angeben, und bei den Eingliederungshilfen (26,8 % mit Planungsbeschluss, 49,8 % mit Planungsaktivität).

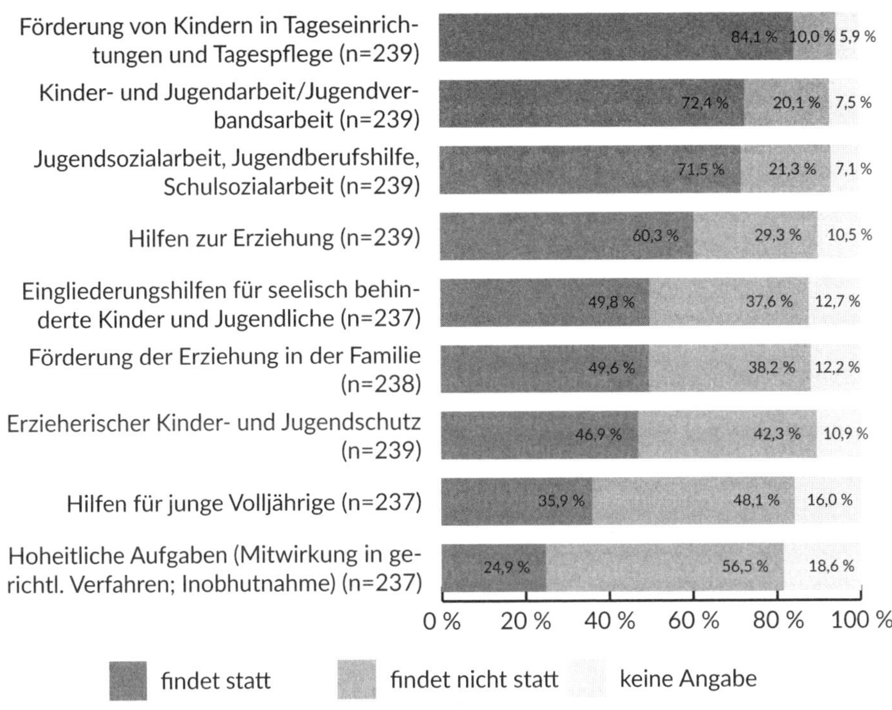

Abbildung 10: Planungsaktivität zu den Leistungen und Aufgaben der Kinder- und Jugendhilfe (Anteil in Bezug auf die jeweils angegebene Teilmenge ohne fehlende Werte)

Beim Vergleich der Jugendamtstypen zeigen sich deutliche Unterschiede (s. Tabelle 10): Bei den Jugendämtern kreisfreier Städte liegt für sieben von neun Teilbereichen häufiger ein Planungsbeschluss vor als bei den anderen Jugendämtern. Nur beim erzieherischen Kinder- und Jugendschutz liegen die kreisangehörigen Jugendämter vorne (48,4 %) und bei den hoheitlichen Aufgaben verzeichnen die Kreisjugendämter im Vergleich den höchsten Wert (19,8 %) – allerdings ist in diesem Teilbereich die Beschlusslage ohnehin am niedrigsten. Für die Planungsaktivitäten besteht die gleiche Tendenz; hier haben die kreisangehörigen Jugendämter neben dem erzieherischen Kinder- und Jugendschutz auch bei der Jugendsozialarbeit, Jugendberufshilfe, Schulsozialarbeit und bei der Förderung von Kindern in Tageseinrichtungen und Tagespflege die höchsten Werte. Bei den übrigen Arbeitsfeldern liegen wieder die Jugendämter kreisfreier Städte mit teilweise deutlichem Abstand vorne.

Planungsbeschluss und Planungsaktivität in den Teilbereichen nach Jugendamtstyp								
	Jugendamt in einer kreisfreien Stadt & Bezirksjugendamt (n=58)		**Kreisjugendamt** (n=121)		**Kreisangehöriges Jugendamt** (n=64)		**Gesamt*** (n=243)	
	Planungsbeschluss liegt vor	Planungsaktivität findet statt	Planungsbeschluss liegt vor	Planungsaktivität findet statt	Planungsbeschluss liegt vor	Planungsaktivität findet statt	Planungsbeschluss liegt vor	Planungsaktivität findet statt
Kinder- und Jugendarbeit/ Jugendverbandsarbeit	81,0 %	89,7 %	57,0 %	56,2 %	71,9 %	82,8 %	66,7 %	71,2 %
Jugendsozialarbeit, Jugendberufshilfe, Schulsozialarbeit	67,2 %	74,1 %	60,3 %	62,8 %	65,6 %	81,3 %	63,4 %	70,4 %
Erzieherischer Kinder- und Jugendschutz	37,9 %	46,6 %	39,7 %	38,0 %	48,4 %	60,9 %	41,6 %	46,1 %
Förderung der Erziehung in der Familie	50,0 %	69,0 %	35,5 %	43,0 %	20,3 %	40,6 %	35,0 %	48,6 %
Förderung von Kindern in Tageseinrichtungen und Tagespflege	84,5 %	84,5 %	66,9 %	76,0 %	84,4 %	93,8 %	75,7 %	82,7 %
Hilfen zur Erziehung	41,4 %	67,2 %	41,3 %	62,0 %	21,9 %	46,9 %	36,2 %	59,3 %
Hilfen für junge Volljährige	29,3 %	48,3 %	21,5 %	33,9 %	10,9 %	25,0 %	20,6 %	35,0 %
Eingliederungshilfen für seelisch behinderte Kinder und Jugendliche	34,5 %	51,7 %	26,4 %	51,2 %	17,2 %	40,6 %	25,9 %	48,6 %
Hoheitliche Aufgaben (Mitwirkung in gerichtlichen Verfahren; Inobhutnahme)	15,5 %	25,9 %	19,8 %	25,6 %	3,1 %	20,3 %	14,4 %	24,3 %

* Die jeweiligen Anteile beziehen sich auf die Gesamtmenge der teilnehmenden Jugendämter sowie die Teilmengen nach Jugendamtstypen einschließlich der fehlenden Werte. Dadurch weichen die Gesamtwerte von den vorherigen Abbildungen ab.

Tabelle 10: Planungsbeschluss und Planungsaktivität zu Teilbereichen der Kinder- und Jugendhilfe nach Jugendamtstypen (Anteil der Jugendämter in Bezug auf die jeweils angegebene Teilmenge des Jugendamtstyps inkl. fehlende Werte)

Plausible Gründe für die Unterschiede zwischen den Jugendamtstypen sind

- die größeren personellen Ressourcen in den kreisfreien Städten für Jugendhilfeplanung insgesamt,
- unterschiedliche Gestaltung von sozialer Infrastruktur in Städten und in ländlichen Regionen sowie
- geteilte Zuständigkeiten zwischen Kreis und Gemeinden in Bezug auf einzelne Aufgabenfelder der Kinder- und Jugendhilfe (z. B. Kindertagesbetreuung, Präventionsangebote).

2.3.4 Zusammenfassende Kommentierung zur Konzeption und zum Auftrag

In den meisten Jugendämtern wird eine Planung entlang der Leistungs- und Aufgabenbereiche der Kinder- und Jugendhilfe umgesetzt (bereichsorientierte Planung), jedoch gibt es in weniger als der Hälfte der Jugendämter eine Gesamtkonzeption oder einen Grundsatzbeschluss zur Jugendhilfeplanung. Zu den einzelnen Leistungs- und Aufgabenbereichen ist die Beschlusslage deutlich besser und eine Planungsaktivität wird noch häufiger angegeben – allerdings offensichtlich mitunter ohne politischen Auftrag. Diese Tendenz zur Teilfachplanung wurde bereits in der Studie von 2010 festgestellt. Besondere Aufmerksamkeit in der Planung erhalten die Aufgabenbereiche Kindertageseinrichtungen/-tagespflege und Kinder- und Jugendförderung. Neben dem Rechtsanspruch im Rahmen der Kindertagesbetreuung tragen sicherlich landesrechtliche Vorgaben (z. B. die Vorlage eines Kinder- und Förderplans zur Beantragung von Finanzmitteln) zur Priorisierung dieser Planungsbereiche bei.

Die Differenzierung der Jugendamtstypen zeigt deutliche Unterschiede: In Jugendämtern kreisfreier Städte liegt durchschnittlich häufiger eine konzeptionelle Grundlage und ein politischer Auftrag zur Jugendhilfeplanung bzw. zu Teilbereichen vor. Auch sind Unterschieden zwischen der Planung in städtischen und in ländlichen Regionen zu erkennen: Planung in Jugendämtern kreisfreier Städte ist auch sicherlich aus dem Grund leichter, dass sich die Akteure nicht wie in einem Kreisjugendamt mit vielen Städten und Gemeinden abstimmen müssen. Dies könnte auch in der Kooperation mit anderen Planungsbereichen eine Rolle spielen, z. B. wenn ein Kreisgesundheitsamt mit mehreren kreisangehörigen Jugendämtern kooperieren soll.

Insgesamt zeigt sich, dass die Beschlusslagen vieler öffentlicher Träger zu Fragen der Jugendhilfeplanung als Reaktion auf die Aktivitäten der Jugendhilfeplanung in Teilbereichen erfolgen, aber proaktive Beschlüsse zu Inhalt und Formen der Gesamtplanung eher von einer Minderheit der Jugendhilfeausschüsse gefasst werden. Von einer professionellen, transparenten und kontrollierbaren Gestaltung von Entwicklungsprozessen der Infrastruktur der Jugendhilfe sind die meisten Jugendämter damit noch weit entfernt.

2.4 Datengrundlage der kommunalen Jugendhilfeplanung

Die folgenden Ergebnisse zur Datengrundlage zeigen auf, inwieweit den befragten Jugendämtern aktuelle und kleinräumige Daten zur Bevölkerungs- und Sozialstruktur, zu den Leistungen und Aufgaben der Kinder- und Jugendhilfe sowie aus den Bereichen der Bildung und Gesundheit vorliegen. Zusätzlich werden Aussagen zu alters und geschlechtsspezifischen Daten getroffen und genannte Defizite in der Datengrundlage dargestellt.

2.4.1 Überblick: Aktuelle und kleinräumige Daten in der Jugendhilfeplanung

> »Jugendhilfeplanung wird erst dann produktiv, wenn Kommunikationsprozesse auf einer empirischen Grundlage erfolgen können und wenn eine gute Datenbasis eine Reflexion über die Angemessenheit einer Jugendhilfe-Infrastruktur anregt und unterstützt sowie Anregungen hinsichtlich einer Weiterentwicklung eröffnet.« (Merchel 2016: 81)

In Bezugnahme auf die im einführenden Kapitel dieses Berichts erläuterte Diskussion um das Verhältnis von Kommunikation und Empirie in der Jugendhilfeplanung wird in diesem Kapitel der Fokus auf die örtliche Datenbasis gelegt. Für eine evidenzbasierte Jugendhilfeplanung stellt eine verlässliche und aktuelle Datengrundlage, die über die Bevölkerungs- und Sozialstruktur, die Lebenslagen und -wirklichkeit sowie über Leistungen und Interventionen der Kinder- und Jugendhilfe Aufschluss gibt, eine unverzichtbare Basis dar. Eine datengestützte Jugendhilfeplanung ermöglicht, Wirkungszusammenhänge für gelingendes Aufwachsen zu eruieren, Bedarfe zu ermitteln, entsprechende Angebote abzuleiten und somit eine fundierte Grundlage für den qualitativen Fachdiskurs innerhalb einer Kommune zu schaffen.

Mit diesem Verständnis soll nicht die Illusion aufgebaut werden, dass für eine fundierte Planung nur genügend Daten gesammelt werden müssten. Daten, Zahlen, Fakten in der Jugendhilfeplanung sind wichtig, stehen aber nicht für sich allein. Sie brauchen immer eine fachliche und politische Einordnung und Bewertung. Zudem sollte ein Datenkonzept den Zielsetzungen und Fragestellungen der Planung folgen (z. B.: Wie gelingt Aufwachsen von Kindern und Jugendlichen in unserer Kommune? Welche Zusammenhänge bestehend zwischen Belastungen und Leistungsstruktur in einzelnen Stadtteilen bzw. Regionen?). Jugendhilfeplaner:innen stehen in diesem Kontext vor der Herausforderung, Daten in entsprechender Qualität sowie anwendbarer Form zu beschaffen. Dabei sind sie in vielen Bereichen von der Arbeit und Kooperation anderer Abteilungen, Ämter und Institutionen abhängig. Außerdem wird von ihnen die Kompetenz abverlangt, mit eben diesen Daten und Informationen umzugehen und diese pointiert miteinander in Beziehung setzen und in (politischen) Gremien darstellen zu können (vgl. BAGLJÄ 2018: 13). Hinweis zur folgenden Auswertung: Es wurden ausschließlich Antworten zu aktuellen Daten (nicht älter als drei Jahre) berücksichtigt. Außerdem wurde zu den jeweiligen Datenbereichen abgefragt, ob die Daten kleinräumig verfügbar und regelmäßig fortgeschrieben sind. Kleinräumige Daten sind die Voraussetzung für eine sozialraumorientierte und bedarfsgerechte Planung, indem sie intrakommunale Vergleiche ermöglichen. Eine regelmäßige Fortschreibung der Daten ermöglicht Analysen zu Entwicklungen anhand von Zeitverläufen. Zusätzlich konnten die Befragungsteilnehmenden in offene Antwortfeldern weitere zur Verfügung stehende Daten und Defizite in der Datengrundlage benennen. Abbildung 11 gibt einen Überblick sowohl zur grundsätzlichen als auch zur kleinräumigen Verfügbarkeit der jeweiligen Daten in den Kommunen. Hier sind deutliche Unterschiede hinsichtlich der abgefragten Datenbereiche zu erkennen.

Welche aktuellen (nicht älter als 2018) und kleinräumigen Datenbestände stehen der Jugendhilfeplanung zur Verfügung?

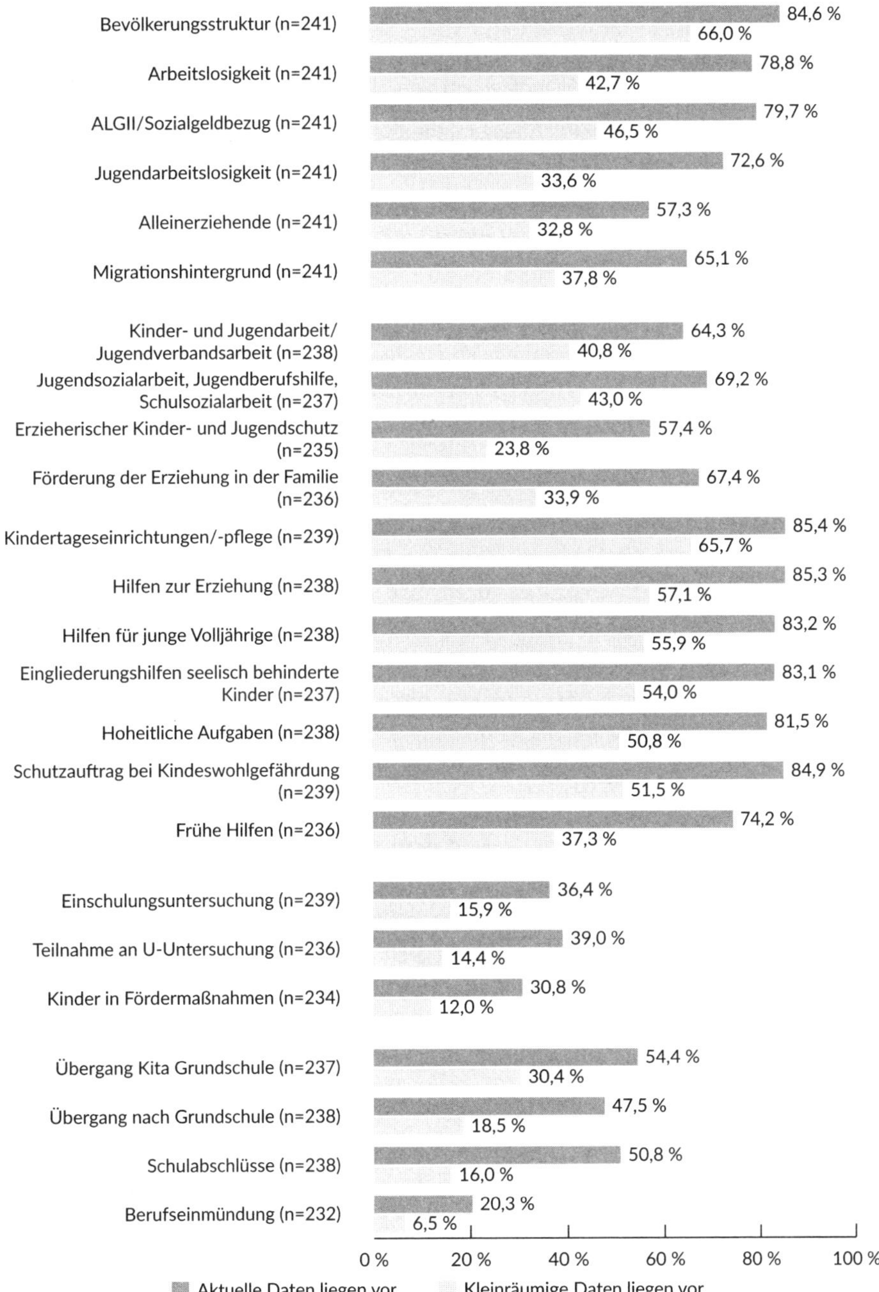

Abbildung 11: Aktuelle und kleinräumige Datengrundlage der Jugendhilfeplanung (Anteil der Jugendämter ohne fehlende Werte)

Daten zur Bevölkerungs- und Sozialstruktur

Im Datenbereich »Bevölkerungs- und Sozialstruktur« liegen den Jugendämtern am häufigsten Daten zur Bevölkerungsstruktur vor – also zu Alter, Geschlecht und Familienstand. Am seltensten verfügen die Jugendämter über aktuelle Daten zu Alleinerziehenden. Knapp über die Hälfte der Jugendämter gibt an, diesbezüglich auf einen aktuellen Datenstand zugreifen zu können. Alleinerziehende bzw. Ein-Eltern-Familien sind insofern als Zielgruppe der Kinder- und Jugendhilfe relevant, da sie häufiger von Armut betroffen sind als Familien mit zusammenlebenden Eltern (vgl. Funcke/Menne 2020: 4) und insbesondere in den ambulanten und stationären Erziehungshilfen überrepräsentiert sind (Fendrich et al. 2021: 20 f.).

Alle Daten liegen deutlich seltener kleinräumig vor. Liegen Daten vor, werden sie bei der Mehrheit der Jugendämter auch regelmäßig fortgeschrieben – mit einer Quote zwischen 68,6 % (Jugendarbeitslosigkeit) und 81,9 % (Bevölkerungsstruktur).

Daten zu Leistungen und Aufgaben der Kinder- und Jugendhilfe

In Bezug auf die Leistungen und Aufgaben der Kinder- und Jugendhilfe, die einzelfallbezogen umgesetzt werden, liegen bei der deutlichen Mehrheit der Jugendämter (jeweils über 80 %) aktuelle Daten vor – allerdings mit Einschränkungen bei der kleinräumigen Differenzierung. Deutlich schwächer ausgeprägt ist die Datenlage im Bereich der allgemeinen Förder- und Präventionsangebote (Kinder- und Jugendarbeit, Familienförderung, Erzieherischer Kinder- und Jugendschutz). Der Anteil an Jugendämtern, die ihre vorliegenden Daten regelmäßig fortschreiben, ist hier ebenfalls recht hoch: zwischen 59,3 % (erzieherischer Kinder- und Jugendschutz) und 85,8 % (Kindertageseinrichtungen/-pflege).

Die Befragten konnten zusätzlich angeben, ob ihnen die Daten zur Angebotsstruktur der Kinder- und Jugendhilfe in hinreichendem Maße alters- und geschlechtsspezifisch vorliegen und wo aus ihrer Sicht Mängel bestehen. Deutlich wird, dass jeweils rund drei Viertel der Jugendämter auf alters- und geschlechtsspezifische Daten zugreifen können (s. Tabelle 11). Beim Vergleich der Jugendamtstypen ist ersichtlich, dass die Anteile bei den Kreisjugendämtern jeweils niedriger als bei den anderen beiden Jugendamtstypen sind. Hier ist ein Zusammenhang mit der gesamten Datengrundlage zu vermuten, die zwischen den Jugendamtstypen deutlich variiert (s. Abschnitt 2.4.2).

Liegen keine alters- oder geschlechtsspezifischen Daten vor, wird dies in einigen Kommentaren damit begründet, dass die personellen Ressourcen fehlen (in den Fachabteilungen) und/oder keine Statistikstelle vorhanden ist und dass keine Software genutzt wird bzw. die genutzte Software keine entsprechende Erfassung oder Auswertung ermöglicht. Auch die Jugendämter, die grundsätzlich auf alters- und geschlechtsspezifische Daten zugreifen können, weisen auf den Mehraufwand in der Erhebung und Auswertung sowie die Bedeutung von digitalen Lösungen hin. Einige Befragte merken zudem kritisch an, dass beim Geschlecht bisher die Kategorie »divers« fehle. Die Altersgruppen werden bei verschiedenen Kennzahlen und Arbeitsfeldern teilweise anders eingeteilt, was Vergleiche und die Zusammenführung von Daten erschwere.

Liegen die Daten, die Sie zur Planung der Leistungen und Aufgaben der Kinder- und Jugendhilfe nutzen, in hinreichendem Maße...				
...altersspezifisch vor?				
	Jugendamt in einer kreisfreien Stadt & Bezirks-jugendamt (n=56)	**Kreisjugendamt** (n=111)	**Kreisangehöriges Jugendamt** (n=60)	**Gesamt** (n=227)
Ja	87,5 %	69,4 %	76,7 %	75,8 %
Nein	12,5 %	30,6 %	23,3 %	24,2 %
...geschlechtspezifisch vor?				
	Jugendamt in einer kreisfreien Stadt & Bezirks-jugendamt (n=53)	**Kreisjugendamt** (n=109)	**Kreisangehöriges Jugendamt** (n=61)	**Gesamt** (n=223)
Ja	77,4 %	67,9 %	82,0 %	74,0 %
Nein	22,6 %	32,1 %	18,0 %	26,0 %

Tabelle 11: Alters- und geschlechtsspezifische Daten (Anteil der Jugendämter ohne fehlende Werte)

Liegen keine alters- oder geschlechtsspezifischen Daten vor, wird dies in einigen Kommentaren damit begründet, dass die personellen Ressourcen fehlen (in den Fachabteilungen) und/oder keine Statistikstelle vorhanden ist und dass keine Software genutzt wird bzw. die genutzte Software keine entsprechende Erfassung oder Auswertung ermöglicht. Auch die Jugendämter, die grundsätzlich auf alters- und geschlechtsspezifische Daten zugreifen können, weisen auf den Mehraufwand in der Erhebung und Auswertung sowie die Bedeutung von digitalen Lösungen hin. Einige Befragte merken zudem kritisch an, dass beim Geschlecht bisher die Kategorie »divers« fehle. Die Altersgruppen werden bei verschiedenen Kennzahlen und Arbeitsfeldern teilweise anders eingeteilt, was Vergleiche und die Zusammenführung von Daten erschwere.

Altersdifferenzierte Daten sind für die Bestands- und Bedarfsanalyse und die passgenaue Angebotsstruktur von Bedeutung, um z. B. altersspezifische Leistungsquoten zu berechnen oder Angebote für bestimmte Altersgruppen zu planen. Neben sozialer Ungleichheit in den Dimensionen Armut, ethnische Zuschreibungen etc. gilt für Jugendhilfeplanung auch, geschlechterbezogene Ungleichheitsverhältnisse in den Blick zu nehmen und deren Zusammenspiel (Intersektionalität) zu beachten (vgl. Bitzan 2018: 68). Nach § 9 Abs. 3 SGB VIII sind bei der Leistungsstruktur »die unterschiedlichen Lebenslagen von Mädchen, Jungen sowie transidenten, nichtbi-nären und intergeschlechtlichen jungen Menschen zu berücksichtigen, Benachteiligungen abzubauen und die Gleichberechtigung der Geschlechter zu fördern«. Für die Jugendhilfeplanung heißt das, dass geschlechtsspezifische Benachteiligungen vor Ort anhand der Datenlage eruiert werden müssen (z. B. Wohnverhältnisse, Bedingungen des Ausbildungs- und Arbeitsmarktes, kulturelle Identifikations- und Ausdrucksmöglichkeiten, öffentliche Repräsentationen), eine fachgerechte Bestandsaufnahme aller Angebote stattfindet muss (inkl. der Analyse geschlechts-spezifischer Nutzungen) und entsprechend des Bedarfs die geschlechtersensible Konzeptionierung von Angeboten berücksichtigt werden muss (z. B. Angebot für Väter in den Frühen Hilfen).

Daten zur schulischen und beruflichen Bildung und zur gesundheitlichen Lage

Obwohl sich Kooperationsbezüge der Jugendhilfe zum Bildungsbereich (z. B. im Kontext der offenen Ganztagsschulen) oder zum Gesundheitsbereich (z. B. in den Frühen Hilfen, im Kinderschutz oder in Bezug auf Kinder psychisch kranker Eltern) verstärkt haben und Daten aus diesen Bereichen auch für die Jugendhilfeplanung selbst wichtig sind, verfügen hierzu deutlich weniger Jugendämter über eine aktuelle Datenlage als in den vorherigen Bereichen.

Bezüglich der Informationen zur schulischen Bildung (Übergänge und Abschlüsse) gibt nur knapp jedes zweite Jugendamt an, auf aktuelle Daten zurückgreifen zu können. Für den Bereich der Berufseinmündung liegen in fast 80 % der befragten Jugendämter keine aktuellen Daten vor.

Die Datenlage zur gesundheitlichen Situation von Kindern und Jugendlichen ist noch begrenzter. Obwohl insbesondere durch das Bundeskinderschutzgesetz seit über zehn Jahren die enge Kooperation von Jugendhilfe und Gesundheitswesen im Kontext der Frühen Hilfen und des Kinderschutzes eingefordert und vielerorts gefördert wird, verfügt lediglich rund ein Drittel der Jugendämter über aktuelle Daten zur Einschulungsuntersuchung, zu den U-Untersuchungen oder Kindern in Fördermaßnahmen. Offensichtlich bleiben hier die Grenzen zwischen den zuständigen Ämtern bestehen.

Eine kleinräumige Aufbereitung scheint hier insgesamt die Ausnahme zu sein. Zudem findet die Fortschreibung der vorliegenden Daten im Vergleich seltener statt – bei zwischen 55,6 % (Kinder in Fördermaßnahmen) und 68,5 % (Übergang nach Grundschule) der Jugendämter, die über die jeweiligen Daten verfügen.

2.4.2 Vergleich der Jugendamtstypen

In Tabelle 12 sind die Anteile der Jugendämter, die über aktuelle Daten zu den jeweiligen Bereichen verfügen, differenziert nach Jugendamtstypen dargestellt. Hier ist zu erkennen, dass die Jugendämter der kreisfreien Städte über alle Datenbereiche hinweg (mit nur wenigen Ausnahmen) am häufigsten über aktuelle Daten verfügen. Bei den einzelfallbezogenen Hilfen/Aufgaben der Jugendhilfe sind die Unterschiede zwischen den Jugendamtstypen insgesamt nicht besonders groß und so erreichen die kreisangehörigen Jugendämter bei einzelnen Daten (Kindertageseinrichtungen/-pflege, Hilfen zur Erziehung und hoheitlichen Aufgaben) die höchsten Werte. Bei den Daten zu den U-Untersuchungen ist der Anteil der kreisangehörigen Jugendämter fast doppelt so hoch wie der der Kreisjugendämter.

	Jugendamt in einer kreisfreien Stadt & Bezirksjugendamt (n=54-57)	**Kreisjugendamt** (n=116-120)	**Kreisangehöriges Jugendamt** (n=62-64)	**Gesamt** (n=232-241)
Bevölkerungsstruktur	91,2 %	85,0 %	78,1 %	84,6 %
Arbeitslosigkeit	86,0 %	80,0 %	60,0 %	78,8 %
ALG II/Sozialgeldbezug	87,7 %	80,0 %	71,9 %	79,7 %
Jugendarbeitslosigkeit	78,9 %	74,2 %	64,1 %	72,6 %
Alleinerziehende	70,2 %	49,2 %	60,9 %	57,3 %
Migrationshintergrund	84,2 %	55,0 %	67,2 %	65,1 %
Kinder- und Jugendarbeit/ Jugendverbandsarbeit	76,8 %	54,6 %	71,4 %	64,3 %
Jugendsozialarbeit, Jugendberufshilfe, Schulsozialarbeit	74,5 %	66,4 %	69,8 %	69,2 %
Erzieherischer Kinder- und Jugendschutz	63,0 %	50,8 %	65,1 %	57,4 %
Förderung der Erziehung in der Familie	76,4 %	66,4 %	61,3 %	67,4 %
Kindertageseinrichtungen/-pflege	84,2 %	83,3 %	90,3 %	85,4 %
Hilfen zur Erziehung	87,5 %	82,4 %	88,9 %	85,3 %
Hilfen für junge Volljährige	87,5 %	81,4 %	84,1 %	83,2 %
Eingliederungshilfe für seelisch behinderte Kinder	89,3 %	80,5 %	82,5 %	83,1 %
Hoheitliche Aufgaben	83,9 %	78,2 %	85,7 %	81,5 %
Schutzauftrag bei Kindeswohlgefährdung	87,5 %	82,5 %	87,3 %	84,9 %
Frühe Hilfen	80,4 %	70,9 %	74,6 %	74,2 %
Einschulungsuntersuchung	52,6 %	27,7 %	38,1 %	36,4 %
Teilnahme an U-Untersuchung	45,5 %	27,7 %	54,8 %	39,0 %
Kinder in Fördermaßnahmen	42,6 %	33,1 %	16,1 %	30,8 %
Übergang Kita Grundschule	69,6 %	46,6 %	55,6 %	54,4 %
Übergang nach Grundschule	64,3 %	44,5 %	38,1 %	47,5 %
Schulabschlüsse	64,3 %	48,7 %	42,9 %	50,8 %
Berufseinmündung	31,5 %	19,8 %	11,3 %	20,3 %

Tabelle 12: Aktuelle Datengrundlage der Jugendhilfeplanung nach Jugendamtstypen (Anteil der Jugendämter)

Insgesamt weisen diese deutlichen Unterschiede womöglich darauf hin, dass der Zugang zu kommunalen Daten in Großstädten bzw. kreisfreien Städten leichter als in Kreisen zu erhalten ist. Kreisjugendämter sind bei der Datenerhebung an vielen Stellen auf die Kooperation mit den einzelnen kreisangehörigen Städten und Gemeinden angewiesen. Das Fehlen einer abgeschotteten Statistikstelle in der Kommune wird in einigen offenen Antworten – insbesondere von kreisangehörigen Jugendämtern – als Begründung für eine fehlende systematische und regelmäßige Datenerhebung und -auswertung benannt.

Die folgenden Zitate beschreiben exemplarisch die jeweilige Situation eines Kreisjugendamtes und zweier kreisangehöriger Jugendämter hinsichtlich der Schwierigkeiten bei der Datenbeschaffung:

»Wir erhalten als Landkreis ganz häufig lediglich Daten über den Gesamtlandkreis und nicht nach den Gemeinden gegliedert.« (Online-Befragung, DG05_01, Case 771)

> »Als kreisangehörige Stadt ohne eigene Statistikstelle sind viele externe Daten nicht kleinräumig verfügbar und dadurch für eine sozialräumliche Kinder- und Jugendhilfeplanung nicht nutzbar (nur sehr bedingt nutzbar).« (Online-Befragung, DG05_01, Case 717)

> »Da die Stadt [Name] keine datengeschützte Statistikstelle hat, liegen externe Daten meist nur gesamtstädtisch oder auf Ebene des Kreises vor. Die innerstädtischen Daten müssen zumeist von der Jugendhilfeplanung bedarfsgerecht aufbereitet werden.« (Online-Befragung, DG05_01, Case 1587)

2.4.3 Weitere zur Verfügung stehende Daten

Die Befragten hatten im Fragebogen die Möglichkeit, weitere Daten anzugeben, die ihnen für die Jugendhilfeplanung vorliegen. Die hohe Zahl an Einzelnennungen zeigt ein sehr differenziertes Bild. Folgende Daten wurden am häufigsten (jeweils von 5 bis 10 Befragten) genannt:

- weitere Daten zur Wohnsituation, zu Haushalten und zur sozialen Lage
- Bevölkerungsprognose & Wanderungsbewegungen
- Kriminalität
- Beistandschaften/Vormundschaften
- Schulstandorte und Schüler:innenzahlen
- Zahngesundheit
- Sprachförderbedarf

2.4.4 Nutzen und Defizite der Datengrundlage

Die Mehrheit der Befragten schätzen den Nutzen der ihnen zur Verfügung stehenden Daten recht hoch ein: 67,7 % geben eine 5 oder 6 auf der Skala von »1 = gar nicht hilfreich« bis »6 = sehr hilfreich« (s. Abbildung 12).

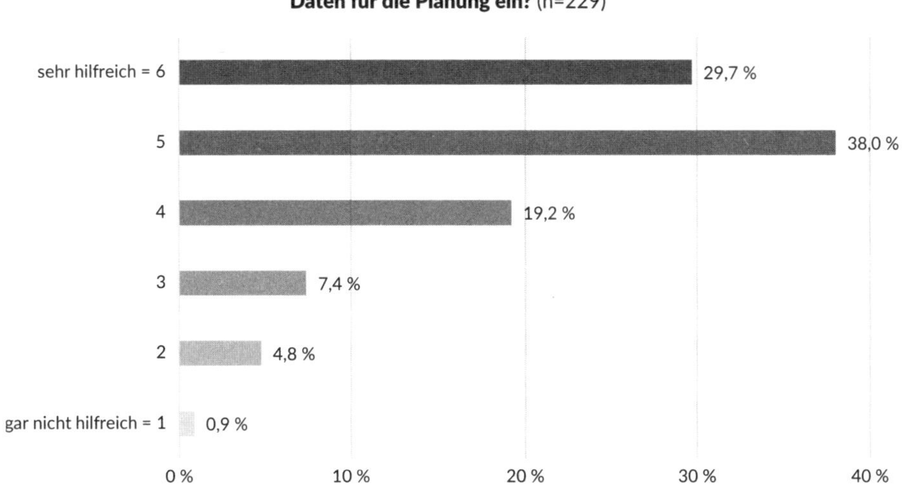

Abbildung 12: Bewertung des Nutzens der Datengrundlage (Anteil der Jugendämter ohne fehlende Werte)

Demgegenüber stehen rund 100 Kommentare, die auf Defizite in der Datengrundlage hinweisen, z. B. mit folgenden Aussagen:

> »Der Nutzen der Daten ist relativ groß, könnte jedoch noch größer sein. Der JHP sollten deutlich mehr Daten vorliegen und systematisch bei der JHP zusammengeführt werden. Dafür bräuchte es mehr Zeitressource oder eine bessere Aufbereitung der Daten, z. B. durch eine abgeschottete Statistikstelle. Die vorhandenen Daten werden in der Kreisverwaltung nicht systematisch zusammengeführt.« (Online-Befragung, DG14_01, Case 1462)

> »Planung soll auf Daten zurückgreifen, um Bedarfe feststellen zu können. Oft habe ich damit zu kämpfen, dass Daten kleinräumig nicht verfügbar sind, dass Daten nicht herausgegeben werden oder dass das Datenmaterial zu alt ist. Der einzige Bereich, der tatsächlich gut gepflegt ist, ist der auf den ich unmittelbar Zugriff habe und ihn für die Bedürfnisse der Jugendhilfeplanung entsprechend anpassen kann. Sobald ich jedoch Daten außerhalb des Jugendamtes benötige, wird es aus oben genannten Gründen schwierig. Eine vernünftige oder gar integrierte Planung ist so nicht möglich.« (Online-Befragung, DG14_01, Case 1508)

> »Daten, welche die Bevölkerung betreffen und die man von statistischen Ämtern (Landesamt Statistik, Mikrozensus, Statistik Jobcenter, ...) bekommen kann, stellen keine Probleme dar. Wenn, dann eventuell der Mikrozensus, da die letzte Erhebung von 2011 ist. Es bereiten eher die jugendamtsinternen Daten die Probleme. Fallzahlen sind nicht valide, Alter, Geschlecht müsste sich der Jugendhilfeplaner selbst zusammenstellen, was definitiv mit einer halben Stelle nicht möglich ist. Das Jugendamt hat bei uns nun Pro-Soz eingeführt und da habe ich jetzt die Hoffnung, dass die Fälle besser eingepflegt werden. Ansonsten hat man immer das Gefühl, dass es so grobe Schätzungen sind und man sich nicht traut, mit diesen Daten Aussagen zu treffen. Geschweige denn, eine Sozialraumanalyse vorbereiten zu wollen.« (Online-Befragung, DG14_01, Case 1450)

Aus diesen und vielen weiteren Kommentaren lassen sich folgende Botschaften zusammenfassen:

- Kleinräumige Daten sind häufig nicht verfügbar.
- Daten sind nicht aktuell bzw. werden nicht regelmäßig fortgeschrieben.
- Selbst Fallzahlen im Jugendamt werden nicht überall zuverlässig erhoben bzw. können nicht ohne weiteren Aufwand systematisch oder nach spezifischen Fragestellungen ausgewertet werden.
- Eine abgeschottete Statistikstelle fehlt oder ist nicht besetzt.
- Es liegen an unterschiedlichen Stellen innerhalb der Kommune Daten vor, die aber nicht immer zugänglich sind bzw. nicht zentral zusammengeführt werden.

Besonders häufig werden fehlende Daten aus dem Bildungs- und Gesundheitsbereich sowie Angaben zu Alleinerziehenden, Menschen mit Migrationshintergrund und Haushalten genannt – wodurch die Ergebnisse der quantitativen Auswertung bestätigt werden.

Neben der Datensammlung und -erhebung wird auch von einigen Befragten darauf hingewiesen, dass die Aufbereitung und Interpretation der Daten nicht ausreichend erfolgen könne. Hierfür fehle es mitunter an Zeit, Strukturen oder ressortübergreifender Expertise:

> »(...) Man ist auch sehr viel [mehr] mit dem Beschaffen und der Aufbereitung der Daten beschäftigt als mit ihrer Interpretation.« (Online-Befragung, DG14_01, Case 1409)

> »Es liegen sehr viele relevante Daten vor, die über die Statistikportale abrufbar sind. Es wurden im Rahmen der Jugendhilfeplanung bereits sehr viele spezifische Daten zusätzlich erhoben. Die Beurteilung in ihrer Gesamtheit ist eine eigene Disziplin der Jugendhilfeplanung. Das Defizit besteht darin, dass innerhalb der amtlichen Struktur dieses ganzheitliche Vorgehen und die ganzheitliche Interpretation von Daten kein Ansehen genießt und nicht ernst genommen wird. [...]« (Online-Befragung, DG14_01, Case 993)

»Wir haben keine integrierte Sozialplanung. So findet zwischen den Ämtern kein automatisierter Austausch statt und jedes Amt plant für sich. Es fehlt ein Soziologe (im Einwohnermeldeamt, bei uns: Bürgeramt) zur fachgerechten Interpretation von Daten, zur Verknüpfung von Daten aus verschiedenen (internen) Ämtern und Sachgebieten und zur Unterstützung und für Rückfragen usw.« (Online-Befragung, DG14_01, Case 763)

2.4.5 Zusammenfassende Kommentierung zur Datengrundlage

Die empirische Basis, auf der im Rahmen der Jugendhilfeplanung Bestandsbewertungen vorgenommen und Bedarfsentscheidungen getroffen werden, ist in vielen Jugendämtern nach wie vor unzureichend. Ein übergreifendes Verständnis zu einem »Mindest-Datenkonzept« für die Jugendhilfeplanung hat sich in der Praxis nicht entwickelt. Selbst im originären Bereich der Leistungen und Aufgaben der Kinder- und Jugendhilfe sind die zur Verfügung stehenden Daten mitunter unvollständig. Die kleinräumige Erhebung und Aufbereitung von Daten scheint über alle Datenbereiche hinweg eher die Ausnahme als die Regel zu sein, was eine sozialraumorientierte und bedarfsgerechte Planung erschwert. Der Diskurs zur Entwicklung der Kinder- und Jugendhilfe (so er sich im Rahmen einer Gremienstruktur niederschlägt) erfolgt somit in vielen Jugendämtern auf der Grundlage einer oft lückenhaften Datenbasis – gleichsam »im Nebel«, der eine zielgerichtete Fachplanung und Ressourcensteuerung behindert.

Aufgrund der jährlichen Vollerhebung für die amtliche Kinder- und Jugendhilfestatistik nach §§ 98–103 SGB VIII wirft das Fehlen von Daten insbesondere im Bereich der Leistungen und Aufgaben der Kinder- und Jugendhilfe Fragen auf. Auch die in vielen Bundesländern bestehenden sogenannten »Vergleichsringe« oder »Kennzahlenvergleiche« zwischen Jugendämtern sind anscheinend nicht unbedingt in der Lage, auch für die örtliche Jugendhilfeplanung zuverlässige, kleinräumige Datengrundlagen zu erzeugen.

Offensichtlich braucht es vielmehr die Diskussion vor Ort zum wechselseitigen Verhältnis von Empirie und Diskurs im Kontext von Jugendhilfeplanung sowie die Entwicklung eines Datenkonzepts entlang der Ziele und Fragestellungen jedes Planungsvorhabens. Eine Gesamtplanung der Kinder- und Jugendhilfeinfrastruktur muss auf aussagekräftige Daten zum gelingenden Aufwachsen der Kinder und Jugendlichen in der jeweiligen Kommune zurückgreifen können. Auch die Kommentare der Befragten weisen darauf hin, dass die Bedeutung einer datenbasierten Planung den Planungsfachkräften bewusst ist, sie jedoch mit vielfältigen Hindernissen zu kämpfen haben.

Dazu gehören auch Daten aus anderen Planungsbereichen, die Informationen zu Lebens- und Belastungslagen geben können. Jedoch sind die Lücken in der Datengrundlage hier noch größer. Hürden in der Datenbeschaffung und -auswertung werden von den Befragten benannt und gleichsam der Wunsch nach verstärkter Kooperation mit anderen Institutionen und Ämtern sowie nach ressortübergreifenden Planungsaktivitäten und Datenkonzepten.

Dass die Datengrundlage aber in den letzten zehn Jahren eine Entwicklung erfahren hat, lässt sich aus dem Vergleich mit der Studie aus dem Jahr 2010 ableiten: Auch wenn das Bild der Verfügbarkeit von aktuellen Daten in der Jugendhilfeplanung noch Potenzial zur Weiterentwicklung aufzeigt, muss die deutliche Verbesserung der Datenlage in fast allen Bereichen positiv hervorgehoben werden.

2.5 Beteiligung im Planungsprozess

Inwieweit und in welcher Form Adressat:innen (Kinder/Jugendliche und Eltern/Angehörige) sowie Fachkräfte und Ehrenamtliche im Kontext der Jugendhilfeplanung beteiligt werden, zeigen die folgenden Ergebnisse. Bezogen auf die Planung der einzelnen Leistungen und Aufgaben der Kinder- und Jugendhilfe werden Unterschiede in der Beteiligung deutlich.

2.5.1 Anmerkungen zur Beteiligung in der Jugendhilfeplanung

»Beteiligung« ist im Kontext der Jugendhilfeplanung auf zwei differenziert zu betrachtenden Ebenen gesetzlich verankert:

- Auf der ersten Ebene geht es um die Beteiligung der Adressat:innen der Kinder- und Jugendhilfe. Hier schreibt das Gesetz dem öffentlichen Träger vor, »den Bedarf unter Berücksichtigung der Wünsche, Bedürfnisse und Interessen der jungen Menschen und der Personenberechtigten für einen mittelfristigen Zeitraum zu ermitteln« (§ 80 Abs. 1 Nr. 2 SGB VIII). Dabei ist die Perspektive der Adressat:innen auf ihre Lebens- und ggf. Problemlagen zu erheben und in Weiterentwicklungsbedarfe der Hilfe- und Infrastruktur fachlich zu übersetzen.
- Die zweite Ebene zielt auf die Beteiligung der freien Träger an der Konzipierung und Ausgestaltung des Planungsprozesses ab. Die öffentlichen Träger sind im Sinne einer kooperativen Ausgestaltung der Leistungen und Angebote der Jugendhilfe gesetzlich dazu verpflichtet, die anerkannten Träger der freien Jugendhilfe als Leistungserbringer »in allen Phasen ihrer Planung frühzeitig zu beteiligen« (§ 80 Abs. 3 SGB VIII).

Beide Ebenen erfordern eigene passgenaue Formate und Zielsetzungen im Rahmen der Jugendhilfeplanung.

Der Begriff »Beteiligung« wird häufig als Synonym für »Partizipation« verwendet, dabei beinhaltet Partizipation umfassendere Aspekte der Teilhabe und Mitbestimmung bis hin zur Übertragung von Entscheidungsmacht an die Adressat:innen. Formen der Information, der Anhörung/Befragung und Einbeziehung sind demnach Ausprägungen von Beteiligung, aber keine Partizipation (vgl. Liebig 2016: 4; Stork 2010: 222; Wright et al. 2008: o.S.). Die Differenzierung dieser Begriffe und ihrer Bedeutung ist daher notwendig, um sich der damit verbundenen, unterschiedlichen Erwartungen zu vergewissern. Denn, wenn »Begriffe wie ›Teilhabe und Mitbestimmung‹ thematisiert werden, ist dies oft verbunden mit dem Thema Akzeptanz und Zufriedenheit mit dem demokratischen System unserer Gesellschaft.« (Oettler et al. 2019: 182)

Der Jugendhilfeplanung werden hohe fachliche Ansprüche entgegengebracht; um einer Überforderung der Jugendhilfeplanung entgegenzuwirken sind daher sowohl nach innen als auch nach außen Erwartungen zu kommunizieren und die Möglichkeiten von Beteiligung oder Partizipation zu klären und abzugrenzen.

Aufgrund der Annahme, dass Beteiligung und deren Ausgestaltung nicht einheitlich verstanden werden, wurde Beteiligung im Fragebogen als »strukturierte Formen und Formate der Information, Konsultation und/oder Mitwirkung« definiert.

Hinweis zur Datenauswertung: Die Beteiligung von verschiedenen Adressat:innen und Fachkräften wurde in der Befragung differenziert nach den Leistungs- und Aufgabenbereichen der Kinder- und Jugendhilfe (einschließlich der Frühen Hilfen) erfasst. Die Anzahl der Befragten, deren Angaben zu den beteiligten Adressat:innen und Fachkräften in der weiteren Auswertung berücksichtigt werden, ist je Leistungs- bzw. Aufgabenbereich unterschiedlich groß. Wie bereits in Kapitel 2.3.3 deutlich wurde, findet nicht in jedem Jugendamt zu jedem Bereich Planungsaktivität statt und somit auch keine Beteiligung. Die jeweilige Teilmenge (n=xx) umfasst somit in Bezug auf den entsprechenden Planungsbereich jeweils nur die Jugendämter, die hierzu eine Planungsaktivität angeben.

2.5.2 Planungsbeteiligung von Adressat:innen

Jugendhilfeplanung birgt das Potenzial eines von Grunde auf demokratischen Prozesses, der insbesondere den Adressat:innen der Kinder- und Jugendhilfe die Möglichkeiten bietet, erste Erfahrungen an und in kommunalpolitischen Strukturen der Entscheidungsfindung zu machen und sich somit ebenfalls als Teil einer demokratischen Gemeinschaft zu verstehen, deren Stimme in einem fachpolitischen Diskurs wahrgenommen wird, gar zu weiterführenden Handlungen führen kann. Dass das Konstrukt »Jugendhilfeplanung« dabei besonders für junge Kinder und Jugendliche, aber auch für Erwachsene schwer greifbar ist, entbindet den öffentlichen Träger nicht von seiner Verpflichtung, diese »entsprechend ihrem Entwicklungsstand an allen sie betreffenden Entscheidungen der öffentlichen Jugendhilfe zu beteiligen« (§ 8 Abs. 1, SGB VIII). Die Beteiligung hat dementsprechend in einer Form zu erfolgen, die die Adressat:innen auch als solche wahrnehmen, die sie verstehen und nachvollziehen können (Abs. 4, ebd.).

Obwohl die Beteiligung von Adressat:innen ein zentrales Qualitätsmerkmal eines diskursiven und demokratischen Planungsprozesses darstellt, besteht hier die größte Diskrepanz zwischen dem fachlichen und gesetzlichen Anspruch und der Umsetzung in der Praxis. Denn einerseits scheint Beteiligung allgemein als ein selbstverständlicher Aspekt der Planung dazuzugehören, deren Erforderlichkeit und Notwendigkeit kaum Infrage gestellt werden kann. Die tatsächliche Ausgestaltung und Umsetzung andererseits, spiegelt diese Notwendigkeit in der Planungspraxis kaum wider (vgl. Bitzan 2018: 64f.; Liebig 2017: 32; Merchel 2016: 126; Schnurr et al. 2010: 87).

> »Von der ›Beteiligung der Betroffenen‹ ist [...] so häufig die Rede, dass es manchmal geradezu seltsam anmutet, wenn der oftmals geringe Grad echter Mitbestimmung in der Praxis sichtbar wird.« (Simon 2015: 87)

Dabei ist anzumerken, dass sich die Beteiligung von Adressat:innen in der Planung der Infrastruktur von Leistungen und Aufgaben der kommunalen Kinder- und Jugendhilfe als äußerst voraussetzungsvoll darstellt. In der Praxis sorgen sowohl Rahmenbedingungen (z. B. hoher Zeit- und Personalaufwand) als auch die Einstellungen von Fachkräften (z. B. dass man die Bedarfe als Expert:innen für die Zielgruppe selbst formulieren kann) und/oder Sorgen der Politik (z. B. dass Wünsche öffentlich werden, die einen politischen Bedarf deutlich machen, aber nicht erfüllt werden können) dafür, dass tatsächliche Beteiligung erschwert oder verhindert wird (vgl. Stork 2010: 221). Beteiligung stellt somit ein hochgradig fragiles Element im Planungsprozess dar, denn »Planung geht auch ohne Betroffenenbeteiligung; dass sie fehlt oder nicht ausreichend war, wird oft erst in der Umsetzung deutlich.« (Schnurr et al. 2010: 103)

Vor dem Hintergrund der aktuellen Erhebung lassen sich bzgl. der Beteiligung von Adressat:innen (Kinder/Jugendliche und Eltern/Angehörige) in den Leistungs- und Aufgabenfeldern der Kinder- und Jugendhilfe (inkl. der Frühen Hilfen) folgende Ergebnisse festhalten:

Am häufigsten wurden **Kinder und Jugendliche** in den letzten drei Jahren am Planungsprozess im Bereich der Kinder- und Jugendarbeit/Jugendverbandsarbeit beteiligt (66,8 % der Jugendämter). In fast allen anderen Leistungs- und Aufgabenbereichen liegt der Anteil der Jugendämter, die Kinder- und Jugendbeteiligung im Planungsprozess realisieren, unter einem Drittel (s. Abbildung 13).

Besonders geringe Werte liegen hinsichtlich der Beteiligung an der Planung der hoheitlichen Aufgaben (9,6 % der Jugendämter) und der Umsetzung des Schutzauftrags bei Kindeswohlgefährdung (7,9 % der Jugendämter) vor. Zu vermuten ist, dass hier die Umsetzung der gesetzlichen Anforderungen in der Planung vom öffentlichen Träger vorrangig als eigener Auftrag wahrgenommen wird und weniger als Anlass, die Perspektiven der Kinder und Jugendlichen einzubeziehen. Eine weitere Erklärung könnte sein, dass sich auf der planerischen und strategischen Ebene das abbildet, was in Bezug auf die operative Ebene in Forschung und Praxis wiederholt beschrieben wird: In den Handlungsfeldern Hilfen zur Erziehung und Kinderschutz besteht in der Einzelfallarbeit erheblicher Entwicklungsbedarf hinsichtlich einer umfassenden und wirklichen Beteiligung von Kindern und Jugendlichen (vgl. u. a. Albus et al. 2010; Gadow et al. 2013; ISA 2017; Messmer/Hitzler 2011; Pluto et al. 2007; Schimke 2016). Die ähnlich geringe Beteiligung in den Frühen Hilfen (11,5 % der Jugendämter) ist mitunter aufgrund des anvisierten Alters der Kinder dieser Hilfeart wenig verwunderlich.

Die Beteiligung von **Eltern/Angehörigen** an der Jugendhilfeplanung erreicht in den Bereichen der Förderung von Kindern in Tageseinrichtungen und Tagespflege (50,7 % der Jugendämter), der Förderung der Erziehung in der Familie (37,9 % der Jugendämter) und der Frühen Hilfen (30,1 % der Jugendämter) die höchsten Werte. Da die Frühen Hilfen vergleichsweise ein neues Handlungsfeld mit dem immanenten Anspruch der Infrastrukturentwicklung und hoher Elternbeteiligung darstellen, ist es durchaus bemerkenswert, dass hier über zwei Drittel der Jugendämter bei der Planung keine Eltern/Angehörigen beteiligen.

Am geringsten ausgeprägt ist – ebenso wie bei den Kindern und Jugendlichen – die Beteiligung von Eltern/Angehörigen im Planungsbereich »Schutzauftrag bei Kindeswohlgefährdung« (8,6 % der Jugendämter).

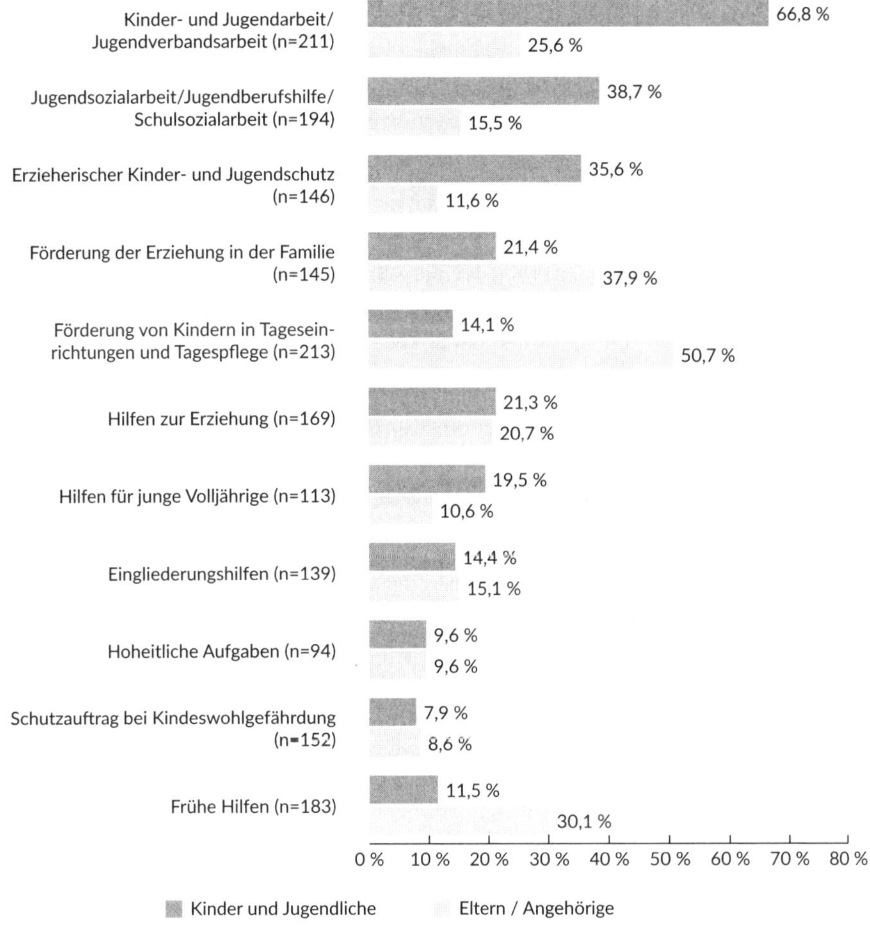

Abbildung 13: Beteiligung von Adressat:innen (Anteil der Jugendämter, die in dem jeweiligen Planungsbereich eine Planungsaktivität angeben und dabei die genannten Adressat:innen beteiligen)

Besonders hervorzuheben ist in diesem Kontext, dass die Häufigkeit der Beteiligung von Adressat:innen keine signifikanten Unterschiede zwischen den unterschiedlichen Gruppen der Einwohner:innenzahl aufzeigt. Sowohl kleine als auch große Kommunen stehen offensichtlich vor Herausforderungen bei der Beteiligung an Planungsprozessen. Relevanter ist hingegen die Betrachtung der unterschiedlichen Jugendamtstypen: Sowohl bei der Beteiligung der Kinder und Jugendlichen als auch bei den Eltern/Angehörigen erreichen die (kreisfreien und kreisangehörigen) Stadtjugendämter in Bezug auf die meisten Planungsbereiche die höchsten Werte. Nur bei den Hilfen zur Erziehung und den Hilfen für junge Volljährige beteiligen die Kreisjugendämter Kinder/Jugendliche am häufigsten, in der Förderung der Erziehung in der Familie und Hilfen zur Erziehung werden die Eltern/Angehörigen häufiger beteiligt.

Beteiligungsformate

Erhoben wurde nicht nur die Frage, ob beteiligt wird, sondern auch wie/in welcher Form. Denn die Wahl geeigneter Formen und Formate zum Erreichen der entsprechenden Adressat:innengruppe, spielt eine grundlegende Rolle für den Erfolg eines Beteiligungsprozesses:

> »Beteiligung ist für Adressaten dann am plausibelsten und am ehesten realisierbar, wenn sie nah an ihren Alltag ansetzt und inhaltlich auf die Gestaltung des Alltags bezogen ist. Beteiligung erhält für die Adressaten dann Sinn, wenn sie erleben, dass sie für die unmittelbare Praxis gefragt sind und dass sie durch die Artikulation etwas bewirken können.« (Merchel 2016: 127)

In der Wahl geeigneter Beteiligungsformate ist somit stets der jeweilige Planungskontext zu berücksichtigen und zwischen direkter und indirekter Beteiligung zu differenzieren (vgl. Stork 2010: 233). Dabei hat direkte Beteiligung das Ziel, alle möglichen und/oder tatsächlichen Adressat:innen unmittelbar einzubeziehen, bei indirekter Beteiligung werden Repräsentant:innen als Vertretung einer Adressat:innengruppe beteiligt. Je nach Planungsthema ist in der Praxis eine Variation aus verschiedenen Formaten ratsam (vgl. Jordan et al. 2000: 535 ff.).

In der Auswertung zeigt sich, dass jedes zweite Jugendamt auf eine schriftliche und/oder mündliche Befragung als Beteiligungsformat zurückgreift und jedes dritte Jugendamt Beteiligungsaktionen wie z. B. eine Zukunftswerkstatt arrangiert. In etwa jedem dritten Jugendamt können Kinder und Jugendliche innerhalb eines Kinder- und Jugendparlaments mitwirken. Als weitere Formen wurden vor allem Kinder- und Jugendforen oder -konferenzen benannt.

Nahezu durchgängig lassen sich hier deutliche Unterschiede zwischen Städten und Landkreisen ablesen (s. Tabelle 13). So werden – bis auf das Beteiligungsformat »Runder Tisch« – in den Jugendämtern kreisfreier Städte und kreisangehöriger Jugendämter höhere Werte als in Kreisjugendämtern erzielt.

Beteiligungsformen für Adressat:innen nach Jugendamtstyp (n=203, Mehrfachantworten möglich)								
	Jugendamt in einer kreisfreien Stadt & Bezirksjugendamt (n=54)		**Kreisjugendamt** (n=88)		**Kreisangehöriges Jugendamt** (n=61)		**Gesamt** (n=203)	
	Anzahl	Anteil	Anzahl	Anteil	Anzahl	Anteil	Anzahl	Anteil
Beteiligungsaktionen (z. B. Zukunftswerkstatt)	32	59,3 %	38	43,2 %	29	47,5 %	99	48,8 %
Kinder-/Jugendparlament	26	48,1 %	27	30,7 %	25	41,0 %	78	38,4 %
Kinder-/Jugendbefragungen	38	70,4 %	37	42,0 %	38	62,3 %	113	55,7 %
Eltern-/Angehörigenbefragungen	30	55,6 %	39	44,3 %	28	45,9 %	97	47,8 %
Runder Tisch	10	18,5 %	24	27,3 %	16	26,2 %	50	24,6 %
Stadtteilkonferenzen	22	40,7 %	16	18,2 %	18	29,5 %	56	27,6 %
Sonstige	6	11,1 %	13	14,8 %	6	9,8 %	25	12,3 %

Tabelle 13: Beteiligungsformen für Adressat:innen nach Jugendamtstyp (Anteil der Jugendämter, die mindestens eine Beteiligungsform angegeben haben)

2.5.3 Planungsbeteiligung von Fachkräften und Ehrenamtlichen

Fachkräfte des öffentlichen Trägers fungieren als Spezialist:innen für die unterschiedlichen Arbeitsfelder der Kinder- und Jugendhilfe und ihre Expertise ist für die Planung der Infrastruktur unverzichtbar. Gleichzeitig sind sie als Vertreter:innen des öffentlichen Trägers mittelbar oder unmittelbar für die Umsetzung von Planungsergebnissen mitverantwortlich. Erwartungsgemäß gibt nahezu jedes der teilnehmenden Jugendämter an, dass Fachkräfte aus dem Jugendamt in der Planung der aufgeführten Leistungs- und Aufgabenbereiche beteiligt werden (s. Abbildung 14).

Die **Träger der freien Jugendhilfe** stellen einen erheblichen Anteil an den Einrichtungen und Angeboten der Kinder- und Jugendhilfe bereit. Bei der Beteiligung der Fachkräfte freier Träger an Planungsprozessen – konkreter in Planungsgremien – ist zu berücksichtigen, dass damit zwei durchaus unterschiedliche Perspektiven erfasst werden. Während die im operativen Geschäft tätigen Fachkräfte der freien Träger stärker die Perspektive des sozialpädagogischen Alltags in die Planungsdiskussion einbringen können, sind Beiträge von Fachkräften mit Leitungsverantwortung wesentlich stärker auf die Wahrnehmung (und Durchsetzung) von Organisationsinteressen gerichtet und darauf, die Entwicklungsperspektiven der Träger mit dem Planungsprozess zu verknüpfen (vgl. Merchel 2016: 123).

Die Fachkräfte freier Träger werden in hohem Maße an Planungsprozessen beteiligt, zwischen den einzelnen Leistungs- und Aufgabenbereichen sind jedoch Unterschiede festzustellen. So werden die höchsten Beteiligungswerte in der Kinder- und Jugendarbeit/Jugendverbandsarbeit (89,1 %), in der Förderung von Kindern in Tageseinrichtungen und Tagespflege (87,8 %) und in den Frühen Hilfen (85,2 %) erreicht. Der niedrigste Wert liegt im Bereich der hoheitlichen Aufgaben (69,1 %). Insgesamt lassen sich auch hier Unterschiede zwischen den Kreis- und Stadtjugendämtern ablesen. So zeigt sich, dass Fachkräfte freier Träger in Jugendämtern kreisfreier Städte häufiger beteiligt werden.

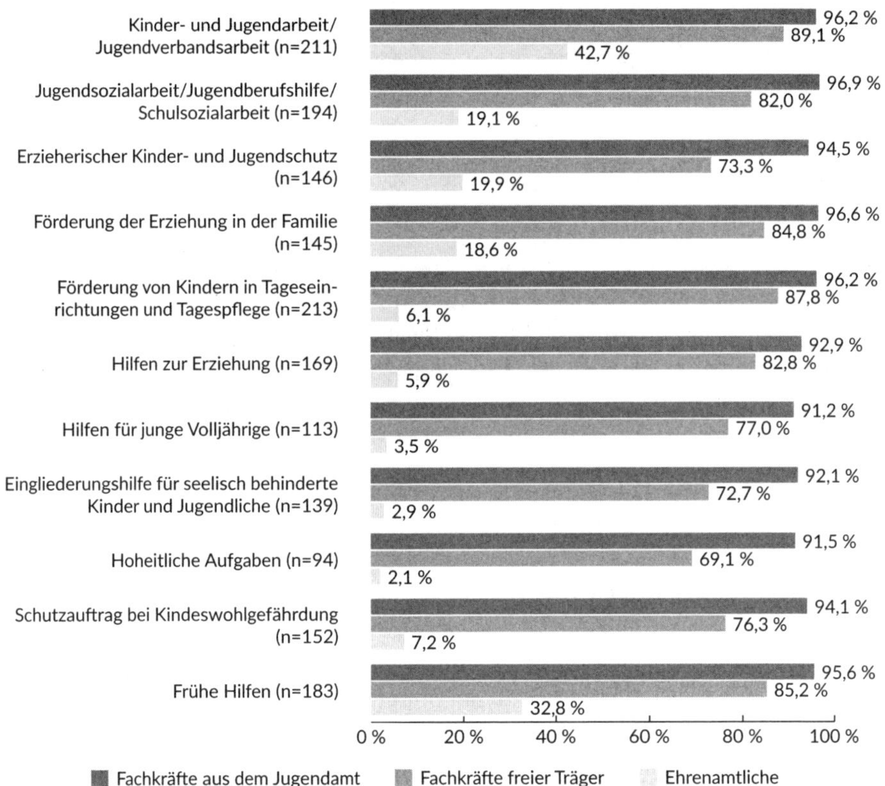

Abbildung 14: Beteiligung von Fachkräften und Ehrenamtlichen (Anteil der Jugendämter, die in dem jeweiligen Planungsbereich eine Planungsaktivität angeben und dabei die genannte Personengruppe beteiligen)

In Bezug auf Beteiligungsformate geben fast 90 Prozent der Jugendämter an, dass Träger der freien Jugendhilfe im Rahmen bestehender Gremien beteiligt werden (s. Abbildung 15). Auch neu eingerichtete Formate, wie beispielsweise Planungsgruppen, Arbeitskreise oder Runde Tische, werden von drei Viertel der Jugendämter genutzt. In der Ausführung sonstiger Formate wurden zudem Expert:inneninterviews, Controlling-Gespräche, Planungsraumkonferenzen sowie gemeinsame Fachtage und Fortbildungen und/oder Modellprojekte genannt.

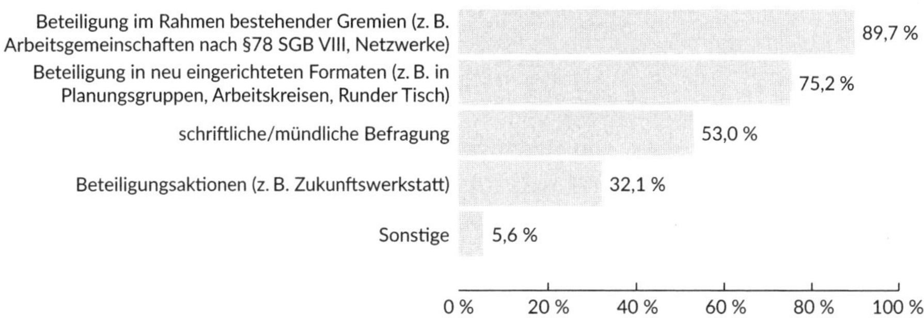

Abbildung 15: Beteiligungsformen für Träger der freien und gewerblichen Kinder- und Jugendhilfe (n=234, Anteil der Jugendämter, die mindestens eine Beteiligungsform angegeben haben)

Neben den hauptamtlichen Fachkräften sind in der Kinder- und Jugendhilfe und hier insbesondere in den Arbeitsfeldern der Kinder- und Jugendarbeit, Jugendverbandsarbeit und den Frühen Hilfen auch **Ehrenamtliche** tätig, die überwiegend an freie Träger angebunden sind. In der Planung dieser klassischen Bereiche des Ehrenamtes sind die höchsten Werte bezüglich der Beteiligung zu verzeichnen (Kinder- und Jugendarbeit/ Jugendverbandsarbeit mit 42,7 % sowie die Frühen Hilfen mit 32,8 %, s. Abbildung 2). In den anderen Handlungsfeldern fällt die Planungsbeteiligung von Ehrenamtlichen jedoch mehrheitlich eher gering aus.

In den Kommentierungen der Befragten zu den Rahmenbedingungen der Jugendhilfeplanung befinden sich auch Hinweise auf hinderlichen Faktoren, die sich auf die Beteiligung vor Ort auswirken:

> »Für die Planung sollte weitaus mehr Zeit zur Verfügung stehen, Jugendhilfeplanung [ist] mit zu vielen Zusatzaufgaben beschäftigt, dass eine Beteiligung auch bei neuen Angeboten durch den Zieladressatenkreis kaum erfolgt. Zudem findet Planung zu stark unter fiskalischen Gesichtspunkten statt. Jugendhilfeplanung sollte mit den vielen Themen auf mehreren Schultern liegen, bei uns ist dies alles in Personalunion.« (Online-Befragung, AB06_01, Case 783)

> »Zu wenig Kapazität. Die notwenigen Daten liegen vor, es gibt zu wenig Zeit zur Evaluation, Netzwerkarbeit und für Beteiligungsverfahren.« (Online-Befragung, AB06_01, Case 1333)

> »Die Jugendhilfeplanung im Landkreis konnte sich deutlich weiterentwickeln, nachdem die Arbeitsplatzbeschreibung vor 3 Jahren von einigen Aufgaben des

Controllings und der Leistungs- und Entgeltverhandlung befreit wurde und dafür eine zusätzliche Stelle geschaffen wurde. Die Qualität der Evaluation, Bedarfserhebung und Beteiligung konnte seitdem gesteigert werden.« (Online-Befragung, AB06_01, Case 777)

»Leider sind aktuell durch die Coronapandemie viele Beteiligungsprojekte ins Stocken geraten.« (Online-Befragung, AB06_01, Case 717)

Die Durchführung und Qualität von Beteiligungsprozessen hängen offensichtlich in der Wahrnehmung der Befragten auch von den Personalressourcen ab. Befragte, die die Rahmenbedingungen (sehr) positiv bewerten, haben mitunter ihre Beteiligungsprozesse als gelingenden Aspekt aufgeführt.

2.5.4 Zusammenfassende Kommentierung zur Beteiligung im Planungsprozess

Zur Jugendhilfeplanung gehört die diskursive Auseinandersetzung über den Bestand von Diensten und Einrichtungen sowie über die Lebens- und Problemlagen und Interessen der Adressat:innen, mit denen die in der Jugendhilfe tätigen Fachkräfte konfrontiert sind. Daraus abzuleiten sind fachliche, fachpolitische und kommunalpolitische Handlungsbedarfe. Die Beteiligung der in den Praxisfeldern der Jugendhilfe tätigen Fachkräfte an diesem Diskurs und die Erhebung der Wünsche, Bedürfnisse und Interessen der Adressat:innen sind dementsprechend fachlich erforderlich – und gesetzlich vorgeschrieben.

Die Befragungsergebnisse zeigen jedoch, dass sich die eingangs dargelegte Situation einer mäßigen Adressat:innenbeteiligung auch durch die aktuellen Befragungsergebnissen durchweg bestätigen lässt und – mit einzelnen Ausnahmen – in der Infrastrukturplanung kaum systematisch erfasst und somit lediglich mittelbar berücksichtigt wird, was Kinder, Jugendliche und Eltern bzw. Angehörige vor Ort als Wünsche, Bedürfnisse und Interessen äußern.

Die Unterschiede der einzelnen Leistungs- und Aufgabenfeldern sind zwar zu erwarten bzw. teilweise mit Erkenntnissen zur Beteiligung in der operativen Arbeit zu erklären, verstärken aber den Blick auf das Auseinanderdriften von Anspruch und umgesetzter Praxis einer diskursiven Jugendhilfeplanung, die aktiv Bedarfe der Adressat:innen erhebt und zur Grundlage politischer Entscheidungen macht. Dabei ist die Unterscheidung zwischen Bedürfnissen und Bedarfen zu berücksichtigen:

> »Als Bedarf wird letztlich das festgestellt, was an Bedürfnissen der Betroffenen anerkannt und als politisch gewollt und finanzierbar definiert wird. Dabei gilt es, die fachlich-normativen Aspekte bei der Bedarfsermittlung auszuweisen, damit diese ggf. gegenüber politisch-normativen Vorgaben und Restriktionen benannt und mögliche Differenzen zwischen Bedürfnissen, fachlichen Forderungen und politisch Gewolltem und Finanzierbarem sichtbar bleiben.« (Tammen 2022:1043)

Findet die Ermittlung der Bedürfnisse von Adressat:innen nicht statt, bleibt die – wie von Tammen erläuterte – Bedarfsermittlung aus und auch die Sichtbarmachung der angesprochenen, möglichen Differenzen bleiben im Unklaren.

Obwohl die Studienergebnisse keine Information zu Umfang, Regelmäßigkeit und/oder Qualität der Beteiligung innerhalb der abgefragten letzten drei Jahre zulässt, eröffnet die Betrachtung der Ergebnisse dennoch Raum zur Diskussion.

Exemplarisch sei hier der Bereich der Förderung von Kindern in Tageseinrichtungen und in der Tagespflege herausgegriffen, in dem am häufigsten Planungsbeschlüsse und die höchste Planungsaktivität vorliegen. Wenn knapp die Hälfte der Jugendämter ihre Kitabedarfsplanung ohne die Beteiligung von Eltern durchführt, weist das darauf hin, dass hier rein quantitativ, z. B. anhand von Bevölkerungsdaten und ggf. durch Rückmeldungen der Träger, benötigte Plätze ermittelt werden. Fraglich ist bei einem solchen Verfahren, inwieweit Bedürfnisse der Eltern differenziert und unmittelbar in die gesetzlich vorgeschriebenen Bedarfserhebung einfließen, wenn diese nicht ermittelt werden. Ein weiterer Aspekt, der diese Einschätzung verstärkt, ist die geringe Beteiligung (14,1 %) von Kindern. Wird Jugendhilfeplanung in der Praxis – insbesondere in diesem Bereich – zwar stark durch quantitative Aspekte geprägt, hat sie sich als Fachplanung dennoch ebenfalls auf qualitative Aspekte zu beziehen, deren Inhalte Kindern im Kita- und Krippenalter durchaus altersgemäß zu vermitteln sind und zu denen sie sich verhalten können. Modellprojekte zeigen deutlich, dass Kinder – altersunabhängig – in der Lage sind, ihre Bedürfnisse zu artikulieren (bspw. die Studie »Kita-Qualität aus Kindersicht«, vgl. Nentwig-Gesemann et al. 2017).

In Betrachtung der Ergebnisse zu allen Arbeitsfeldern liegt die Vermutung nahe, dass Kinder bzw. Jugendliche eher beteiligt werden, je älter sie sind – oder, wenn bereits sehr formalisierte Beteiligungsformen (bspw. Hilfeplangespräche) bestehen.

Einschränkend ist festzuhalten, dass diese rein quantitative Erhebung zur Beteiligung an die Grenzen der Interpretierbarkeit stößt. Die vorliegenden Ergebnisse zeigen, dass ein großer Bedarf an Weiterentwicklung in der Planungspraxis hinsichtlich der Umsetzung von Beteiligungsprozessen besteht. Was genau Beteiligungsprozesse behindert (abgesehen von fehlenden Personalressourcen) und welche Erfahrungen in der Praxis mit Modellen der Adressat:innen-Beteiligung in unterschiedlichen Handlungsfeldern gemacht und welche Erkenntnisse daraus gezogen wurden, benötigen Vertiefung über das vorliegende Studiendesign hinaus.

Im Vergleich zur Beteiligung der Adressat:innen ist die Beteiligung von Fachkräften des öffentlichen Trägers und der freien Träger in der Jugendhilfeplanung deutlich etablierter. Sowohl für die Beteiligung der Adressat:innen als auch weitere Akteur:innen wie Fachkräfte freier Träger lassen sich in der Auswertung deutliche Unterschiede zwischen Stadt- und Kreisjugendämtern feststellen, die auf unterschiedliche Herausforderungen und Planungsanforderungen hinweisen. Für die in der Regel personell besser ausgestatteten kreisfreien Städte, die zudem nicht wie die Kreisjugendämter auf die Kooperation mit kreisangehörigen Kommunen angewiesen sind, stellt sich eine völlig andere Planungsrealität dar. Allein die Unterschiede der Einzugsgebiete eines Flächenlandkreises von über 5.000 Quadratkilometern zu einem städtischen Ballungsgebiet stellt Jugendhilfeplanung bzgl. der Beteiligung von Adressat:innen und Fachkräften vor deutlich andere Herausforderungen.

Der Vergleich zur Studie von 2010 ist quantitativ nur eingeschränkt möglich, da sowohl die abgefragten Akteursgruppen und Arbeitsfelder in dieser Studie ausdifferenziert bzw. ergänzt wurden als auch die fehlenden Antworten (keine Planung/keine Beteiligung) bei der Auswertung unterschiedlich einbezogen wurden (vgl. Adam et al. 2010: 29). Dennoch lässt sich die Tendenz erkennen, dass die Beteiligung der Adressat*innen (Kinder/Jugendliche und Eltern/Angehörige) in sechs zentralen Arbeitsfeldern der Kinder- und Jugendhilfe (Kinder- und Jugendarbeit, Jugendsozialarbeit, erzieherischer Kinder- und Jugendschutz, Familienförderung, Tageseinrichtungen, Hilfen zur Erziehung) deutlich angestiegen ist, während bei der Beteiligung der freien Träger und Ehrenamtlicher wenig Veränderung zu verzeichnen ist.

2.6 Kooperation und Abstimmung mit anderen Planungsbereichen

In dieser Studie wurde sowohl die Umsetzung der Jugendhilfeplanung an sich als auch ihre Rolle als Teil einer gesamtkommunalen Planung in den Blick genommen. Bezüglich der Befragungsergebnisse in diesem Kapitel ist somit zu differenzieren, dass zum einen Aussagen zur Beteiligung von und Zusammenarbeit mit Akteur:innen bzw. Institutionen anderer Systeme oder die Nutzung von Daten anderer Planungsbereiche im Rahmen und zum Zweck der Jugendhilfeplanung getroffen werden können. Zum anderen gibt es einzelne Hinweise zu ämter- und systemübergreifenden Planungsaktivitäten und -themen im Kontext einer integrierten Sozial- und Bildungsplanung.

2.6.1 Beteiligung, Kooperation und Abstimmung im Rahmen und zum Zweck der Jugendhilfeplanung

Chancengerechtes, gelingendes Aufwachsen von Kindern und Jugendlichen ist eine komplexe gesellschaftliche Herausforderung, der die Kinder- und Jugendhilfe trotz der Fülle und Vielfalt ihrer Leistungen und Aufgaben nicht isoliert begegnen kann. Um eine kommunale Infrastruktur an Prävention, Unterstützung und Kompensation bzw. Intervention vorzuhalten, braucht es eine konsequente Verzahnung der planerischen Aktivitäten der Jugendhilfe u. a. mit dem Schulsystem, der Gesundheitshilfe, der Behindertenhilfe und dem System materieller Sicherung im Sinne einer integrierten Sozial- und Bildungsplanung[12] für Kinder, Jugendliche und Familien. Die Zusammenarbeit und Abstimmung der Jugendhilfeplanung mit anderen örtlichen und überörtlichen Planungsbereichen sind zudem gesetzlich festgelegt (§ 80 Abs. 4 SGB VIII).

Wie in Abbildung 16 zu erkennen, werden **Fachkräfte anderer Systeme** außerhalb der Kinder- und Jugendhilfe (bspw. Schule, Gesundheitswesen, Behindertenhilfe) an der Planung der einzelnen Arbeitsfelder unterschiedlich häufig beteiligt. In Bezug auf die Frühen Hilfen wird der höchste Wert erreicht (76 % der Jugendämter), bei der Planung des Schutzauftrags und der Jugendsozialarbeit/Jugendberufshilfe/Schulsozialarbeit geben jeweils rund zwei Drittel der Befragten an, dass Fachkräfte anderer Systeme beteiligt werden. Die system- und disziplinübergreifenden Bezüge sind in diesen Handlungsfeldern sowohl in rechtlicher als auch fachlicher Hinsicht besonders gegeben. Der niedrigste Wert liegt mit 41,8 % im Bereich der Förderung von Kindern in Tageseinrichtungen und Tagespflege. Obwohl die gelingende Gestaltung des Übergangs von der Kindertageseinrichtung in die Grundschule die Kooperation der beteiligten Institutionen voraussetzt, wird diese systemübergreifende Arbeit auf planerischer Ebene offenbar weniger abgebildet.

Neben der systemübergreifenden Zusammenarbeit ist Planung mitunter auch überörtlich abzustimmen – dies gilt insbesondere für Kreise und kreisangehörige Städte bzw. Gemeinden und kann sich auf Fachkräfte des Jugendamtes oder anderer Ämter (z. B. Gesundheitsamt) beziehen. Im direkten Vergleich ist die Beteiligung von **Fachkräften anderer Kommunen** insgesamt geringer ausgeprägt; am häufigsten jedoch ebenfalls im Bereich der Frühen Hilfen bei nahezu der Hälfte der Jugendämter und am seltensten im Bereich der Hilfen für junge Volljährige (20,4 % der Jugendämter).

12 Im Sinne einer Arbeitsdefinition umfasst der hier formulierte Begriff der »integrierten Sozial- und Bildungsplanung« alle ämter- und fachübergreifenden Planungsaktivitäten hinsichtlich der Zielgruppe der Kinder, Jugendlichen und Familien – d. h. sowohl alle Leistungen der kommunalen Daseinsvorsorge als auch die Gestaltung von informellen, non-formalen und formalen Bildungsprozessen.

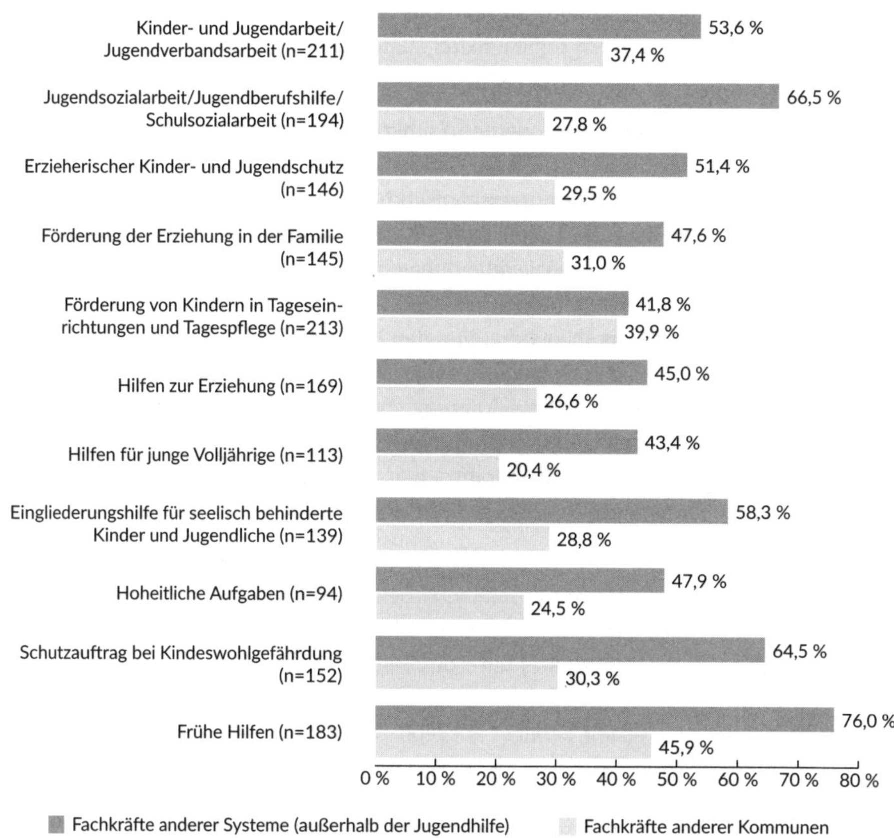

Abbildung 16: Beteiligung von Fachkräften anderer Systeme und Kommunen (Anteil der Jugendämter, die in dem jeweiligen Planungsbereich eine Planungsaktivität angeben und dabei die genannten Fachkräfte beteiligen)

Im **Vergleich der Jugendamtstypen** zeigt sich, dass die Jugendämter kreisfreier Städte in allen genannten Planungsbereichen häufiger Fachkräfte anderer Systeme beteiligen. Die Beteiligung von Fachkräften anderer Kommunen betrifft vor allem die Jugendämter in ländlichen Regionen, das wird auch durch die Ergebnisse bestätigt: Kreisjugendämter beteiligen Fachkräfte anderer Kommunen in der Planung der allgemeinen Förder- und Präventionsangebote sowie der Kindertageseinrichtungen deutlich häufiger als die anderen beiden Jugendamtstypen. Dieses Ergebnis ist plausibel, da die Zuständigkeit bei den einzelnen Gemeinden liegt bzw. die Umsetzung hier stattfindet. Bei den Einzelfallhilfen und Interventionen (Hilfen zur Erziehung, Eingliederungshilfen, hoheitliche Aufgaben, Schutzauftrag) erreichen die kreisangehörigen Jugendämter die höchsten Werte. Hier braucht es offensichtlich eine interkommunale Abstimmung, um Bedarfe zu befriedigen, die über das Angebot eines kreisangehörigen Jugendamtes hinausgehen (z. B. Plätze in stationären Einrichtungen). Vorstellbar ist auch, dass in Netzwerken oder AGs zum Kinderschutz oder zu Erziehungshilfen Fachkräfte anderer Kommunen beteiligt werden und diese Beteiligung in die Angaben mit einfließt.

In Tabelle 14 werden die Planungsbereiche dargestellt, in denen jeweils nach Jugendamtstyp am häufigsten Fachkräfte anderer Kommunen beteiligt werden. Zu erkennen ist, dass sich dieses Ranking je Jugendamtstyp verändert. Die Frühen Hilfen landen als einziger Planungsbereich sowohl in der Gesamtauswertung als auch bei allen Jugendamtstypen auf einem der oberen drei Plätze. Hier gibt es im Vergleich mit anderen Planungsthemen und unabhängig vom Jugendamtstyp häufiger Bestrebungen, mit benachbarten Jugendämtern zu kooperieren.

In welchen Planungsbereichen werden die Fachkräfte anderer Kommunen am häufigsten beteiligt?							
Jugendamt in einer kreisfreien Stadt & Bezirksjugendamt		**Kreisjugendamt**		**Kreisangehöriges Jugendamt**		**Gesamt**	
Planungsbereich	Anteil	Planungsbereich	Anteil	Planungsbereich	Anteil	Planungsbereich	Anteil
Frühe Hilfen (n=45)	35,6 %	Förderung von Kindern in Tageseinrichtungen und Tagespflege (n=101)	64,4 %	Frühe Hilfen (n=55)	49,1 %	Jugendsozialarbeit/ Jugendberufshilfe/ Schulsozialarbeit (n=194)	45,9 %
Schutzauftrag bei Kindeswohlgefährdung (n= 41)	26,8 %	Kinder- und Jugendarbeit/ Jugendverbandsarbeit (n=96)	56,3 %	Eingliederungshilfen für seelisch behinderte Kinder und Jugendliche (n=31)	38,7 %	Hoheitliche Aufgaben (n=94)	39,9 %
Hilfen zur Erziehung (n=45)	26,7 %	Frühe Hilfen (n=83)	49,4 %	Schutzauftrag bei Kindeswohlgefährdung (n= 40)	35,0 %	Frühe Hilfen (n=183)	37,4 %

Tabelle 14: Planungsbereiche, in denen am häufigsten Fachkräfte anderer Kommunen beteiligt werden, nach Jugendamtstyp (Anteil der Jugendämter, die in dem jeweiligen Planungsbereich eine Planungsaktivität angeben und dabei die genannten Fachkräfte beteiligen)

Die systemübergreifende Kooperation im Planungsprozess kann anhand von Institutionen und Akteuren weiter konkretisiert werden. Für insgesamt 17 Institutionen bzw. Akteursgruppen (u. a. aus Gesundheitswesen, Bildung, Justiz oder Beratungsstellen und andere Ämter) wurde erhoben, wie die **Wichtigkeit und Intensität der Kooperation** für die Qualität der Jugendhilfeplanung durch die Befragten bewertet werden. In der Befragung wurde Kooperation als zielgerichtete und zweckgebundene Zusammenarbeit zwischen unterschiedlichen Akteurinnen und Akteuren definiert.

Der Vergleich der Mittelwerte zeigt, dass die Kooperation mit Schulen und Schulverwaltungen von den Jugendämtern als am wichtigsten und intensivsten eingeordnet wird (s. Abbildung 17). In der Schule verbringen Kinder und Jugendliche einen großen Anteil ihrer Zeit und Kooperationsbezüge sind in allen Arbeitsfeldern der Kinder- und Jugendhilfe gegeben. Umso wichtiger ist es, dass Schulen und Schulverwaltung auch als bedeutsame Partner in der Planung der Infrastruktur der Kinder- und Jugendhilfe gesehen werden. Die geringsten Mittelwerte erhalten die Krankenkassen und die Erwachsenenpsychiatrie, sowohl bei der Wichtigkeit als auch bei der Intensität der Kooperation. Insgesamt wird die Bedeutung der Kooperation für die Jugendhilfeplanung mit den meisten genannten Partnern hoch bewertet – 13 der 17 potenziellen Partner kommen auf einen Mittelwert von 4 und höher.

Die in der Fragestellung angelegte Differenzierung von Wichtigkeit und Intensität gibt Hinweise auf das Verhältnis von Anspruch und Wirklichkeit in der kommunalen Praxis. Über alle genannten potenziellen Kooperationspartner hinweg wird deutlich, dass die tatsächliche Umsetzung der Kooperation im jeweiligen Mittelwert geringer eingeschätzt wird als die grundsätzlich zugemessene Bedeutung für die Jugendhilfeplanung. Diese Differenz ist am höchsten bei der Kinder- und Jugendpsychiatrie/-psychotherapie (stationär) sowie der Schulpsychologie und am niedrigsten bei der Schulverwaltung sowie bei den Beratungsstellen (z. B. Schuldnerberatung, Suchtberatung).

Um zu einer ganzheitlichen datenbasierten Beschreibung der Lebens- und Problemlagen von Kindern, Jugendlichen und Familien zu kommen, ist die Jugendhilfeplanung auch auf **Daten aus anderen Fachplanungen** angewiesen. In der Betrachtung der vorliegenden Datenbasis zur schulischen und beruflichen Bildung sowie zur gesundheitlichen Lage (s. Kapitel 2.4.1) wurde deutlich, dass viele Jugendämter hier keinen Zugriff haben und damit die Potenziale dieser Informationen zur Bestands- und Bedarfsanalyse noch nicht umfassend genutzt werden können.

Abbildung 17: Vergleich Wichtigkeit vs. tatsächliche Intensität der Kooperation (Mittelwerte)

2.6.2 Ämter- und systemübergreifende Planungsaktivitäten und -themen im Kontext einer integrierten Sozial- und Bildungsplanung

Neben den Leistungs- und Aufgabenfeldern der Kinder- und Jugendhilfe wurden die Jugendämter auch nach Planungsbeschlüssen und -aktivitäten zu Themenfeldern gefragt, die nur ressort- und professionsübergreifend bearbeitet werden können. Am häufigsten liegen Planungsbeschlüsse zu den Themen Frühe Hilfen (55,6 %), Prävention (43,5 %) und Schutzauftrag bei Kindeswohlgefährdung (38,6 %) vor (s. Abbildung 3). Auffällig ist, dass bei den Themen Migration, Digitalisierung und Gesundheit der Anteil der Befragten, die »keine Angabe« wählten jeweils höher ist als der Anteil der Jugendämter mit vorliegenden Planungsbeschlüssen. Diese Themen bilden somit im Vergleich nicht nur die Schlusslichter in der Beschlusslage, die Jugendhilfeplanung einiger Kommunen hat auch keine Kenntnis zu politischen Beschlüssen.

Der Blick auf die Planungsaktivitäten eröffnet die gleiche Erkenntnis wie bei den Leistungs- und Aufgabenfeldern der Jugendhilfe (s. Abschnitt 2.3): Planungsaktivität wird in Bezug auf alle Themenfelder häufiger angegeben als ein entsprechender Beschluss.

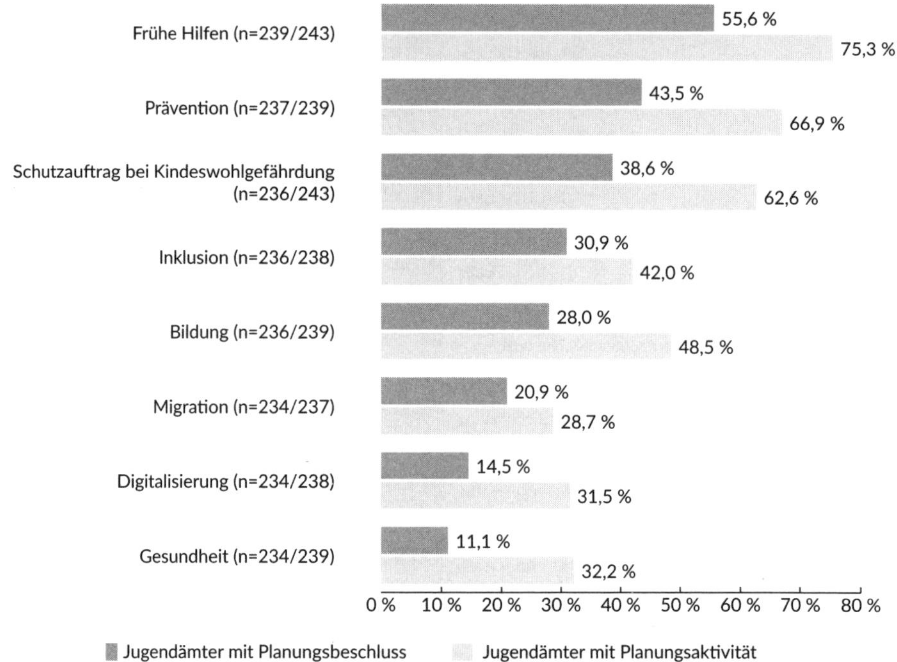

Abbildung 18: Planungsbeschlüsse und Planungsaktivitäten in systemübergreifenden Themenfeldern (Anteil der Jugendämter ohne fehlende Werte in Bezug zur jeweils angegebenen Teilmenge)

Die differenzierte Untersuchung der **Jugendamtstypen** zeigt einige Unterschiede auf (s. Tabelle 15):

- Bei den Jugendämtern kreisfreier Städte gibt es im Unterscheid zur Gesamtauswertung am häufigsten Planungsbeschlüsse zum Themenfeld Prävention (58,6 %).
- Bei den Planungsthemen Prävention, Inklusion (36,2 %), Bildung (34,5 %), Migration (29,3 %) und Gesundheit (19,0 %) haben die Jugendämter kreisfreier Städte häufiger einen Planungsbeschluss vorliegen als die anderen Jugendämter. Hier zeigt sich ein ähnliches Bild wie bei der Beschlusslage zu den Arbeitsfeldern der Jugendhilfe.
- Bei den übrigen Themen – Frühe Hilfen (68,8 %), Schutzauftrag bei Kindeswohlgefährdung (42,2 %) und Digitalisierung (20,3 %) – haben die kreisangehörigen Jugendämter die höchsten Werte.
- Planungsaktivität findet zu den Frühen Hilfen, zur Digitalisierung und beim Thema Gesundheit am häufigsten in den kreisangehörigen Städten statt. Bei der Inklusion kommen die kreisfreien und den kreisangehörigen Städten sogar nahezu auf die gleichen Werte. Bei der Planung zum Schutzauftrag liegen die kreisfreien Städte weiter vorne.
- Für alle Themenfelder geben die Kreisjugendämter im Vergleich mit den anderen Jugendämtern jeweils am seltensten Planungsaktivitäten an. Anscheinend ist die Planung von übergreifenden Themen in den Kreisen am schwierigsten umzusetzen.

	Jugendamt in einer kreisfreien Stadt & Bezirksjugendamt (n=58)		Kreisjugendamt (n=121)		Kreisangehöriges Jugendamt (n=64)		Gesamt (n=243)	
	Planungsbeschluss liegt vor	Planungsaktivität findet statt	Planungsbeschluss liegt vor	Planungsaktivität findet statt	Planungsbeschluss liegt vor	Planungsaktivität findet statt	Planungsbeschluss liegt vor	Planungsaktivität findet statt
Frühe Hilfen	53,4 %	77,6 %	47,9 %	68,6 %	68,8 %	85,9 %	54,7 %	75,3 %
Prävention	58,6 %	81,0 %	34,7 %	57,0 %	42,2 %	68,8 %	42,4 %	65,8 %
Schutzauftrag bei Kindeswohlgefährdung	37,9 %	70,7 %	34,7 %	58,7 %	42,2 %	62,5 %	37,4 %	62,6 %
Inklusion	36,2 %	48,3 %	24,0 %	33,9 %	35,9 %	48,4 %	30,0 %	41,2 %
Bildung	34,5 %	60,3 %	25,6 %	40,5 %	23,4 %	50,0 %	27,2 %	47,7 %
Migration	29,3 %	41,4 %	17,4 %	21,5 %	17,2 %	28,1 %	20,2 %	28,0 %
Digitalisierung	13,8 %	34,5 %	10,7 %	25,6 %	20,3 %	37,5 %	14,0 %	30,9 %
Gesundheit	19,0 %	39,7 %	9,1 %	21,5 %	6,3 %	43,8 %	10,7 %	31,7 %

Tabelle 15: Planungsbeschluss und Planungsaktivität in systemübergreifenden Themenfeldern nach Jugendamtstyp (Anteil der Jugendämter in Bezug zur jeweiligen Teilmenge)

Es ist denkbar, dass die genannten Themen nicht unbedingt in den Kommunen ressortübergreifend geplant werden bzw. in diesem Sinne von den Befragten interpretiert wurden. So kann eine Gesundheitsplanung vollständig beim Gesundheitsamt liegen oder unter dem Thema »Bildung« könnte eine rein quantitative Schulentwicklungsplanung – im Sinne einer Standort- und Versorgungsplanung (vgl. Westers 2007: 23) – verstanden werden, die nicht zwangsläufig mit der Jugendhilfeplanung abgestimmt wird. Aus diesem Grund sollten diese Ergebnisse vielmehr als Hinweise auf integrierte Planungskonzepte bewertet werden und weniger als eindeutige Belege.

Ein konkretes Ergebnis liefert die Einschätzung der Befragten dazu, inwieweit in ihrer Kommune ein **integrierter Planungsansatz** umgesetzt wird. Definiert wurde dieser Ansatz im Fragebogen wie folgt: »Planungsaktivitäten zielen auf das Zusammenwirken verschiedener Ämter bzw. Planungsbereiche in Ihrer Kommune ab und beziehen sich auf systemübergreifende Planungsthemen.« Nur knapp ein Viertel der Jugendämter gibt mit einer Bewertung von 5–6 an, dass dieser Ansatz (fast) vollständig umgesetzt wird (s. Abbildung 19). Demgegenüber sieht ein Drittel der Jugendämter kaum oder gar keine Umsetzung (Bewertung von 1–2) in ihrer Kommune.

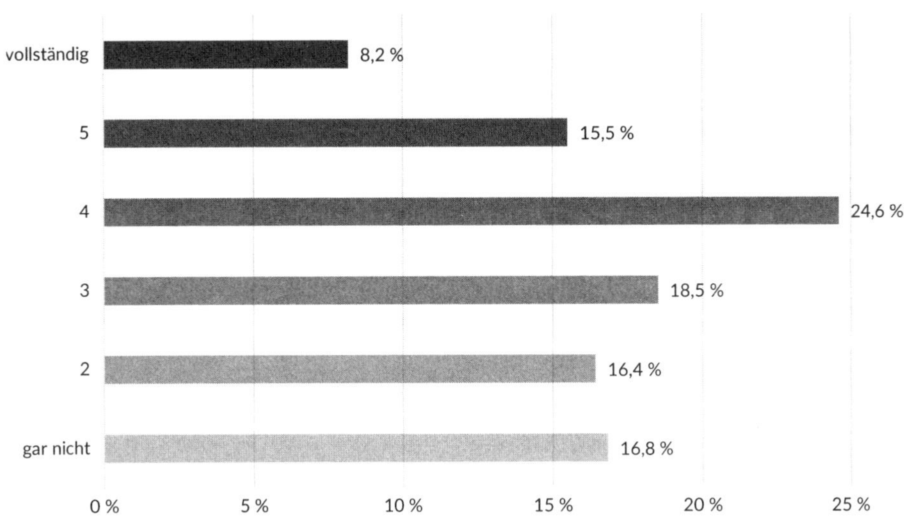

Abbildung 19: Umsetzung eines integrierten Planungsansatzes (Anteil der Jugendämter)

Im **Vergleich der Jugendamtstypen** ist erkennbar, dass die Jugendämter der kreisfreien Städte die Umsetzung eines integrierten Ansatzes mit einem Mittelwert von 3,74 (n=57) höher einschätzen als die kreisangehörigen Jugendämter (Mittelwert 3,32; n=62) und die Kreisjugendämter (Mittelwert 3,07; n=113). Dieses Ergebnis passt zur besseren Beschlusslage der kreisfreien Städte in Bezug auf die meisten systemübergreifenden Planungsthemen (s.o.)

Auch im **Zusammenhang mit der Personalausstattung** zeigt sich ein Unterschied: Jugendämter mit zwei oder mehr Planungsfachkräften schätzen die Umsetzung eines integrierten Planungsansatzes insgesamt etwas höher ein (Abbildung 20).

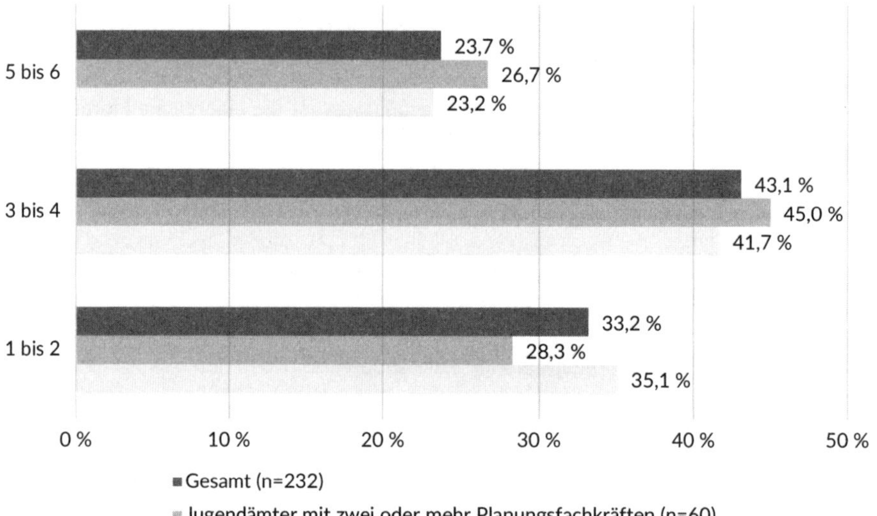

Abbildung 20: Umsetzung eines integrierten Planungsansatzes nach Anzahl der Planungsfachkräfte (Anteil der Jugendämter in Bezug auf die jeweils angegebene Teilmenge)

Die Überprüfung von Zusammenhängen mit anderen Variablen zeigt, dass die angegebene höhere Umsetzung eines integrierten Planungsansatzes kein reines Lippenbekenntnis ist, sondern sich in der Gestaltung von Planung niederschlägt. Denn die Jugendämter, die dem integrierten Planungsansatz eine hohe Bewertung gegeben haben,

- haben signifikant häufiger Planungsbeschlüsse zu Prävention, Frühen Hilfen, Bildung und zum Schutzauftrag vorliegen,
- bewerten die Intensität der Kooperation mit den meisten Institutionen/Akteuren signifikant höher und
- haben die meisten Daten aus dem Bildungs- und Gesundheitsbereich häufiger vorliegen.

In einem offenen, abschließenden Feld im Online-Fragebogen haben sich einige der Teilnehmenden zu ämterübergreifender, integrierter Planung geäußert. Anhand dieser ausgewählten Zitate wird deutlich, dass Planungs- bzw. Leitungskräfte in der Jugendhilfe grundsätzlich die Entwicklung in Richtung abgestimmter, kommunaler Planung wahrnehmen, ihre Bedeutung anerkennen, aber auch Herausforderungen in der Umsetzung sehen:

»Für die JHP ist ein integrierter Handlungs- und Planungsansatz alternativlos – dazu sind ämter- und dezernatsübergreifende Kooperationen und Netzwerkformate sowie eine partnerschaftliche Zusammenarbeit mit außerhalb der Jugendhilfe stehenden Partnern (z.B. Schule, Wissenschaft) Voraussetzung. Wichtig ist u. E. eine entsprechende Haltung!« (Online-Befragung, AB09_01, Case 1115)

»Der Aufbau eines integrierten Planungsansatzes ist die eigentliche Herausforderung, da er – bedingt durch die Strukturen einer öffentlichen Verwaltung – einen Blick über den Tellerrand, Augenhöhe und Akzeptanz anderer Sichtweisen und Erfordernisse erfordert.« (Online-Befragung, AB09_01, Case 1415)

»Jugendhilfeplanung ist bei Planungsprozessen in anderen Ämtern wie Stadtplanung, Sozialplanung frühzeitig und angemessen zu beteiligen. Das muss strukturell abgesichert werden, besser noch wäre das Etablieren einer integrierten Sozialplanung, an der die Jugendhilfeplanung gleichberechtigt beteiligt ist.« (Online-Befragung, AB09_01, Case 1416)

»Jugendhilfeplanung sollte in einem ämterübergreifenden Kontext verstanden werden, d.h. es bedarf der Zusammenarbeit aller Planer in einer Organisation. Durch das Spezialisten-Dasein ist eine Vernetzung hausintern zwingend erforderlich. Geschieht dies nicht sind – je nach Größe der Jugendhilfeplanung – Veränderungen nur schwer herbeizuführen.« (Online-Befragung, AB09_01, Case 783)

Zukünftig wird die Jugendhilfeplanung stärker zu einem Bestandteil der integrierten Sozialplanung und damit z.T. seine Eigenständigkeit verlieren. Es bleibt abzuwarten, wie sich dies auf die Praxis vor Ort auswirken wird. (Online-Befragung, AB09_01, Case 1578)

2.6.3 Zusammenfassende Kommentierung zu Kooperation und Abstimmung mit anderen Planungsbereichen

Insgesamt lässt sich an den Ergebnissen erkennen, dass die Kooperation mit Institutionen, Akteur:innen und Fachkräften anderer Systeme im Rahmen der Jugendhilfeplanung von den Befragten als bedeutsam eingeschätzt wird. Insbesondere in Bezug auf Handlungsfelder, in denen die system- und disziplinübergreifenden Bezüge gesetzlich vorgeschrieben oder fachlich notwendig sind (z. B. Frühe Hilfen, Schutzauftrag bei Kindeswohlgefährdung), und mit Schulen bzw. Schulverwaltung als wichtigsten Partnern für die befragten Jugendämter findet in der Planung Abstimmung statt. Die Differenz zwischen der eingeschätzten Wichtigkeit der potenziellen Kooperationspartner und der Intensität der Kooperation zeigt gleichzeitig Entwicklungsbedarf hinsichtlich der konkreten Gestaltung der Zusammenarbeit mit den unterschiedlichen Akteur:innen auf.

Weder für »integrierte Planung« noch für »Sozialplanung« liegen in Theorie und Praxis einheitliche Definitionen vor (vgl. Deutscher Verein 2020: 3). Vor diesem Hintergrund zeigen die Ergebnisse zu den ämter- und systemübergreifenden Planungsaktivitäten und

-themen zwar eine aktuelle Priorisierung in den Kommunen (Frühe Hilfen, Prävention und Schutzauftrag bei Kindeswohlgefährdung), können aber nur ein lückenhaftes Bild zur Jugendhilfeplanung als Teil kommunaler Sozial- und Bildungsplanung skizzieren. Die Umsetzung eines integrierten Planungsansatzes korreliert mit entsprechenden Strukturen und Aktivitäten (Planungsbeschlüssen und -aktivitäten, Kooperation, Daten aus anderen Bereichen), ist jedoch in der Mehrheit der Jugendämter nicht etabliert.

Dass die Umsetzung von Kooperation im Rahmen der Jugendhilfeplanung oder integrierter Planungsansätze in den Kommunen sehr heterogen gestaltet wird, zeigt der Vergleich der Jugendamtstypen. In Kreisjugendämtern scheint es mehr Hürden in der systemübergreifenden Planung zu geben.

Offen bleibt, wie ämterübergreifende Planungsprozesse konkret gestaltet werden und welche Rolle die Jugendhilfeplanung jeweils einnimmt bzw. einnehmen kann. Klar ist jedoch, dass auch an dieser Stelle eine begrenzte Personalressource in der Jugendhilfeplanung die Mitwirkung an übergreifender Planung – oder gar die Initiierung solcher – erschwert bzw. verhindert.

2.7 Aktuelle Themen und Herausforderungen

Jugendhilfeplanung ist kein in sich geschlossener Prozess, der sich lediglich mit dem System der Kinder- und Jugendhilfe befasst. Da es ihre Aufgabe ist, »dazu bei[zu]tragen, positive Lebensbedingungen für junge Menschen und ihre Familien sowie eine kinder- und familienfreundliche Umwelt zu erhalten oder zu schaffen« (§ 1 Abs. 3 Satz 4 SGB VIII), muss ihr Blick über die eigenen Systemgrenzen hinaus offen und für gesellschaftliche Entwicklungen aufmerksam sein, denn »es gibt keine gesellschaftspolitisch relevante Frage, die nicht auch die Jugendämter tangiert« (BAGLJÄ 2020: 138). Vor diesem Hintergrund zeigen die folgenden Ergebnisse, welche Bedeutung und Priorisierung verschiedene aktuelle Themen und Herausforderungen in der Planungspraxis der befragten Kommunen erhalten.

2.7.1 Wichtigkeit und Priorität der Themen in der Jugendhilfeplanung

Planung ist ein in die Zukunft gerichteter Vorgang, der kurz-, mittel- und langfristige Perspektiven und Ziele fokussiert. Und so umfasst auch die Jugendhilfeplanung – neben der quantitativen und qualitativen – eine zeitliche Dimension. Leistungen und Angebote der Kinder- und Jugendhilfe sollen rechtzeitig (§ 79 Abs. 2 Satz 1) bereitgestellt werden, die Bedarfe der Adressat:innen für einen mittelfristigen Zeitraum ermittelt und sogar unvorhergesehene Bedarfe befriedigt werden (§ 80 Abs. 1). Aus den benannten zeitlichen Perspektiven ergeben sich für die Planung zielorientierte Definitionsräume. So kann zwischen strategischen (langfristige Planung), die über einen Zeitraum von ca. fünf Jahren reichen, mittelfristigen/taktischen (zwischen einem bis fünf Jahre) und kurzfristigen/operativen (bis zu einem Jahr) Zielen differenziert werden (vgl. Burth 2016: o. S.).

Diese Unterscheidung verdeutlicht die Notwendigkeit für die Jugendhilfeplanung, die zukünftige Infrastruktur der Leistungen und Angebote für Kinder, Jugendliche und deren Familien proaktiv, innovativ und zielgerichtet zu gestalten. Dabei stellen insbesondere Themen, die langfristig/strategisch zu planen sind, die Jugendhilfeplanung vor Herausforderungen, da ihre Folgen und Wirkung häufig kaum einzuschätzen und absehbar sind und notwendige Maßnahmen sowie Entwicklungen nur auf Prognosen basieren können.

Im Rahmen der Onlinebefragung wurden den Teilnehmenden 16 Themen vorgelegt, die z. T. bereits in der 2010er Studie enthalten waren (vgl. Adam et al. 2010: 40 ff.). Eingeschätzt werden sollte erstens, für wie wichtig das jeweilige Thema im Rahmen der Jugendhilfeplanung vor Ort gehalten wird, und zweitens, mit welcher Priorität es aktuell tatsächlich bearbeitet wird.[13]

Genannt wurden u. a. Themen, die die Kinder- und Jugendhilfe im Besonderen bereits seit Jahren beschäftigen, wie bspw. der Schutzauftrag bei Kindeswohlgefährdung (§ 8a SGB VIII und § 4 KKG), Frühe Hilfen für Familien, Frühe Förderung und Bildung usw. Aber auch Themen, die explizit die Jugendhilfeplanung betreffen wie bspw. die Evaluation von Planungsprozessen, sozialräumliche Organisation und/oder Wirkungsorientierung sowie gesellschaftliche Querschnittsthemen, die in allen Bereichen des Zusammenlebens von Kindern, Jugendlichen und Familien derzeit und zukünftig relevant sind (z. B. Migration) wurden gelistet.

Aus der 2010er-Studie fehlen die Daten zur Einschätzung der Wichtigkeit zur Evaluation der Planung. Der Befragung neu hinzugefügt wurden die Themen Chancengerechtigkeit, Inklusion, Gendersensibilität/-gerechtigkeit und Digitalisierung.

In Abbildung 21 werden anhand der Mittelwerte die jeweilige Wichtigkeit und Priorität der einzelnen Themen im Vergleich der Befragungsergebnisse aus dem Jahre 2010 und 2020 dargestellt.

---

13 Skala: 1 = unwichtig/keine Priorität, 6 = sehr wichtig/sehr hohe Priorität. In der Studie von 2010 war die Zuordnung der Skalenwerte umgekehrt (z. B. 1 = sehr wichtig, 6 = unwichtig). Für die nachfolgende vergleichende Auswertung wurde das entsprechend angepasst.

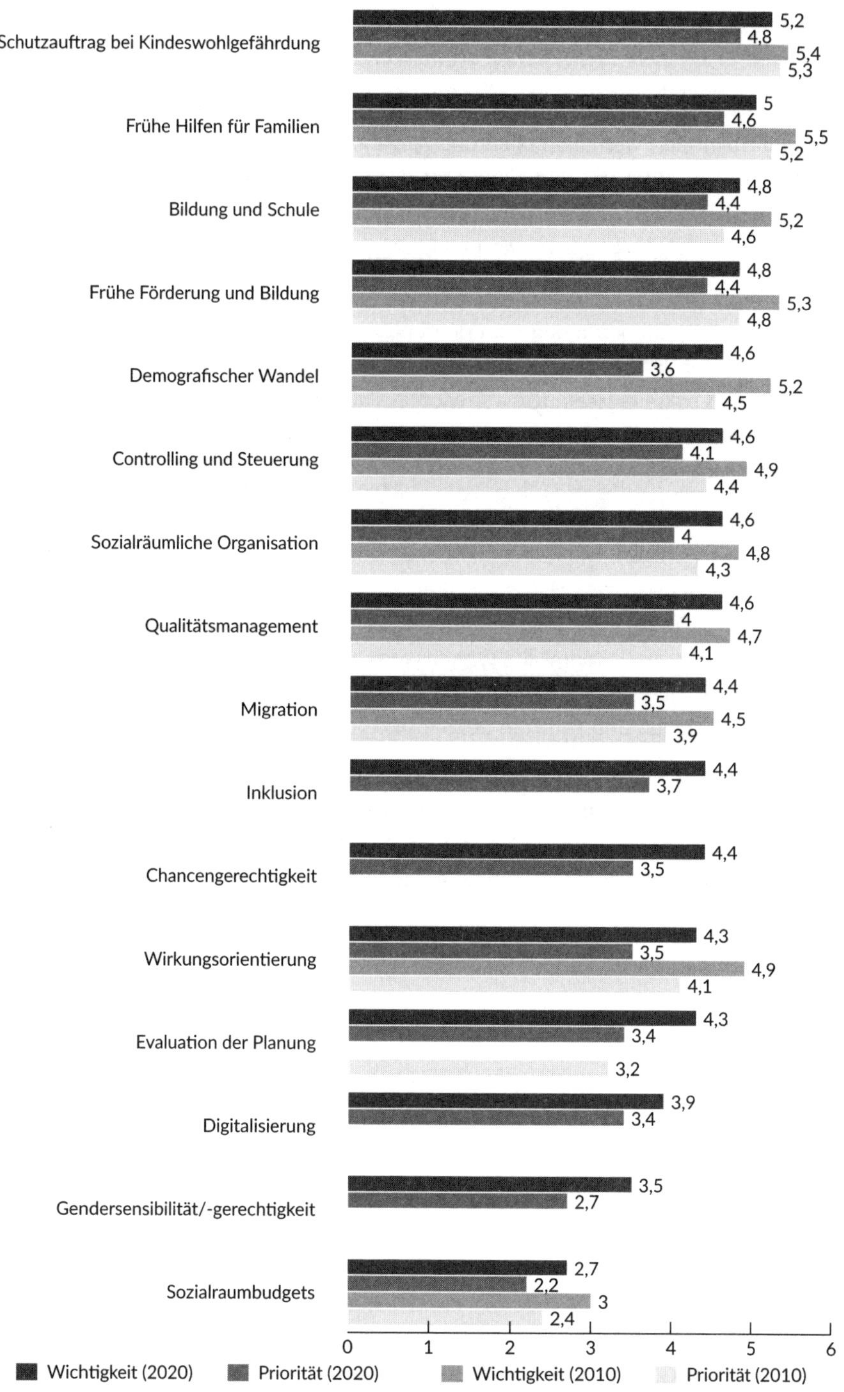

Abbildung 21: Vergleich von Wichtigkeit und Priorität (1 = unwichtig/keine Priorität, 6 = sehr wichtig/sehr hohe Priorität) der aktuellen Themen in 2020 und 2010 (Mittelwerte; n=208–234)

Zur Einordnung der Ergebnisse ist festzuhalten, dass die Befragten bei der Bewertung zwischen ihrer eigenen Einschätzung als Planungsfachkraft (bzw. Leitungskraft) und der wahrgenommenen Bewertung in der Kommune bzw. im Jugendamt abwägen mussten:

> »Für mich als Jugendhilfeplanerin wären andere Themen [...] wichtig. Doch ›vor Ort‹ bedeutet für mich was vom Amt forciert und umgesetzt wird.« (Online-Befragung, AA04_01, Case 1450)

In der übergreifenden Betrachtung der Bewertungen sind zwei wesentliche Aspekte festzustellen: Erstens werden alle aufgelisteten Themen in ihrer Bedeutung höher eingeschätzt als die Priorität ihrer aktuellen Bearbeitung. Zweitens ergibt sich im Vergleich zur 2010er-Studie ein sehr ähnliches Bild bzgl. der einzelnen Themen und des Verhältnisses derselben untereinander, wenngleich fast alle Themen im Jahr 2020 als etwas weniger wichtig bewertet werden.

Das Thema mit den höchsten Werten bei der Wichtigkeit und der Priorität ist der Schutzauftrag bei Kindeswohlgefährdung. Besondere Wichtigkeit und eine hohe Priorität werden außerdem den Themen »Frühe Förderung und Bildung« sowie »Frühe Hilfen für Familien« zugeschrieben.

Den deutlich geringsten Wert – sowohl bezogen auf die Einschätzung der Wichtigkeit als auch der Priorität – erreicht das Thema »Sozialraumbudgets«. Die Diskussion um diese sozialräumlich orientierte Finanzierungsform scheint für die Infrastrukturplanung und die bedarfsgerechte Bereitstellung von Leistungen und Angeboten der Kinder- und Jugendhilfe wenig relevant zu sein und hat sich seit 2010 nicht geändert. Bereits damals erreichte dieses Thema die geringsten Werte in der Einschätzung der Wichtigkeit (3,0) sowie Priorität (2,4).

Weitere Themen, deren Bedeutung im Rahmen der Jugendhilfeplanung im Vergleich zu anderen Themen geringer eingeschätzt werden, sind zudem »Gendersensibilität/-gerechtigkeit« und »Digitalisierung«.

Die größte Differenz in der Einschätzung von Wichtigkeit und Priorität in der aktuellen Studie zeigt sich beim »Demografischen Wandel«, ein Thema, das die öffentliche Diskussion rund um gesellschaftliches Zusammenleben und das Verhältnis zwischen immer weniger jungen und zunehmend älteren Menschen in Deutschland nachhaltig bestimmt. Im Vergleich zu 2010 ist zudem festzustellen, dass dem Thema in Planungsprozessen aktuell eine deutlich geringere Priorität eingeräumt wird und auch die Einschätzung der Wichtigkeit im Rahmen der Jugendhilfeplanung abgenommen hat.

Größere Differenzen im Abgleich zwischen Wichtigkeit und Priorität lassen sich anhand der aktuellen Ergebnisse außerdem bei den Themen »Chancengerechtigkeit«, »Evaluation von Planung« sowie »Migration« ablesen.

Als weitere Themen, die für die Jugendhilfeplanung als wichtig eingeschätzt werden, wurden u. a. genannt:

- Integrierte Planung/Sozialplanung

- Partizipation
- Kitabedarfsplanung/Vereinbarkeit von Familie und Beruf

Folgende Themen werden zusätzlich mit hoher Priorität bearbeitet:

- Präventionsstrategien und -strukturen
- Kitabedarfsplanung

Vergleich der Jugendamtstypen

Bis auf das Thema Digitalisierung werden alle Themen durch Jugendämter kreisfreier Städte etwas wichtiger eingeschätzt als durch die anderen Jugendamtstypen. Insgesamt ist jedoch festzustellen, dass die Mittelwerte sehr nah beieinanderliegen und somit kaum wesentliche Unterschiede zu benennen sind. Die größten Abstände in der Bewertung der Wichtigkeit zwischen den kreisfreien Städten und Kreisjugendämtern zeigen sich in den Themen sozialräumliche Organisation (5,2–4,5), Gendersensibilität/-gerechtigkeit (4,0–3,2) und Migration (4,9–4,0).

Auch in der Einschätzung der Befragten, mit welcher Priorität die jeweiligen Themen ausgeführt werden, liegen die kreisfreien Städte vorn – wenngleich die Unterschiede zwischen den Mittelwerten überwiegend gering ausfallen. Größere Unterschiede zwischen Landkreisen und kreisfreien Städten zeigen sich hier bei denselben Themen wie bei der Wichtigkeit: Migration (4,2–3,1), sozialräumliche Organisation (4,6–4,0) und Chancengerechtigkeit (4,3–3,0).

Bei allen Jugendamtstypen liegt das Thema Schutzauftrag bei Kindeswohlgefährdung sowohl bei Wichtigkeit als auch Priorität vorne – in kreisfreien Städten erreicht das Thema Frühe Hilfen jedoch den gleichen Mittelwert und wird somit als ebenso wichtig betrachtet und mit gleich hoher Priorität bearbeitet.

2.7.2 Diskussion ausgewählter aktueller Entwicklungsthemen

Im folgenden Abschnitt werden drei zentrale Entwicklungsthemen diskutiert, die in der Befragung von 2020 nicht explizit benannt und erhoben wurden, aber aktuelle Bedeutung haben: Die Auswirkungen der Corona-Pandemie (1), die finanzielle und personelle Ausstattung der Kommunen bzw. der Kinder- und Jugendhilfe (2) sowie der Klimawandel (3).

(1) Zum Zeitpunkt der Konzipierung der Online-Befragung und ihrer Durchführung im Sommer 2020 war nicht absehbar, welche Bedeutung und Auswirkung die Corona-Pandemie für die Gesellschaft und auch für die Studie haben würde. Und obwohl bereits ein Lockdown mit u. a. Kita- und Schulschließungen durchgeführt wurde, fand das Thema Corona (bzw. die Pandemie und ihre Folgen) keine weitere Erwähnung durch die Befrag-

ten in der Ergänzung sonstiger Themen, die als wichtig oder mit besonderer Priorität zu bearbeiten sind. In der Bewertung der Rahmenbedingungen lassen sich jedoch vereinzelt Hinweise darauf finden, dass Beteiligungsprojekte ins Stocken gerieten und sich die Pandemie zudem auf die finanzielle Lage der Kommunen auswirkte.

Nach zwei weiteren Corona-Jahren zeigt sich deutlich, dass die Folgen der Pandemie und der Umgang mit jungen Menschen in dieser Zeit Spuren hinterlassen haben, die die Kinder- und Jugendhilfe vor enorme Herausforderungen stellt:

> »Kinder und Jugendliche wiesen während der Schulschließungen zu 75 Prozent häufiger Depressionssymptome auf als vor der Pandemie. [...] auch bei jüngeren Kindern zeigen sich die Auswirkungen der Maßnahmen zur Eindämmung der Pandemie deutlich. Kinder im Alter vor der Einschulung weisen nach der Corona-KiTA-Studie teilweise erheblich gestiegene Förderbedarfe in den Bereichen Sprache, Motorik und sozial-emotionale Entwicklung auf.« (Bundesregierung 2023: 3 ff.)

(2) Neben den individuellen Belastungen, mit denen junge Menschen und Familien durch die Pandemie zu kämpfen hatten und haben, ist für die Jugendhilfeplanung zudem insbesondere die angespannte Finanzsituation hervorzuheben, die sich nun mit der Energiekrise als Folge des Ukraine-Krieges weiter verschärft hat. Schon 2019 diagnostizierte die Bertelsmann Stiftung im Kommunalen Finanzreport – obwohl hier noch von einer grundsätzlich guten wirtschaftlichen Lage ausgegangen wurde – das dramatische Auseinanderdriften von reichen und armen Kommunen und die damit verbundenen Auswirkungen auf die Haushalte (vgl. Bertelsmann Stiftung 2019). Im Jahr 2022 beschreiben die kommunalen Spitzenverbände die Situation vieler Kommunen ähnlich angespannt:

> »Die prognostizierte Entwicklung der Kommunalhaushalte wird in den kommenden Jahren zu einer dauerhaften nicht gedeckten Unterfinanzierung der kommunalen Ebene führen: Bereits im aktuellen Jahr ist mit einem massiven Einbruch des Finanzsaldos im Vergleich zum Vorjahr zu rechnen [...]. Die Sondereffekte im Jahr 2022 dürfen aber den Blick auf die strukturellen Probleme nicht verstellen, die sich an den durchgehenden Finanzierungs-defiziten und abnehmenden realen Investitionen in den Jahren 2023 bis 2025 zeigen. Die geringen Steigerungen der Einnahmen reichen nicht aus, um die dynamischen Ausgabenanstiege in praktisch allen Aufgabenbereichen zu decken. Notgedrungen werden die Interventionen eingeschränkt und entsprechen nicht ansatzweise dem Bedarf.« (Bundesvereinigung der kommunalen Spitzenverbände 2022: 4)

Diese Einschätzung ist insofern bedeutungsvoll, als dass die Ausgestaltung und Ausstattung der Jugendhilfeinfrastruktur maßgeblich durch die finanzielle Situation der Kommune beeinflusst wird. Dies spiegelt sich in einer äußerst heterogenen Umsetzung der Gesamt-/ und Planungsverantwortung wider:

> »Der auf unterschiedlichem Niveau erfolgte quantitative und qualitative Ausbau der Angebote und Leistungen der Jugendhilfe durch die [Jugendämter] und die erreichten fachlichen Standards belegen diese Entwicklung. Zunehmend ist eine

> Kollision zwischen den Ansprüchen nach diesem Gesetz und den Haushaltssicherungskonzepten von Kommunen festzustellen. Immer mehr Kommunen haben aufgrund von Haushaltsicherungskonzepten Schwierigkeiten, ihrer Gesamtverantwortung in der Jugendhilfe nachzukommen.« (Tammen 2022: 1028 f.)

Neben dem Thema der Finanzen bzw. Unterfinanzierung stehen die Kommunen vor der strukturellen Herausforderung, dem Fachkräftemangel – der sich in allen Bereich und somit auch in der Kinder- und Jugendhilfe verschärft – zu begegnen. Besonders hervorzuheben ist hier der Bereich der frühkindlichen Bildung, Betreuung und Erziehung. Das »Fachkräftebarometer Frühe Bildung 2021« diagnostiziert allein für den Westen der Bundesrepublik das Fehlen mindestens eines, schlimmstenfalls aber drei kompletter Jahrgänge, die aus der Ausbildung in das Arbeitsfeld münden (vgl. Autorengruppe Fachkräftebarometer 2021: 9). Bundesweit wird bis 2030 mit 230.000 fehlenden Fachkräften gerechnet (vgl. Deutscher Kitaverband 2022: 1). Die gleichzeitig stetig steigenden qualitativen Anforderungen sind vor diesem Hintergrund nicht umzusetzen. In einem durch das Zentrum für Kinder- und Jugendforschung koordiniertem Positionspapier warnten im September 2022 ca. 100 Wissenschaftler:innen sowie Verbände vor der Überlastung und einem drohenden Kollaps des Kita-Systems (vgl. ZfKJ 2022: o. S.). Auf ein gleichfalls dramatisches Szenario weist auch die Gewerkschaft Erziehung und Wissenschaft (GEW) bezüglich der aktuellen Situation im Schulsystem hin. Auch hier fehlen – insbesondere in den Grundschulen – Lehrkräfte. »Das System befindet sich in einem Teufelskreis aus Überlastung durch Fachkräftemangel und Fachkräftemangel durch Überlastung. Es droht ein Personalkollaps.« (GEW 2022: o. S.)

In diesem Kontext ist die Umsetzung des Rechtsanspruchs auf Ganztagsbetreuung in der Grundschule besonders zu beachten, der ab 2026 in Kraft treten soll. Bundesweit sind bis 2029/2030 stufenweise zusätzliche 600.000 Betreuungsplätze zu schaffen. Der Hauptgeschäftsführer des Deutschen Städtetags, Helmut Dedy, bewertet die aktuelle Situation wie folgt:

> »Wenn es nicht sehr rasch eine starke und erfolgreiche Ausbildungsoffensive der Länder für pädagogische Fachkräfte gibt, habe ich große Zweifel, dass der Rechtsanspruch im Jahr 2026 erfüllt werden kann. Denn zum einen haben wir schon heute einen Mangel an pädagogischen Fachkräften in den Kindertageseinrichtungen. Auch dort muss aber ein Rechtsanspruch umgesetzt werden. Wir rutschen in eine Konkurrenz um Fachkräfte zwischen Ganztagsangeboten für Schulkinder und Kindertageseinrichtungen.« (Deutscher Städtetag 2022: o. S.)

Auch für die Jugendhilfeplanung selbst ist das Thema Fachkräfte(-mangel) substanziell, da mit dem Inkrafttreten des KJHG die Anwendung eines Verfahrens zu Personalbemessung vorgegeben wird, um den Bedarf an Fachkräften zu erheben und diesen zu gewährleisten. Die Aufforderung, dass der Träger der öffentlichen Jugendhilfe für eine ausreichende Ausstattung der Jugendämter zu sorgen hat, ist hingegen nicht neu (vgl. § 79 Abs. 3 SGB VIII).

(3) Ein Thema, welches in den letzten Jahren besonders unter starkem Druck junger Menschen in den Mittelpunkt der öffentlichen Debatte gerückt wurde, ist der Klimawandel und dessen Folgen für die Umwelt. Auch die Kinder- und Jugendhilfe, insbesondere aber die Jugendhilfeplanung, wird sich künftig vermehrt mit dieser Problematik auseinanderzusetzen haben, da zum einen die erwarteten Folgen des Klimawandels die Gesellschaft bereits heute vor enorme Herausforderungen stellt. Zum anderen »ist die Kinder- und Jugendhilfe gefragt, selbst anwaltschaftlich und stellvertretend für die jungen Menschen bei Umweltthemen einzutreten. Dazu gehört auch, sich ressortübergreifend in Pläne und Maßnahmen, z. B. Bauvorhaben, Stadtentwicklungspläne, Klimakonzepte und Verkehrskonzepte einzumischen und die Perspektive der Kinder und Jugendlichen einzubringen. [...] Ihrer anwaltschaftlichen Rolle wird die Kinder- und Jugendhilfe gerecht, wenn sie sich für den Zugang von Kindern und Jugendlichen zur Beteiligung bei politischen Entscheidungen einsetzt und sie dort vertritt, wo sie keinen Zugang haben.« (AGJ 2020: 9f.)

Studien des Umweltbundesamt zeigen zudem auf, dass ökonomisch benachteiligte Menschen häufiger in einer stärker belasteten Umwelt leben, woraus sich soziale und auch gesundheitliche Folgen ergeben (vgl. Umwelt Bundesamt 2022: o. S.). Die Themen Klimawandel und Umweltschutz sind folglich zunehmend in Verbindung mit sozialen Aspekten und der Zielsetzung von sozialer Gerechtigkeit und Teilhabe zu betrachten, um dem rechtlich normierten Anspruch der Kinder- und Jugendhilfe, positive Lebensbedingungen und -räume für alle Kinder/junge Menschen und deren Familien, zu erhalten oder zu schaffen, nachzukommen.

2.7.3 Zusammenfassende Kommentierung zu aktuellen Themen und Herausforderungen

Zusammenfassend ist festzuhalten, dass Themen, für die es konkrete gesetzliche Rahmungen bzw. rechtliche Ansprüche gibt, tendenziell wichtiger bewertet und mit höherer Priorität bearbeitet werden als Querschnittsthemen der Kinder- und Jugendhilfe oder gesamtgesellschaftliche Herausforderungen, die auch andere Planungsbereiche betreffen. Themen wie bspw. »Migration«, »Demografischer Wandel« und »Chancengerechtigkeit« können nicht allein von der Jugendhilfeplanung, sondern müssen ressortübergreifend bearbeitet werden. In ihrer Vielschichtigkeit sind sie für die gesamte Kommune und somit für alle relevanten Planungsbereiche bedeutsam. Da zusätzlich »Integrierte Planung« bzw. »Sozialplanung« von einigen Befragten als weitere wichtige Themen benannt werden, ist davon auszugehen, dass in den Kommunen mitunter »über den Tellerrand der Jugendhilfe hinaus« gedacht und geplant wird.

Angesichts einer Fülle aktueller Themen und Herausforderungen stellt sich zudem die Frage, inwiefern Jugendhilfeplanung eine perspektivische (Weiter-)Entwicklung der Kinder- und Jugendhilfe bzw. deren Infrastruktur gestalten kann, ohne lediglich auf aktuelle Geschehnisse zu reagieren und somit in kurzfristigen Entscheidungen verhaftet zu bleiben. Gerade vor diesem Hintergrund erscheinen die relativ geringen Bewertungen von

Themen wie »Digitalisierung« und »Inklusion« für die Wichtigkeit der Jugendhilfeplanung besonders diskutabel. Es ist davon auszugehen, dass beide Themen in den nächsten Jahren eine große Bedeutung in der Planung erhalten werden (müssen): Inklusion als Anlass und Schwerpunktthema der SGB VIII-Reform und Digitalisierung als Querschnittsthema, das – zusätzlich verstärkt durch die Corona-Pandemie – sowohl die Lebenswelten junger Menschen als auch die professionelle Arbeit beeinflusst.

Bemerkenswert ist darüber hinaus die Nennung, bzw. Nicht-Nennung weiterer Themen, die für die Jugendhilfeplanung als wichtig eingeschätzt werden. So wurde sowohl das Thema »Fachkräfte/-mangel« als auch die »Betreuung von Schulkindern« jeweils lediglich einmal genannt. Vor dem Hintergrund des sich anbahnenden Rechtsanspruchs auf Ganztagsbetreuung in der Grundschule und der dargestellten Verknüpfung dieser beiden großen Herausforderungen kann der Eindruck entstehen, Jugendhilfeplanung verharre passiv, bzw. agiere so lange abwartend, bis rechtliche Grundlagen sie vor Tatsachen stellt.

Im Gegensatz zu den nicht erwähnten Themen wird die hohe Bedeutung – oder auch der dahinterstehende hohe Druck auf Kommunen – der Kitabedarfsplanung als Teilbereich der Kinder- und Jugendhilfe nochmal betont: In beiden Kategorien (Wichtigkeit und Priorität) wird diese als weiteres Thema mehrfach genannt.

2.8 Bewertung der Rahmenbedingungen, Berücksichtigung durch Politik und Bedeutung von Jugendhilfeplanung

Die Frage danach, wie die Rahmenbedingungen für die Jugendhilfeplanung vor Ort, die Berücksichtigung der eigenen Planungsergebnisse durch die kommunale Politik sowie die Bedeutung der Jugendhilfeplanung für die Gestaltung bzw. (Weiter-)Entwicklung der Kinder- und Jugendhilfe eingeschätzt werden, liefert zwangsläufig subjektive Antworten und Aussagen. Dennoch werden in der folgenden verdichtenden Analyse Hinweise auf förderliche und hinderliche Faktoren in der Alltagspraxis der Jugendhilfeplanung in Deutschland herausgearbeitet. Abschließend folgt ein zusammenfassender Vergleich nach Jugendamtstypen.

2.8.1 Bewertung der Rahmenbedingungen

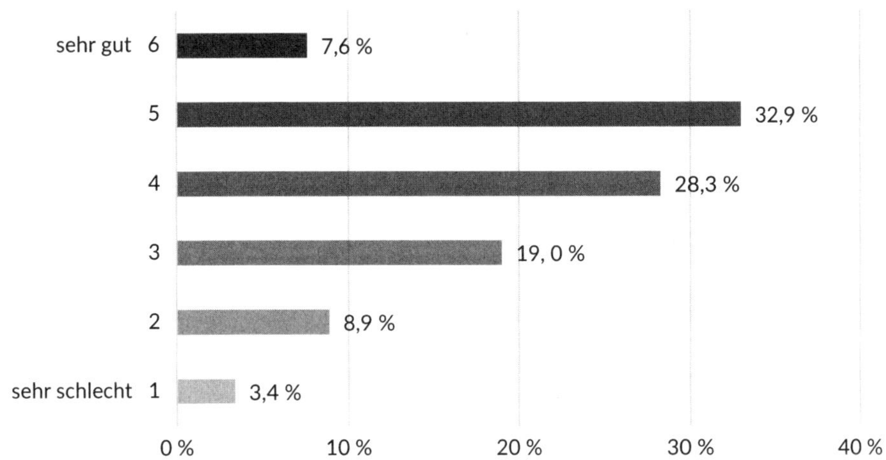

Abbildung 22: Wie bewerten Sie die Rahmenbedingungen für die Jugendhilfeplanung in Ihrer Kommune insgesamt? (n=237; Anteil der Jugendämter ohne fehlende Werte)

Die Rahmenbedingungen der Jugendhilfeplanung vor Ort erhalten eine überwiegend positive Bewertung (s. Abbildung 22). Zwei Drittel der Befragten sehen die Rahmenbedingungen eher im positiven Bereich, von rund 40 % werden sie sogar als gut bis sehr gut bewertet. Weniger als ein Drittel der befragten Personen haben eine eher kritische Haltung bzgl. der Einschätzung der Rahmenbedingungen, wobei nur für jedes achte Jugendamt die Rahmenbedingungen als schlecht oder sehr schlecht eingeschätzt werden. Insgesamt zeigt sich eine deutliche Parallele zur Studie von 2010 (vgl. Adam et al. 2010: 17f.). Die Verteilung der Antworten fällt überraschenderweise nahezu identisch aus – was allerdings nicht bedeutet, dass sich die Rahmenbedingungen seither nicht verändert haben.

Die Teilnehmenden hatten nach der Bewertung die Möglichkeit, ihre Einschätzung näher zu erläutern. Aus diesen rund 190 Kommentierungen wurden zentrale Kriterien herausgearbeitet, anhand derer die Rahmenbedingungen als förderlich oder hinderlich eingeschätzt werden. Diese werden zur Illustration jeweils mit beispielhaften Zitaten aus den Fragebögen unterlegt.

Personal- und Sachausstattung

> »Stellenumfang ist ausreichend (Reduzierung auf 0,75 [Vollzeitäquivalent] erfolgt auf eigenen Wunsch, wurde durch Zuarbeit anderer gelöst), finanzielle Ausstattung ist ausreichend, sächliche Ausstattung (Verfügbarkeit von Dienstwagen, Material) ist ausreichend, Vergütung nicht!« (Online-Befragung, AB06_01, Case 1472)

> »Für die Planungsthemen, welche teilweise auch von anderen, zuständigen Fachabteilungen geleistet werden (z.B. in Bezug auf Hilfen zur Erziehung oder KiTa-Pla-

nung) stehen ausreichend Personalkapazitäten zur Verfügung.« (Online-Befragung, AB06_01, Case 984)

»Die Jugendhilfeplanung im Landkreis konnte sich deutlich weiterentwickeln, nachdem die Arbeitsplatzbeschreibung vor 3 Jahren von einigen Aufgaben des Controllings und der Leistungs- und Entgeltverhandlung befreit wurde und dafür eine zusätzliche Stelle geschaffen wurde. Die Qualität der Evaluation, Bedarfserhebung und Beteiligung konnte seitdem gesteigert werden.« (Online-Befragung, AB06_01, Case 777)

»Für einen Landkreis unserer Größe haben wir viel zu wenig Planungskapazitäten, sodass wir uns hauptsächlich mit Berichterstattung beschäftigen und viel zu wenig Zeit für eigentliche Planungsthemen haben.« (Online-Befragung, AB06_01, Case 1299)

»Für die Planung sollte weitaus mehr Zeit zur Verfügung stehen, Jugendhilfeplanung [ist] mit zu vielen Zusatzaufgaben beschäftigt, sodass eine Beteiligung auch bei neuen Angeboten durch den Zieladressatenkreis kaum erfolgt.« (Online-Befragung, AB06_01, Case 783)

»Bei der Vielzahl der zu bearbeitenden Themen völlige Überlastung einer einzelnen zuständigen Person.« (Online-Befragung, AB06_01, Case 1666)

»Aufgrund der schlechten personellen Ausstattung ist eine Planung nur sehr eingeschränkt – vor allem auf Kindertagesbetreuung und Kindertagespflege bezogen – möglich.« (Online-Befragung, AB06_01, Case 1090)

Diese – aus insgesamt rund 100 – ausgewählten Kommentierungen zur Personalsituation verdeutlichen, dass eine angemessene Personalausstattung in der Jugendhilfeplanung einen zentralen Faktor in der Einschätzung der Rahmenbedingungen darstellt. Dazu gehört auch, dass die Übernahme anderer Aufgaben neben der Jugendhilfeplanung in den Kommentaren ausschließlich negativ konnotiert wird (s. Kapitel 2.2.1).

Aber auch die Vorhaltung notwendiger Sachmittel bzw. deren Fehlen beeinflussen die Einschätzung der Rahmenbedingungen. Als Bedarfe werden u. a. die technische Ausstattung bzw. Tools zur Datenauswertung, externe Begleitung und Mittel für Beteiligungsprojekte genannt:

»Mangelnde technische Ausstattung zur effizienten Bearbeitung von Anfragen und Planungen für geodatenbasierte Darstellungen (Kartentools etc.).« (Online-Befragung, AB06_01, Case 1666)

»Für die laufende Arbeit und die Unterstützung der Amtsleitung und der politischen Führung sind die Arbeitsbedingungen in Ordnung. Für eine tatsächlich integrierte umfassende Planung müsste sowohl die Datenerhebung verbessert/vereinfacht als auch ggf. Personalressourcen oder eine externe Begleitung eingesetzt werden.« (Online-Befragung, AB06_01, Case 765)

> »Mehr finanzielle Mittel (Budget für Jugendhilfeplanung) wären hilfreich, insbesondere um größere Planungsvorhaben mit umfangreich erforderlicher Expertise (z.B. Spielflächenplanung) an externe Planungsbüros vergeben zu können.« (Online-Befragung, AB06_01, Case 1512)

> »Es fehlt ein festes (und planbares) Budget, z. B. für wissenschaftliche Untersuchungen, Beteiligungsprojekte usw.« (Online-Befragung, AB06_01, Case 794)

Die quantitative Datenanalyse zeigt zudem, dass die Jugendämter, die angaben, über kein Jugendhilfeplanungs-Budget zu verfügen, auch die Rahmenbedingungen für Jugendhilfeplanung signifikant schlechter bewerten als jene, die auf ein Budget zurückgreifen können (s. Kapitel 2.2.4).

Verwaltungsinterne Anbindung der Jugendhilfeplanung

> »Die Jugendhilfeplanung ist direkt bei der Fachgebietsleitung angesiedelt. Sie ist Teil unterschiedlicher Gremien, die einen hilfreichen Überblick der unterschiedlichen Maßnahmen und Vorhaben unterschiedlicher Abteilungen erlaubt. Sie arbeitet selbstständig und ist dennoch im regelmäßigen Austausch mit unterschiedlichen Akteuren.« (Online-Befragung, AB06_01, Case 859)

> »Die Verortung der JHP in der Leitungsebene (wir verstehen uns als Team) eröffnet viele Möglichkeiten. Mit mehr Personal könnte noch mehr Steuerung in der Entwicklung von Angeboten möglich sein.« (Online-Befragung, AB06_01, Case 1467)

> »Durch die Zuordnung als Stabsstelle der Leitung hat die JHP Einblick in alle relevanten Bereiche und wird auch aktiv an allen Prozessen beteiligt.« (Online-Befragung, AB06_01, Case 825)

> »Gute Zusammenarbeit und Einbindung in die verschiedenen Bereiche/Fachbereiche des Jugendamts. Unterstützung durch Amtsleitung und weitere Leitungskräfte.« (Online-Befragung, AB06_01, Case 1021)

> »Grundsätzlich stellen sich die Rahmenbedingungen (Stabsstelle Abteilungsleitung, Mitglied des Leitungsteams, eigenes Budget, ...) positiv dar.« (Online-Befragung, AB06_01, Case 1446)

Als weiteres Einschätzungskriterium für die Rahmenbedingungen von Jugendhilfeplanung wird die verwaltungsinterne Zuordnung thematisiert. Während es bei den negativen Bewertungen hierzu keine konkreten Erläuterungen gab, lässt sich aus den exemplarischen positiven Zitaten erkennen, dass eine gelingende Anbindung an die Führungsebene im Jugendamt bzw. in der Verwaltung sehr geschätzt wird und förderlich dafür ist, in wesentliche Entscheidungs- und Entwicklungsprozesse eingebunden zu sein. Ausschließlich positiv erwähnt wird die Verortung der Jugendhilfeplanung als Stabsstelle bei der Jugendamtsleitung (s. Kapitel 2.2.1).

Kooperationsstrukturen innerhalb der Verwaltung und mit freien Trägern

»Flache Hierarchien, vertrauensvolle Zusammenarbeit, ämterübergreifende Zusammenarbeit, gewachsene Netzwerkstrukturen, Freiheiten in der Gestaltung und Umsetzung von Projekten, gute Kooperationen innerhalb und außerhalb der Verwaltung.« (Online-Befragung, AB06_01, Case 1150)

»Die Zusammenfassung mit anderen Planern in einer Abteilung (Bildungsnetz, Jugendarbeit, Jugendbeteiligung, Familienbildung, Qualitätsentwicklung, ...) ist sehr von Vorteil, um gemeinsam zu planen und die Prozesse aufeinander abzustimmen.« (Online-Befragung, AB06_01, Case 1667)

»Gute Datenbasis, gute interne Kommunikationsstruktur (z. B. bereichsübergreifende AG Jugendhilfeplanung), strukturierte Form der Zusammenarbeit mit anderen Fachbereichen (z. B. Sozialplanung, Schulplanung, Stadtplanung)« (Online-Befragung, AB06_01, Case 917)

»Bewährt hat sich bei unserer Größenordnung, dass die JHP integraler Bestandteil der Aufgabenbereiche und der Stelleninhaber in Leitung und Koordination ist. Die Kooperation ist in regelmäßiger interner Gremienarbeit sichergestellt.« (Online-Befragung, AB06_01, Case 846)

»Wir arbeiten sehr vernetzt in Gremien wie der AGs nach § 78 (Anzahl 6), Fachausschüssen (Anzahl 3) und dem Jugendhilfeausschuss. In allen Gremien wird mit den verschiedenen Akteuren (freie Träger, eine weitere Gebietskörperschaft, der Politik) Jugendhilfeplanung betrieben.« (Online-Befragung, AB06_01, Case 1488)

»Die Absicht der Leitung ist vorhanden, die Jugendhilfeplanung als vorbereitendes und unterstützendes Entscheidungs- und Steuerungsinstrument zu etablieren. Jedoch werden interne wie externe Kooperationspartner benötigt, die sich daran beteiligen. Dieser Kooperationsaufbau hat in der Vergangenheit kaum stattgefunden, sodass diese sich erst etablieren und Wege der Kommunikation und Kooperation geschaffen werden müssen.« (Online-Befragung, AB06_01, Case 1486)

»Für eine professionalisierte Jugendhilfeplanung bräuchte es im Jugendamt ein besseres Verständnis für die Funktion der Jugendhilfeplanung/Rolle der Jugendhilfeplanungsfachkraft, ein der Stelle zu Grunde liegendes Konzept und die aktive Mitwirkung des Jugendhilfeausschusses, damit die Fachkraft in Kooperation die Jugendhilfeplanung durchführen kann. Die Fachkraft wird oft als diejenige Person gesehen, die allein plant, wobei der Gesichtspunkt fehlt, dass sie die Koordination der Planung gemeinsam mit anderen Partnern übernimmt und die Jugendhilfeplanung in Kooperation stattfinden sollte.« (Online-Befragung, AB06_01, Case 792)

»Es fehlt noch an einer hinreichenden und kontinuierlichen Vernetzung planerischer Tätigkeiten, an regelmäßigem, umfassendem Austausch von Ideen und Vorhaben, Projekten und Erhebungen. Die Dinge stehen oft unverbunden nebeneinander. Gegenseitige Information und Inanspruchnahme, Transparenz und Kooperation sind noch (lange) nicht Teil der ›Unternehmenskultur‹.« (Online-Befragung, AB06_01, Case 1373)

Die Kommentierenden begründen ihre positive Einschätzung der Rahmenbedingungen weiterhin mit gelingenden Kooperationsstrukturen, die innerhalb des Jugendamtes, zu anderen Ämtern und Trägern der freien Kinder- und Jugendhilfe bestehen. Mehrfach hervorgehoben wird dabei eine ämterübergreifende Vernetzung von Planungsaktivitäten. Auf der anderen Seite wird kritisch angemerkt, wenn Kooperationspartner im Rahmen der Planung nicht beteiligt werden, die Planungsfachkraft allein arbeitet und planerische Aktivitäten nicht vernetzt werden. Die Abstimmung und Zusammenarbeit mit anderen Planungsfachkräften, wie u. a. im hier dargestellten zweiten Zitat benannt, wird offensichtlich als unterstützende Rahmenbedingung wahrgenommen (s. hierzu auch Kapitel 2.2.3).

Wertschätzung durch Verwaltung und Politik sowie Wirksamkeitserfahrung

»Jugendhilfeplanung erfährt innerhalb der Verwaltung und auch in der Politik eine hohe Wertschätzung. Neben der Stelle der Jugendhilfeplanung sind weitere Fachkräfte mit jugendhilfeplanerischen Tätigkeiten befasst (Fachplanung Kita, Frühe Hilfen, Familienzentren, Schule/OGS, EGH-Minderjährige) [...].« (Online-Befragung, AB06_01, Case 854)

»Die Jugendhilfeplanung in unserer Kommune ist im Vergleich zu anderen Kommunen gut ausgestattet und genießt intern und extern Wertschätzung für ihre Arbeit. Sie ist als Stabsstelle direkt der Fachbereichsleitung unterstellt und wird in allen internen und externen Entwicklungsprozessen im Rahmen der Jugendhilfe mit einbezogen.« (Online-Befragung, AB06_01, Case 1672)

»Gute Einbindung der Planung und ihrer Ergebnisse. Jugendhilfeplanung wird auch von den politischen Gremien ernst genommen und ihre Ergebnisse bilden [die] Grundlage für politische Entscheidungen.« (Online-Befragung, AB06_01, Case 876)

»[...] ich habe das Gefühl, dass sich schon viel bewegt hat, seit ich hier bin (ca. drei Jahre).« (Online-Befragung, AB06_01, Case 799)

»Teilbeschlüsse zur Planung und die Verbindlichkeit wird leider auch von intern unterschätzt, sodass eine Meinungsbildung im öffentlichen Raum nicht erfolgen kann.« (Online-Befragung, AB06_01, Case 1415)

»Die Jugendhilfeplanung ist, trotz immer wiederkehrender, fachbereichsübergreifender Informationen seitens der Fachkraft, nicht ›spürbar‹ präsent. Sie wird selten mitgedacht und wenn, dann auf Anfragen/Anregung seitens der Fachkraft. Es scheint immer noch nicht klar zu sein, was ihre Aufgaben sind – oder man möchte sich nicht wirklich damit beschäftigen? Aufgrund fehlender Akzeptanz und Wertigkeit der Jugendhilfeplanung innerhalb der Verwaltung wird die Schaffung der Datengrundlage erschwert.« (Online-Befragung, AB06_01, Case 832)

»Jugendhilfeplanung fungiert als Alibifunktion und Legitimation bei Förderanträgen. Es gibt keine Priorität für wirkliche Veränderung. Eklatante Ergebnisse werden unter den Teppich gekehrt.« (Online-Befragung, AB06_01, Case 993)

»Die Jugendhilfeplanung wurde während der letzten 10 Jahre nicht ernsthaft [und] sinnvoll durchgeführt. Es ist zu vermuten, dass deren Sinn nicht verstanden wurde oder nicht gewollt war seitens der Verwaltung. Der Jugendhilfeausschuss war sich wohl auch nicht seiner Aufgabe bewusst, hierauf Einfluss nehmen zu können oder zu wollen. Es gibt keine Unterausschüsse, die der Jugendhilfeplanung Impulse setzen würden. Erst jetzt durch eine neue Jugendamtsleitung bekommt diese Position nach und nach ein Gewicht bzw. wurde auch erst erstmalig dauerhaft als Stabsstelle implementiert.« (Online-Befragung, AB06_01, Case 760)

Neben den harten Fakten, wie Personal- und Sachausstattung, spielt auch die Anerkennung ihrer Planungstätigkeit eine Rolle für die befragten Fachkräfte. Die Kommentierenden bewerten als besonders positiv, wenn sie eng in verwaltungsbezogene oder politische Entscheidungsprozesse eingebunden sind und auf ihre Ergebnisse zurückgegriffen wird. Werden die Steuerungsaufgaben durch Verwaltung oder Politik nicht wahrgenommen, erhält die Jugendhilfeplanung in ihrer Funktion kein Gewicht oder werden Ergebnisse nicht weiter genutzt, steht dies in Zusammenhang mit einer negativen Bewertung der Rahmenbedingungen.

Die Analyse aller Kommentare bestätigt und vertieft die quantitativ ermittelten Zusammenhänge zwischen den einzelnen Rahmenbedingungen und ihrer übergreifenden Bewertung durch die Befragten (s. Kapitel 2.2 und 2.3). Die Rahmenbedingungen der Jugendhilfeplanung vor Ort werden hiernach durchschnittlich jeweils höher bewertet, wenn

- mehr Wochenstunden für die Jugendhilfeplanung zur Verfügung stehen,
- keine weiteren Aufgaben durch die Planungsfachkraft übernommen werden,
- die Planungsfachkraft bzw. -fachkräfte in Stabsfunktion bei der Jugendamtsleitung angebunden ist bzw. sind,
- ein Budget für die Jugendhilfeplanung zur Verfügung steht,
- externe Beratung aktuell oder in der Vergangenheit in Anspruch genommen wird bzw. wurde und
- im jeweiligen Jugendamt ein Grundsatzbeschluss und/oder eine Konzeption zur Planung vorliegt.

2.8.2 Berücksichtigung durch kommunale Politik

Jugendhilfeplanung als Politikberatung, die sich um die Entwicklung strategischer Lösungen und Zukunftskonzepte bemüht, ist auch daran zu messen, inwiefern sie Einfluss auf kommunale Entscheidungen nehmen kann und welchen Stellenwert die Planungsergebnisse hierbei haben. Die Befragten wurden daher gebeten, eine Einschätzung dazu abzugeben, inwieweit Planungsergebnisse durch die Politik berücksichtigt werden (s. Abbildung 23).

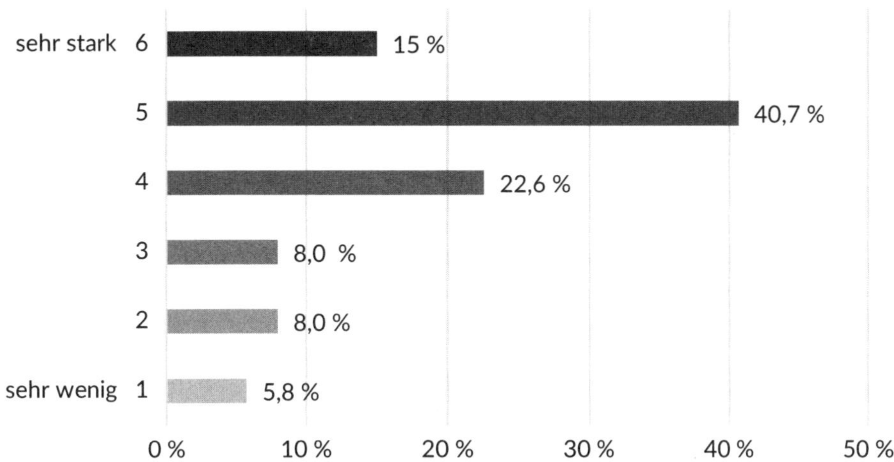

Abbildung 23: Wie stark werden die Ergebnisse Ihrer Planung bei Entscheidungen durch die kommunale Politik berücksichtigt? (n=226; Anteil der Jugendämter ohne fehlende Werte)

Auch hier ergibt sich ein überwiegend positives Bild. Deutlich über die Hälfte der Befragten (55,7 %) sehen den Einfluss der Jugendhilfeplanung auf kommunale Entscheidungen als stark bis sehr stark an. Rund vier von fünf der Befragten verorten sich im positiven Bereich der Skala. Auf der anderen Seite geben 13,8 % der Teilnehmenden an, dass Planungsergebnisse im Rahmen kommunaler Politikentscheidungen wenig bis sehr wenig berücksichtigt werden.

Auch hier ermöglichen die rund 170 Erläuterungen und Kommentierungen der an der Befragung Beteiligten eine Identifizierung von Faktoren, die eine solche Berücksichtigung von Ergebnissen der Jugendhilfeplanung im kommunalen Entscheidungsprozess befördern oder behindern.

Interesse und Planungsbewusstsein in Verwaltung und Politik

> »Über Planungsergebnisse wird regelmäßig im Jugendhilfeausschuss berichtet. Bei der jährlichen KiTa-Planung erfolgt sogar eine Einladung zur Vorstellung der Planung in einzelnen KiTa-Ausschüssen der Mitgliedskommunen. Der Jugendhilfeausschuss zeigt sich immer sehr interessiert an einer soliden Datenlage und fachlichen Einschätzung als Grundlage für die politische Diskussion der Politik.« (Online-Befragung, AB08_01, Case 913)

> »Über den Jugendhilfeausschuss ist die Politik eng an Planungszielstellung, -methodik, und -umsetzung angebunden.« (Online-Befragung, AB08_01, Case 1115)

»Wenn ein Planungsthema im politischen Raum angekommen ist, wird in der Regel den Vorschlägen gefolgt.« (Online-Befragung, AB08_01, Case 816)

»Gerade mit Blick auf monetäre Festlegungen und Maßnahmenplanungen für Angebote und Projekte ist die Jugendhilfeplanung wichtig. Die inhaltliche Begleitung und Ausgestaltung obliegt dem Fachamt und dessen Engagement. Eigeninitiative Vorstöße, Nachfragen oder Anregungen seitens politischer Vertreter oder Kommunen/Bürgermeistern gibt es kaum.« (Online-Befragung, AB08_01, Case 829)

»Wie bei der Frage zuvor schon beschrieben, hat der Jugendhilfeausschuss keine Erwartungen und sieht sich auch nicht als gestaltendes Element an. Beschlüsse werden von Seiten der Verwaltung vorgefertigt, jedoch wäre meines Erachtens ein Dialog und Austausch nötig, um gute Entscheidungen treffen zu können.« (Online-Befragung, AB08_01, Case 1508)

»Die Jugendhilfeplanung ist noch nicht im Bewusstsein des Jugendamtes als Verwaltung und noch weniger im Bewusstsein der kommunalen Politik angelangt. Der Jugendhilfeausschuss befasst sich in der Regel nur mit Themen aus dem Bereich der Kindertageseinrichtungen. Andere Themenbereiche werden nur rudimentär oder gar nicht behandelt. Eingaben werden ständig verschoben.« (Online-Befragung, AB08_01, Case 816)

Die Befragten verdeutlichen in ihren Kommentaren, wie bedeutsam die Entwicklung einer planungsfreundlichen Haltung sowohl in der Verwaltung als auch in der Politik ist. Auf beiden Ebenen braucht es ein entsprechendes Bewusstsein, dass es im Bereich der Kinder- und Jugendhilfe nicht nur um die Lösung jeweils aktueller Fragen und Probleme geht, sondern dass vorausschauende Planung eine notwendige und hilfreiche Möglichkeit ist, entstehende Probleme rechtzeitig zu antizipieren und Lösungsstrategien prospektiv zu entwickeln.

Deutlich wird in einigen Kommentaren aber auch, dass das Interesse der Politik themenabhängig ist. Welches Planungsthema Aufmerksamkeit erhält, hängt von unterschiedlichen Faktoren ab, die nicht unbedingt von der Jugendhilfeplanung selbst zu beeinflussen sind (z. B. Aktualität in der öffentlichen Wahrnehmung, Parteipolitik, Fördergelder). Auch zwischen freiwilligen Leistungen und Pflichtaufgaben der Kinder- und Jugendhilfe werden Unterschiede im politischen Interesse wahrgenommen. Diese Wahrnehmung der Befragten bestätigt gleichzeitig einen bedeutsamen Auftrag der Jugendhilfeplanung: Planungsthemen proaktiv in den Jugendhilfeausschuss einzubringen und mit fachlichen Impulsen zur politischen Willensbildung beizutragen.

Bedeutung der Planungsergebnisse im Zusammenspiel mit anderen Faktoren

»Eine gute Jugendhilfeplanung und die fundierte Aufbereitung der Ergebnisse sind eine sehr wichtige Grundlage (Argumentationsgrundlage) im Rahmen von Entscheidungen innerhalb der Kommunalpolitik. Entscheidungen werden aber auch unter Berücksichtigung weiterer Faktoren getroffen.« (Online-Befragung, AB08_01, Case 1578)

»(Kommunal)Politische Entscheidungen und politisches Handeln werden immer auch von Emotionen und Traditionen beeinflusst. Die Erfahrung hat gezeigt – und deshalb die relativ hohe Einschätzung – dass Ergebnisse der Jugendhilfeplanung durch die kommunale Politik immer dann berücksichtigt werden, wenn Sachargumente gefragt sind.« (Online-Befragung, AB08_01, Case 1569)

»Die Politik betrachtet die Ergebnisse der Fachplanung, setzt allerdings teilweise politisch andere, von der Fachlichkeit abweichende Schwerpunkte.« (Online-Befragung, AB08_01, Case 892)

»Es wird mehr auf statistische Zahlen geachtet als auf eine fachliche Einschätzung. Viele Entscheidungen laufen hierarchisch oberhalb des Jugendamtes ab (zwischen Landrat und Bürgermeister_innen) und werden dann als Auftrag an das Jugendamt gegeben.« (Online-Befragung, AB08_01, Case 1041)

»Wenn konkrete Planungsaufträge aus der Politik erfolgen, werden diese meist berücksichtigt; jedoch erfolgen konkrete Planungsaufträge aus der Politik selten. Häufiger hingegen erfolgen Aufträge zur Berichterstattung, denen allenfalls Handlungsvorschläge und -empfehlungen angefügt werden können.« (Online-Befragung, AB08_01, Case 1472)

»Es kommt auf das Themenfeld an und WER für WAS bezahlen müsste. Ich hatte auch schon Planungen, in denen ich gewisse Ergebnisse nicht darstellen durfte, da sie ›zu negativ‹ seien und die Presse anwesend [war]. Geht es um Planungen, die nicht viel kosten und sich mit der Presse gut darstellen lassen, werden die Planungen natürlich eher berücksichtigt.« (Online-Befragung, AB08_01, Case 1450)

»Politische Entscheidungen werden nicht aufgrund der vorliegenden Planungsergebnisse gefällt. Grundlage von Entscheidungen sind andere: Gerichtsurteile, Beschwerden, politische Präferenzen, …« (Online-Befragung, AB08_01, Case 1471)

Ein weiteres Bewertungskriterium zur Berücksichtigung durch die Politik ist die Gewichtung der Planungsergebnisse in Abwägung mit anderen Faktoren, die sich in Entscheidungsprozessen zeigt. Während viele der positiven Kommentare betonen, dass Planungsergebnisse in den politischen Entscheidungsprozessen berücksichtigt werden, gibt es bei negativen Bewertungen auch Hinweise darauf, dass in der Diskussion andere Faktoren mehr Gewicht erhalten bzw. die Planungsergebnisse sogar ignoriert werden. In Ergänzung des vorherigen Abschnitts lässt sich resümieren, dass sich die Jugendhilfeplanung regelmäßig in komplexen politischen Entscheidungsprozessen bewegt und sich positionieren muss.

Diskussion und Umsetzung von Handlungsempfehlungen der Jugendhilfeplanung

> »Empfehlungen aus den abgeschlossenen Fachplanungen werden weitestgehend bis vollständig von der kommunalen Politik übernommen.« (Online-Befragung, AB08_01, Case 951)

> »Gut fundierte Planungen & Daten werden bei uns ernst genommen und führen dazu, dass die Kommunalpolitik sich ernsthaft auseinandersetzt und Lücken schließt.« (Online-Befragung, AB08_01, Case 1112)

> »Planungsberichte werden durch die Politik sehr häufig einstimmig beschlossen und sind dann für das Verwaltungshandeln bindend.« (Online-Befragung, AB08_01, Case 1457)

> »Die Handlungsempfehlungen werden beschlossen, jedoch fehlen die Konsequenzen seitens der Politik, Arbeitsaufträge oder damit einhergehende neue Beschlüsse daraus resultieren zu lassen.« (Online-Befragung, AB08_01, Case 1325)

> »Wenn dann konkrete Handlungsaufträge oder Maßnahmen/Empfehlungen da sind, dann fehlt oftmals die Übersetzung in die einzelnen Gemeinden, die die Situation vor Ort gestalten. In der Regel sieht sich dann keiner mehr zuständig und diese Empfehlungen verlaufen im Sande, da es ›dringendere/wichtigere‹ Themen gibt.« (Online-Befragung, AB08_01, Case 1508)

> »Die Ergebnisse führten zu eindeutigen Bedarfsformulierungen. Für die Umsetzung würden jedoch finanzielle und personelle Ressourcen benötigt, die dann letztendlich vor allem für die Bereiche nicht zur Verfügung stehen, bzw. keine Priorität haben.« (Online-Befragung, AB08_01, Case 993)

Die Befragten machen ihre Bewertung und den Einfluss der Jugendhilfeplanung auf die politischen Entscheidungen auch davon abhängig, inwieweit in der Planung entwickelte Maßnahmen oder Handlungsempfehlungen in der Politik diskutiert, operationalisiert und eine tatsächliche Umsetzung angestoßen wird. Auch hier zeigen sich große Unterschiede in der Planungspraxis und ihrer Bewertung.

Zusammenarbeit und Informationsfluss im Planungsprozess

> »Durch die Einbindung und aktive Beteiligung von Kreistagsmitgliedern/Bürgermeistern (unterschiedlicher Fraktionen) und Vertretenden von Wohlfahrtsverbänden sowohl in die Steuerungsgruppe der Jugendhilfeplanung als auch in alle Facharbeitsgruppen der unterschiedlichen Planungsprozesse besteht eine hohe Akzeptanz und Wahrnehmung der Planungsergebnisse.« (Online-Befragung, AB08_01, Case 1395)

> »Die kommunale Politik wird sehr früh in die Planungsprozesse eingebunden. Mit dem dadurch entstehenden Dialog werden Ziele und Maßnahmen aufeinander abgestimmt und [das] erhöht die Akzeptanz auf kommunalpolitischer Ebene.« (Online-Befragung, AB08_01, Case 879)

»In der Regel werden die Ergebnisse der Planungen berücksichtigt, aber es erfordert langfristige Planungen mit regelmäßiger Berichterstattung und Einbindung der politischen Ebene in Planungsprozesse z.B. durch Planungsbegleitgruppen, in der politische Vertretungen aus dem JHA vertreten sind. Sehr arbeitsaufwendig!« (Online-Befragung, AB08_01, Case 1132)

»Die Ergebnisse der Jugendhilfeplanung (JHP) basieren auf Prozessen und Verfahren, die eine umfassende Sicht auf die beplanten Themen geben und dadurch von [der] Politik selten infrage gestellt werden. Die JHP verwendet häufig Befragungen von Akteuren und beteiligten Personenkreisen der zu planenden Themen und Bereiche, die als weiterer Beleg der vorgestellten Ergebnisse von der Politik bisher stets anerkannt wurden.« (Online-Befragung, AB08_01, Case 1287)

»Ergebnisse der Jugendhilfeplanung werden über Abteilungsleitung und Fachbereichsleitung oder durch Jugendhilfeplaner regelmäßig im Jugendhilfeausschuss präsentiert und fließen in die Entscheidungsfindung ein.« (Online-Befragung, AB08_01, Case 1183)

»Durch [eine] fachlich fundierte Darstellung der Ausgangslage und eine klare Empfehlung/Haltung der Jugendamtsleitung werden Vorschläge und Empfehlungen konstruktiv in der Kommunalpolitik diskutiert und berücksichtigt.« (Online-Befragung, AB08_01, Case 1481)

»Auf kommunaler Ebene/Städte und Gemeinden erfolgt eine regelmäßige Information über die Entwicklungen im Jugendhilfe-, demografischen und sozialstrukturellen Bereich. Dort liegt es im Ermessen der Gremien und Verwaltungen Empfehlungen aufzugreifen bzw. in Fachdiskussionen einzubringen.« (Online-Befragung, AB08_01, Case 1600)

In den Kommentaren werden mehrere Faktoren benannt, die dazu beitragen, dass Planungsergebnisse und Handlungsempfehlungen in der Politik berücksichtigt werden. Hilfreiche Maßnahmen der Jugendhilfeplanung im Planungsprozess sind hiernach

- die Einbindung der politischen Vertretungen in Gremien und Planungsgruppen,
- die regelmäßige Information über den Planungsprozess im Jugendhilfeausschuss,
- der Einbezug von Befragungsergebnissen relevanter Akteur:innen sowie
- die Formulierung von konkreten fachlichen Ableitungen und Empfehlungen.

2.8.3 Bedeutung der Jugendhilfeplanung für die Weiterentwicklung der kommunalen Praxis

Um einen Hinweis zu den Auswirkungen der Jugendhilfeplanung auf die Infrastruktur und Qualität des Jugendhilfeangebots in den Kommunen zu erhalten, wurden die Befragten mit der abschließenden Frage aufgefordert, die Bedeutung der Jugendhilfeplanung für die Gestaltung und Weiterentwicklung der kommunalen Kinder- und Jugendhilfeplanungspraxis einzuschätzen (s. Abbildung 24).

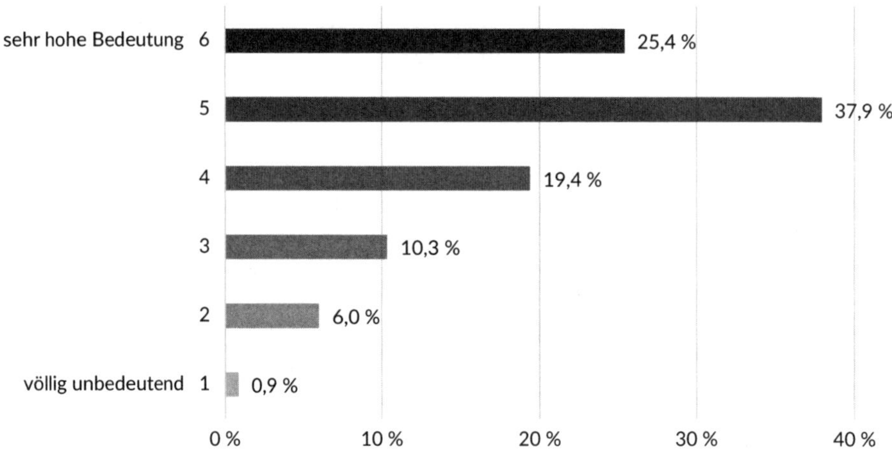

Abbildung 24: Welche Bedeutung hat aus Ihrer Sicht die Jugendhilfeplanung bei der Gestaltung bzw. (Weiter-)Entwicklung der Kinder- und Jugendhilfepraxis in Ihrer Kommune? (n=232; Anteil der Jugendämter ohne fehlende Werte)

Das Ergebnis zu dieser Einschätzungsfrage fällt eindeutig aus. Knapp zwei Drittel der Befragten messen der Jugendhilfeplanung eine hohe oder sehr hohe Bedeutung für die Infrastrukturgestaltung ihrer Kommunen zu. Nur 6,9 % können eine solche Bedeutung für ihre Kommunen nicht oder kaum erkennen. Damit ergibt sich ein eindeutig positiver Blick auf die Auswirkungen der Jugendhilfeplanung. Der in dieser Bewertung enthaltene »Planungsoptimismus« wird durch die jeweiligen Kommentare zur Begründung der Einschätzung noch einmal deutlich unterstrichen.

> »Jugendhilfeplanung ist verantwortlich für die strategische Entwicklung und Ausrichtung der Leistungsbereiche der Kinder- und Jugendhilfe und nimmt anwaltschaftlich Position ein für Kinder, Jugendliche und junge Familien.« (Online-Befragung, AB05_01, Case 1115)

> »Jugendhilfeplanung hat Einblick in alle Bereiche und kann visionär, strategisch, fachbereichsübergreifend vernetzt und aufeinander abgestimmt eine (datengestützte) Entwicklung initiieren, unterstützen und voranbringen, die gesamtstädtische Bedeutung und Auswirkung hat.« (Online-Befragung, AB05_01, Case 1512)

> »Insbesondere die Verknüpfung der unterschiedlichen Planungsbereiche durch die Jugendhilfeplanung ist Garant für eine effektive Planung.« (Online-Befragung, AB05_01, Case 1534)

> »Die Stelle Jugendhilfeplanung ist in alle konzeptionellen Prozesse der Weiterentwicklung im Bereich der Kinder-und Jugendhilfe vor Ort involviert. Durch die

Schnittstellenfunktion werden hier viele Prozesse gebündelt und dadurch auch der Blick auf die gesamte Jugendhilfelandschaft generiert.« (Online-Befragung, AB05_01, Case 1143)

»Im Rahmen des Jugendhilfeplanungsprozesses wird der Bestand und vor allem der Bedarf von Angeboten deutlich und erlaubt somit eine bedarfsorientierte Gestaltung bzw. (Weiter-) Entwicklung der Kinder- und Jugendhilfe unter gleichzeitig bedarfsorientiertem Einsatz finanzieller Mittel.« (Online-Befragung, AB05_01, Case 1578)

»Die Jugendhilfeplanung kann angesichts knapper Ressourcen dabei helfen, Prioritäten in bestimmten Sozialräumen zu setzen.« (Online-Befragung, AB05_01, Case 765)

»Jugendhilfeplanung ist zunächst ein Instrument und keine Stellenbeschreibung. Jugendhilfeplanung als zentrales Planungs- und Steuerungsinstrument hat große Bedeutung. Jugendhilfeplanung bedeutet für unseren Kreis mehr, als einer machen kann.« (Online-Befragung, AB05_01, Case 1373)

Diese exemplarischen Äußerungen adressieren drei unterschiedliche Dimensionen.

1. Zunächst besteht die Erwartung, dass Jugendhilfeplanung die Bedürfnisse und Interessen junger Menschen und ihrer Familien nicht nur systematisch zu erfassen sucht, sondern hier auch Position ergreift und ihnen damit Geltung im Planungsprozess verschafft. Insofern wird Jugendhilfeplanung als Instrument zur Gestaltung einer adressat:inngerechten Kinder- und Jugendhilfe gesehen und damit auch als Möglichkeit, anwaltlich dazu beizutragen, positive Lebensbedingungen für junge Menschen und ihre Familien zu erhalten oder zu schaffen.
2. Eine weitere strategisch wichtige Dimension wird darin gesehen, verschiedene Arbeitsbereiche im Sinne der Einheit der Kinder- und Jugendhilfe miteinander verknüpft zu entwickeln. In dieser Form der integrierten Jugendhilfeplanung kann die Ausgangslage für eine aktuell immer drängender werdende Notwendigkeit zur Entwicklung einer integrierten Sozial- und Bildungsplanung unter Einbezug von z. B. Gesundheitshilfe, Schule, Behindertenhilfe und der Angebote materieller Sicherung gründen.
3. Weiterhin wird auf die Dimension der öffentlichen Verantwortung im Umgang mit den verfügbaren finanziellen Ressourcen abgezielt. Die Kinder- und Jugendhilfe ist vielleicht noch mehr als andere gesellschaftliche Systeme gehalten, in einem nahezu unbegrenzten Handlungsfeld der Bildung, Erziehung und Betreuung junger Menschen begrenzte Ressourcen effektiv und effizient zu nutzen. Hierfür braucht es einen umfassenden Blick auf die aufeinander bezogene und in ihren Synergieeffekten zu entfaltende Entwicklung der verschiedenen Angebotsformen und Aufgaben der Jugendhilfe (von der allgemeinen Förderung von Kindern,

Jugendlichen und Familien bis hin zum entschlossenen Schutz von Kindern und Jugendlichen vor Gefahren).

In diesem Sinne macht das letzte Zitat deutlich, dass sich Jugendhilfeplanung nicht als bloße Funktionsstelle im Jugendamt beschreiben lässt, sondern dass es sich hierbei um ein umfassendes Planungs- und Steuerungsinstrument handelt, das die Funktionsfähigkeit der Kinder- und Jugendhilfe (im Idealfall in engem Zusammenspiel mit weiteren für Kinder, Jugendliche, junge Erwachsene und ihre Familien relevanten Funktionssystemen der sozialen Sicherung und Bildung) sicherstellen muss.

2.8.4 Überblick nach Jugendamtstypen

Im Vergleich der Jugendamtstypen zeigt sich, dass die Befragten aus Jugendämtern kreisfreier Städte alle drei Aspekte durchschnittlich höher bewerten als Mitarbeitende der Kreise und kreisangehörigen Städte (s. Tabelle 16). Als Erklärung liegt nahe, dass die in der Regel besseren Rahmenbedingungen für Jugendhilfeplanung in den Jugendämtern kreisfreier Städte die Bewertungen entsprechend beeinflussen.

	Jugendamt in einer kreisfreien Stadt & Bezirksjugendamt (n=55-57)	**Kreisjugendamt** (n=110-118)	**Kreisangehöriges Jugendamt** (n=60-62)	**Gesamt** (n=226-237)
Durchschnittliche Bewertung der Rahmenbedingungen (1 = sehr schlecht, 6 = sehr gut)	4,3	3,9	4,1	4,0
Durchschnittliche Bewertung der Berücksichtigung durch Politik (1 = sehr wenig, 6 = sehr stark)	4,8	4,0	4,4	4,3
Durchschnittliche Bewertung der Bedeutung für die Infrastrukturentwicklung (1 = unbedeutend, 6 = sehr bedeutend)	5,0	4,4	4,7	4,6

Tabelle 16: Bewertung der Jugendhilfeplanung vor Ort nach Jugendamtstypen (Darstellung der Mittelwerte)

2.8.5 Zusammenfassende Kommentierung zur Bewertung der örtlichen Jugendhilfeplanung

Festzuhalten ist, dass über die Bewertung der Rahmenbedingungen, der Berücksichtigung durch die Politik sowie der Bedeutung von Jugendhilfeplanung ein sehr positives und optimistisches Bild bezüglich Jugendhilfeplanung gezeichnet wird. Unabhängig von den konkreten Ausprägungen in den Städten und Kreisen weisen die Bewertungen darauf hin, dass Jugendhilfeplanung in den meisten Jugendämtern als wertvolles und hochgeschätztes Instrument zur Entwicklung einer bedarfsgerechten Infrastruktur für Kinder, Jugendliche, junge Erwachsene und ihre Familien betrachtet wird.

Die Kommentierungen der Befragten zeigen aber auch deutlich, dass förderliche Rahmenbedingungen, ein wahrnehmbarer Einfluss auf politische Entscheidungen und eine erkennbare Auswirkung von Jugendhilfeplanung voraussetzungsvoll sind. Neben der angemessenen Personal- und Sachausstattung, der konzeptionellen Grundlage, gelingenden Kooperationsstrukturen und einer Anbindung an die Leitungsebene tragen die Anerkennung und Berücksichtigung durch die Politik wesentlich dazu bei, dass die Bedeutung der Jugendhilfeplanung nicht nur in der Theorie besteht, sondern auch in der Praxis erkennbar wird.

Die Rolle des Jugendhilfeausschusses bleibt in den Kommentaren der Befragten eher undefiniert - wenngleich mehrfach die Erwartung formuliert wird, dass dieser Interesse an Planungsthemen zeigt, Planungsvorhaben vorantreibt, Ergebnisse kritisch diskutiert und Maßnahmen verbindlich beschließt.

2.9 Zwischenfazit 1: Aktueller Stand der Umsetzung

Jugendhilfeplanung als Instrument zur zukunftsgerichteten (Weiter-)Entwicklung der kommunalen sozialen Infrastruktur für Kinder, Jugendliche und Familien ist ein auf Kommunikation und Aushandlung angewiesener Prozess, für dessen Umsetzung die Jugendämter die Verantwortung tragen, in den die Träger der freien Jugendhilfe frühzeitig einzubeziehen sind, an dem Adressat:innen beteiligt werden sollen und der in politischen Entscheidungen mündet. Zur Realisierung einer Jugendhilfeplanung, die den Vorgaben des Gesetzgebers entspricht, ist eine angemessene personelle und sachliche Ausstattung, eine konzeptionelle Grundlage sowie ein politischer Planungsauftrag unabdingbar. Zudem stellt sich die immer deutlicher werdende Herausforderung für Kommunen, ressortübergreifende und integrierte Planung umzusetzen, um auf komplexe gesellschaftliche Veränderungen und Anforderungen an die Infrastrukturgestaltung angemessen zu reagieren.

Inwieweit die gesetzlichen und fachlichen Anforderungen an Jugendhilfeplanung in den Kommunen umgesetzt werden, wird auf der Basis der quantitativen Bestandsaufnahme in diesem Zwischenfazit kurz zusammengefasst.

Ist die Jugendhilfeplanung personell und sachlich angemessen ausgestattet?

Auf Basis der vorliegenden Ergebnisse ist festzuhalten, dass die Personalressourcen in der Mehrheit der Jugendämter zu gering für die Erfüllung aller Anforderungen der Jugendhilfeplanung sind. Dies führt dazu, dass vor allem die dringlichsten Anliegen bzw.

Pflichtaufgaben der Kinder- und Jugendhilfe bearbeitet werden und eine langfristige strategische Ausrichtung kaum möglich ist. Zusätzlich übernehmen viele Planungsfachkräfte weitere, teilweise fachfremde Aufgaben im Rahmen ihrer Stelle.

Auch fehlende Sachmittel behindern bei einem Viertel der Jugendämter fachgerechte und partizipative Planung: Für die Umsetzung von Beteiligungsformaten oder eine fundierte Datensammlung und -auswertung braucht es neben dem qualifizierten Personal auch ein Sachkostenbudget für z. B. Räume, Verpflegung und Software. Die Inanspruchnahme von externer Beratung und Begleitung bei der Planung hat bei den befragten Jugendämtern quantitativ keinen großen Stellenwert. Wird sie jedoch eingesetzt, beeinflusst dies die Bewertung der weiteren Rahmenbedingungen positiv.

Es ist davon auszugehen, dass Planung nicht nur von der offiziell benannten Planungsfachkraft bzw. den Planungsfachkräften umgesetzt wird, sondern auch in den jeweiligen Fachabteilungen stattfindet. Inwieweit diese Planungsaufgaben vor dem Hintergrund der alltäglichen und mitunter dringlichen Aufgaben priorisiert werden können, bleibt ebenso offen wie die Frage, wie und durch wen Planungsergebnisse zusammengeführt werden.

Wo sind Jugendhilfeplanungsfachkräfte verortet und wie sind sie qualifiziert?

Bei der Verortung der Jugendhilfeplanung hat sich kein Standard entwickelt, wenngleich die Stabsstelle am häufigsten anzufinden ist und mit einer positiven Gesamtbewertung der Rahmenbedingungen zusammenhängt. Die Mehrheit der Planungsfachkräfte ist weiblich, akademisch ausgebildet und berufserfahren. Es zeigt sich eine Diversität in der fachlichen Ausrichtung der Qualifikationen und damit verbundenen Kompetenzen. Schon allein deswegen ist davon auszugehen, dass die Ausgestaltung der Planungsfunktion vor Ort heterogen ist.

Inwieweit ist die Jugendhilfeplanung konzeptionell etabliert und fachpolitisch anerkannt?

In vielen Jugendämtern liegt keine politisch beschlossene Gesamtkonzeption zur Planung der Kinder- und Jugendhilfe vor, wenngleich Planungsaufträge und -aktivität in Bezug auf einzelne Leistungs- und Aufgabenbereiche der Kinder- und Jugendhilfe angegeben werden. Damit fehlt in der Planungspraxis häufig der grundlegende politische Auftrag und von einer systematischen und transparenten Entwicklung der Infrastruktur kann nicht ausgegangen werden.

Hinsichtlich der Rolle der Jugendhilfeplanung in der politischen Willensbildung zeigt sich ein ambivalentes Bild: Die Befragten benennen einerseits die notwendige Funktion von Jugendhilfeplanung als fachliche Politikberatung und schätzen den eigenen Einfluss auf politische Entscheidungen im Durchschnitt hoch ein. Andererseits wird eine Abhängigkeit von der Priorisierung der Planungsthemen im Jugendhilfeausschuss wahrgenommen oder die Rolle des Jugendhilfeausschusses bleibt undefiniert bzw. profillos.

Inwieweit findet Jugendhilfeplanung datenbasiert statt?

Die Datenbasis der Jugendhilfeplanung ist in vielen Jugendämtern nach wie vor unzureichend – sogar in Bezug auf die Leistungen und Aufgaben der Kinder- und Jugendhilfe stehen Daten (z. B. Fallzahlen) nicht durchweg für die Planungsaufgaben zur Verfügung. Eine kleinräumige Erhebung und Aufbereitung von Daten haben sich nicht etabliert. Begründet wird eine fehlende Datenbasierung mit vielfältigen Hindernissen in der Datenbeschaffung, -auswertung und Interpretation. Grundsätzlich geht es bei der Datenerhebung und -auswertung nicht um den reinen Selbstzweck oder eine möglichst große Datenmenge, sondern um den vor Ort definierten Nutzen für das jeweiligen Planungsvorhaben und die zu beantwortende Fragestellung. Die deutlichen Lücken bei grundlegenden Daten zu Lebenslagen von Kindern und Jugendlichen sowie zur Infrastruktur zeigen jedoch deutlichen Entwicklungsbedarf.

Inwieweit wird im Rahmen der Jugendhilfeplanung partizipativ vorgegangen?

Wenngleich in einigen Arbeitsfeldern der Kinder- und Jugendhilfe positive Tendenzen in der Beteiligung von Kindern und Jugendlichen (Kinder- und Jugendarbeit/Jugendverbandsarbeit) sowie von Eltern/Angehörigen (Förderung von Kindern in Tageseinrichtungen und Tagespflege) festzuhalten sind, bestätigt sich die übergreifende Erkenntnis, dass die Erfassung der Wünsche, Bedürfnisse und Interessen von Kindern, Jugendlichen und Eltern bzw. Angehörigen kaum systematisch und überwiegend mittelbar erfolgt.

Im Vergleich zur Beteiligung der Adressat:innen ist die Beteiligung von Fachkräften des öffentlichen Trägers und der freien Träger in der Jugendhilfeplanung deutlich etablierter. Die fachliche Perspektive auf den Bestand und Bedarf der Jugendhilfeinfrastruktur ist somit in der Mehrheit der Kommunen gewährleistet. Über die Intensität und Qualität dieser Beteiligungsprozesse kann die vorliegende Studie keine Auskunft geben.

Inwieweit beschäftigt sich die Jugendhilfeplanung mit aktuellen Themen und Herausforderungen?

Die Studienergebnisse legen nahe, dass Themen, für die es rechtliche Aufträge gibt, tendenziell für wichtiger gehalten werden und mit höherer Priorität bearbeitet werden. Bei sich abzeichnenden Entwicklungsthemen und Herausforderungen wie bspw. Digitalisierung, dem Rechtsanspruch auf eine Ganztagsbetreuung in der Grundschule und/oder Inklusion – für die es mittel- und langfristige Strategien der Planung und/oder verstärkte Abstimmung mit anderen Planungsbereichen innerhalb der Kommune bedarf – erscheint Jugendhilfeplanung passiv abwartend, bis sie durch die Schaffung rechtlicher Regelungen oder das Eintreten unerwarteter Ereignisse zur Handlung gedrängt wird.

Inwieweit wird integriert und ressortübergreifend geplant?

Die Planung der »Jugendhilfe als Ganzes« findet selten statt, vielmehr bestätigt sich die Tendenz zur Teilfachplanung, wie sie bereits in der Studie von 2010 festgehalten wurde. Die Jugendhilfeplanung beteiligt Fachkräfte anderer Systeme und sieht Potenzial in vielen Kooperationspartner:innen außerhalb der Jugendhilfe. Das Bewusstsein für abgestimmte bzw. integrierte Planung mit anderen Ressorts ist vorhanden, in der konkreten Umsetzung bestehen jedoch Hindernisse (z. B. Datenbeschaffung, übergreifende strategische Ziele, Bereitschaft).

Entwicklungstendenzen seit 2010

Der Vergleich der Studienergebnisse von 2010 und 2020 macht deutlich, dass sich einerseits manche Rahmenbedingungen der Jugendhilfeplanung weiterentwickelt haben und andererseits an einigen Stellen keine oder kaum Veränderungen stattgefunden haben. Grundsätzlich ist anzumerken, dass im Fragebogen der vorliegenden Erhebung einige Fragestellungen und Items verändert und an das aktuelle Forschungsinteresse anpasst wurden. Dadurch konnten nicht alle Aspekte präzise verglichen werden.

Im Vergleich zu 2010 zeigen die Ergebnisse folgende Entwicklungen auf:

- Wenngleich die durchschnittliche Anzahl gerundet bei 1,5 Fachkräften pro Jugendamt in der Jugendhilfeplanung bleibt, ist ein leichter Anstieg der durchschnittlichen Wochenstundenzahl zu verzeichnen – insbesondere bei den Jugendämtern kreisfreier und kreisangehöriger Städte.
- Der Anteil der Jugendämter ohne Planungspersonal ist von 5,7 % auf 1,3 % gesunken.
- Der Anteil der weiblichen Planungsfachkräfte ist von 46,8 % auf 64,2 % angestiegen.
- Die Datengrundlage, auf die Jugendhilfeplanung zurückgreifen kann, hat sich in fast allen Bereichen (Demografie, Sozialstruktur, Infrastruktur, Schul- und Gesundheitsdaten) verbessert, bleibt jedoch auf einem Niveau, das hinter den fachlichen Anforderungen an eine datenbasierte Planung zurückbleibt.
- Beteiligung von Adressat*innen (Kinder/Jugendliche und Eltern/Angehörige) an Planungsprozessen in den zentralen Arbeitsfeldern der Kinder- und Jugendhilfe wird 2020 durchschnittlich häufiger als im Jahr 2010 umgesetzt. Selbstverständlich oder flächendeckend eingesetzt sind Beteiligungsprozesse jedoch nicht.

Keine oder wenig Veränderung ist für das hohe und vielfältige Qualifikationsniveau der Planungsfachkräfte, die Tendenz der Teilfachplanung, die Priorisierung von Planungsthemen und die Bewertung der Jugendhilfeplanung vor Ort zu verzeichnen:

- Sowohl 2010 als auch 2020 verfügen mehr als 90 % der Planungsfachkräfte über einen Hochschulabschluss.
- Bei den vorliegenden Planungsbeschlüssen zu den unterschiedlichen Arbeitsfeldern der Kinder- und Jugendhilfe ergibt sich bei den Häufigkeiten eine fast identische Rangfolge.
- Bei den abgefragten aktuellen Themen und Herausforderungen ist in beiden Jahrzehnten eine ähnliche Gewichtung zu erkennen: Die drei Themen Frühe Hilfen,

Schutzauftrag bei Kindeswohlgefährdung sowie Frühe Förderung und Bildung liegen mit höchster Wichtigkeit und Priorität ganz oben.

- Sowohl die Bewertung der Rahmenbedingungen der Jugendhilfeplanung als auch ihrer Bedeutung für die Weiterentwicklung der Infrastruktur fällt im Zeitvergleich nahezu identisch positiv aus.

Unterschiede zwischen den Jugendamtstypen

Unter Berücksichtigung dessen, dass in jeder Kommune und in jedem Jugendamt örtliche, strukturelle und personelle Besonderheiten beachtet werden müssen, lassen sich übergreifend anhand des Jugendamtstyps spezifische Gegebenheiten und damit verbundene Herausforderungen für die Jugendhilfeplanung identifizieren:

- Die kreisfreien Jugendämter sind personell besser ausgestattet, setzen häufiger externe Beratung ein und sind konzeptionell besser aufgestellt (Planungskonzeption, politische Planungsaufträge) als die anderen beiden Jugendamtstypen.
- Auch bei der sozialraumorientierten Planung, der Umsetzung von Beteiligungsprozessen mit Adressat*innen und Akteur*innen sowie der Verfügbarkeit von Daten liegen die kreisfreien Jugendämtern überwiegend vorne. Einzige Ausnahme bildet die Beteiligung von Fachkräften anderer Kommunen in der Planung der allgemeinen Förder- und Präventionsangebote sowie der Kindertageseinrichtungen: Diese wird deutlich häufiger durch Kreisjugendämter umgesetzt.
- Bei den Planungsaktivitäten zu Arbeitsfeldern der Kinder- und Jugendhilfe sowie bei den Beschlüssen zu systemübergreifenden Planungsthemen ist die Verteilung etwas diverser: Hier erhalten zum Teil die kreisangehörigen Jugendämter die höchsten Werte.
- Ressortübergreifende bzw. integrierte Planungsansätze und -aktivitäten werden insgesamt eher bei den Stadtjugendämtern umgesetzt, während es in Kreisjugendämtern mehr Hürden in der systemübergreifenden Planung zu geben scheint.

Dieser übergreifende Blick auf den Vergleich der Jugendamtstypen verdeutlicht die mitunter großen Unterschiede und weist darauf hin, dass in der Weiterentwicklung der Jugendhilfeplanung die unterschiedlichen Voraussetzungen der Jugendamtstypen beachtet werden müssen.

3. Ergebnisse der qualitativen Fallstudien

3.1 Methodische Hinweise und Fallübersicht

Die Fallstudien stellen eine qualitative Vertiefung dar, die auf der Grundlage der quantitativen Erhebung durchgeführt wurde und diese ergänzt. Wenn sich kommunale Jugendhilfeplanung so differenziert und unterschiedlich bedeutsam darstellt, wie im Vorfeld der Studie analysiert, verlangt es nach einem Forschungszugang, der neben der quantitativen Bestandserhebung der Planungskonzeption und -strukturen den Blick auf die impliziten und expliziten Planungsprozesse sowie auf das Zusammenspiel planungsrelevanter Akteur:innen vor Ort legt. Es bedarf demnach einer genaueren Betrachtung des operativen und strategischen Planungsgeschehens.

Die Herangehensweise einer Fallstudie ermöglicht den vertiefenden Blick auf Planung in der jeweiligen Kommune mit ihren spezifischen Rahmenbedingungen und ermöglicht die Kombination verschiedener Methoden:

> »Fallstudien sind keine eigene Erhebungstechnik wie etwa die Befragung und Beobachtung, sondern es handelt sich hier – ebenso wie bei sozialen Experimenten – um eine spezielle Strategie, die sich verschiedenen [sic] Techniken bedient. [...] Besonders für Fallstudien geeignet sind beispielsweise qualitative Befragungen, verschiedene Formen der Inhaltsanalyse und Gruppendiskussionen.« (Häder 2006: 348f.)

Im Rahmen der Fallstudien soll beleuchtet werden, wie die Jugendhilfeplanung als kommunikativer, diskursiver, partizipativer Prozess der fachlichen, fachpolitischen und kommunalpolitischen Willensbildung und Entscheidungsfindung vor dem Hintergrund eines integrierten Planungsverständnisses ausgestaltet wird.

Für die Umsetzung der Fallstudien ergeben sich daraus folgende Forschungsfragestellungen:

- Wie werden explizite und implizite Kommunikations- und Aushandlungsprozesse in der kommunalen Jugendhilfeplanung organisiert?
- Welche Rolle kann die Planungsfachkraft im Rahmen der kommunalen Planungsstruktur übernehmen und welche wird ihr zugeschrieben?
- Welche Rolle spielt der Jugendhilfeausschuss in Planungsprozessen?
- Welche Bedeutung haben Daten und der Umgang mit ihnen für die Planung einer kommunalen Infrastruktur?
- Welche Bedeutung spielt die Kooperation sowie Bezüge zu anderen Planungsbereichen für die Jugendhilfeplanung?

- Welche Bedeutung hat die Beteiligung von Adressat:innen im Rahmen der Jugendhilfeplanung und wie wird sie umgesetzt?

Diese Fragestellungen werden im Rahmen der Fallstudien bezogen auf ausgewählte Planungsprozesse untersucht. Bei der Auswahl der Planungsprozesse geht es weniger um die inhaltliche Ausrichtung bzw. das Planungsthema selbst, sondern um den Prozess der Bearbeitung im Rahmen der Planung. Ziel ist es, zunächst am jeweiligen Fall und im nächsten Schritt ggf. fallübergreifend Faktoren zu identifizieren, die für das Gelingen von Planung verantwortlich bzw. hinderlich sind. Als zu untersuchender Fall gilt der Planungsprozess – eingebettet in die jeweilige Struktur der Kommune.

Im Folgenden wird Ablauf der Fallstudien und die enthaltenen Elemente/Methoden näher erläutert.

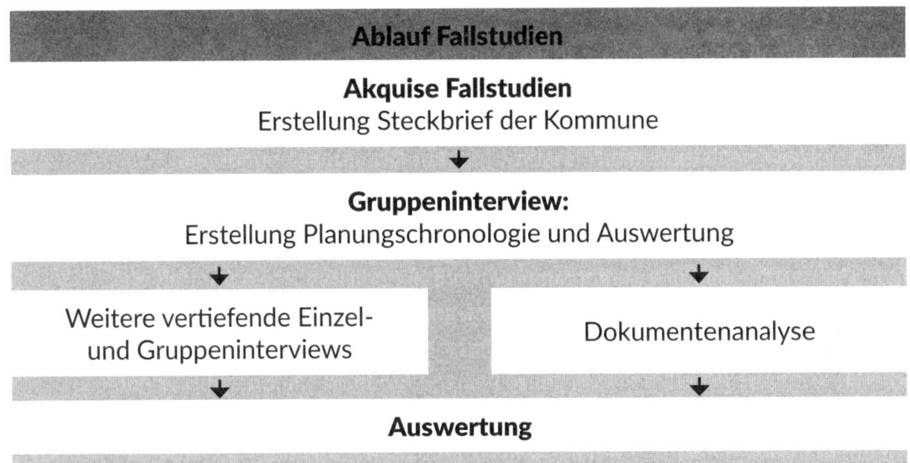

Abbildung 25: Ablauf einer Fallstudie

Zunächst wurden Kommunen zur Durchführung der Fallstudien gewonnen, die einen laufenden oder bereits abgeschlossenen Planungsprozess als Forschungsgegenstand einbringen konnten. Dabei lag die Wahl des Planungsprozess bei den Kommunen. Die Auswahl und Verteilung der Kommunen sollte insbesondere die Unterschiedlichkeit urbaner und ländlicher Regionen berücksichtigen, das Sampling sollte daher die unterschiedlichen Jugendamtstypen angemessen berücksichtigen. Ein weiteres Kriterium in der Akquise der Jugendämter stellte die Einwohner:innenzahl in den Stadtjugendämtern dar. Diese Strukturmerkmale dienten einer groben Vorauswahl, während in der Analyse die spezifischen Rahmenbedingungen jedes Jugendamtes berücksichtigt wurden, um der Unterschiedlichkeit – auch bei strukturell ähnlichen Kommunen – gerecht zu werden:

> »Wie sich ein Jugendamt darstellt, hängt maßgeblich mit der Größe des Landkreises oder der Stadt, den soziostrukturellen Rahmenbedingungen, der Finanzausstattung der Kommune sowie den historisch gewachsenen kinder- und jugendhilfepolitischen Schwerpunkten zusammen. Darüber lassen sich Strukturmuster von

> Jugendämtern generieren. Allerdings geben diese Strukturmuster noch keine Auskunft über fachliche oder organisatorische Charakteristika eines Jugendamtes.« (BAGLJÄ 2020: 104)

Nach Auswahl der teilnehmenden Kommunen wurde in Abstimmungsgesprächen mit den Verantwortlichen vor Ort der folgende Verlauf besprochen, der zu untersuchende Planungsprozess ausgewählt und ein Termin für die Durchführung des ersten Gruppeninterviews abgestimmt. Zur Vorbereitung wurde den Kommunen ein Steckbrief zugeschickt, der erste Fragen zu den Rahmenbedingungen enthielt.

Grundlage jeder Fallstudie bildet die Erstellung einer Planungschronologie. Dafür wurde in einer gemeinsamen Sitzung mit planungsverantwortlichen Personen (interne Vertreter:innen des Jugendamtes: bspw. Jugendhilfeplaner:in; Amtsleiter:in; Teilfachplaner:in) der Kommune die Chronologie des gewählten Planungsprozesses erarbeitet. Diese Chronologie-Gespräche wurden per Videokonferenz geführt und aufgezeichnet. Für die Erstellung der Planungschronologie wurde das Programm Lucidchart verwendet, um den Prozess in eine übersichtliche Matrix zu übertragen. Ziel der Erstellung einer Chronologie war es, Erkenntnisse darüber zu erhalten,

- welche Akteure/Personen/Personengruppen im Prozess beteiligt wurden,
- welche Dokumente wann erstellt/notwendig waren,
- welche Daten wann notwendig waren/erhoben wurden und zu welcher Zeit in den Prozess eingeflossen sind,
- welche Adressat:innengruppe wie und wann beteiligt wurde,
- wie die Abstimmung untereinander und Verknüpfung verschiedener Planungsbereiche konkret umgesetzt wurden,
- wie Herausforderungen/Stolpersteinen im Planungsprozess bewertet werden.

Die geführten Gruppeninterviews zielten auf die Gesprächsoffenheit der teilnehmenden Personen und wurden vor allem durch die zu erstellende Chronologie und die damit verbundene Darstellung des Planungsprozesses strukturiert. Unterstützend diente ein Leitfaden dazu, einen flüssigen Verlauf des Gesprächs zu befördern und – orientiert an den Forschungsfragestellungen – ggf. nachzusteuern. Die Länge der Gruppeninterviews, die mehrheitlich mit den Jugendhilfeplaner:innen und häufig im Beisein der Amtsleitungen geführt wurden, umfasste jeweils ca. zwei Stunden und wurde von zwei Forscher:innen durchgeführt. Relevante Dokumente zum Planungsprozess (z. B. Ausschussvorlagen und -protokolle, Planungskonzeption, Planungsberichte) wurden im Anschluss angefordert und/oder eigenständig recherchiert und analysiert.

Auf der Grundlage der Chronologie-Gespräche und der Dokumentenanalyse wurden weitere Personen identifiziert, deren Perspektiven auf den vorgestellten Planungsprozess für die Analyse wichtig sind, und anschließend vertiefende Interviews mit diesen geführt.

Das Datenmaterial wurde anhand einer inhaltlich strukturierenden qualitativen Inhaltsanalyse[14] ausgewertet. Als Analyseraster dienten folgende Aspekte, die sich aus den Forschungsfragen ergeben:

- die Organisation expliziter und impliziter Kommunikations- und Aushandlungsprozesse,
- die Rolle der Planungsfachkraft,
- die Rolle des Jugendhilfeausschusses,
- die Bedeutung von und der Umgang mit Daten,
- die Kooperation sowie Bezüge zu anderen Planungsbereichen und
- die Umsetzung von Beteiligung.

Im Ergebnis wurden fünf Fälle untersucht, die in Tabelle 17 anhand der Strukturmerkmale der Kommunen im Überblick dargestellt werden. Die Ergebnisse der Fallstudien werden im folgenden Kapitel zunächst fallbezogen dargestellt und anschließend übergreifende Erkenntnisse im zusammenfassenden Zwischenfazit eruiert.

	Fall 1	Fall 2	Fall 3	Fall 4	Fall 5
Jugendamtstyp	Kreisjugendamt	Stadtjugendamt	Kreisjugendamt	Stadtjugendamt	Kreisjugendamt
Einwohner:innenzahl	> 200.001	> 200.001	100.001–200.000	< 50.000	50.001–100.000
Planungsprozess	Kitabedarfsplanung	Interkulturelle Öffnung	Familienbildung	Kitabedarfsplanung	Frühe Hilfen
Dauer	ein Jahr, regelmäßig	2017–2021	2020–2022	11/2020–03/2021	2012–2015
Status	abgeschlossen	laufend	laufend	abgeschlossen	abgeschlossen
Budget	ja	nein	nein	nein	nein
Ext. Beratung	ja	nein	ja	nein	nein
Verortung JHP	Stabsstelle Amtsleitung	Sachgebiet in einer Abteilung	Sachgebiet in einer Abteilung	Stabsstelle Amtsleitung	Stabsstelle Amtsleitung
Stellenumfang	1 VzÄ auf 1 Person	5,2 VzÄ auf 6 Personen	1 VzÄ auf 1 Person	22 Wo.-St. auf 1 Person	1 VzÄ auf 1 Person
Weitere Aufgaben	nein	nein	nein	ja (Fachberatung)	nein

Tabelle 17: Fallübersicht

14 Die methodische Vorgehensweise orientiert sich an Kuckartz (2012: 77–98). Diese geht wiederum auf die Qualitative Inhaltsanalyse nach Mayring (z. B. 2010) zurück.

3.2 Fall 1 – Kitabedarfsplanung mit umfangreicher Trägerbeteiligung

Rahmenbedingungen	
Jugendamtstyp	Kreisjugendamt
Einwohnerzahl	200.001–500.000
Verortung der Jugendhilfeplanung	Stabsstelle Jugendamtsleitung
Stellenumfang	ein Vollzeitäquivalent auf eine Person
Weitere Aufgaben der Planungsfachkraft	keine
Weitere Planungsstellen in der Kommune	Übernahme von Planungsaufgaben durch die Sachgebietsleitungen im Jugendamt
Ausgewählter Planungsprozess für die Fallstudie	
Planungsgegenstand	Kitabedarfsplanung
Dauer	ein Jahr
Status	abgeschlossen
Budget	ja, für eine Elternbefragung
Externe Beratung	ja, aber nicht im Rahmen dieses Planungsprozesses

3.2.1 Rahmenbedingungen der Jugendhilfeplanung in der Kommune

In der ersten Fallstudie wird ein Planungsprozess in einem Kreisjugendamt betrachtet. Als Fall wurde durch das Jugendamt der Planungsprozess für die Angebote zur Förderung von Kindern in Tageseinrichtungen und Tagespflege – der sogenannten »Kitabedarfsplanung« – gewählt. In diesem Rahmen wurde ein Interview zur Erstellung einer Chronologie des Planungsprozesses mit der Jugendamtsleitung und der Jugendhilfeplanungsfachkraft sowie vertiefende Interviews mit Vertreter:innen kommunaler Verwaltung einer kreisangehörigen Gemeinde (Bürgermeister:in/Dezernent:in) geführt, die gleichzeitig die Träger der freien Kinder- und Jugendhilfe vertreten.

Bei der Kitabedarfsplanung handelt es sich um eine Teilfachplanung der Jugendhilfeplanung und somit um einen Planungsprozess, der durch die jeweiligen Ausführungsgesetze der Bundesländer zur Kindertagesbetreuung normiert ist. So schreiben einige Landesgesetze die zeitliche Dimension vor, in der die Bedarfsplanungen in den Kommunen durchzuführen sind (bspw. Nordrhein-Westfalen: jährliche Bedarfsplanung), andere enthalten diesbezüglich keine Angaben (bspw. Sachsen-Anhalt). Auch hinsichtlich der Beteiligung freier Träger und Adressat:innen in der Bedarfsplanung werden je Bundesland unterschiedliche Vorgaben gemacht.

Für das in dieser Fallstudie betrachtete Kreisjugendamt und den ausgewählten Planungsprozess gelten somit die gesetzlichen Bestimmungen des entsprechenden Bundeslandes, in denen eine jährliche Planung der Bedarfe sowie die Berücksichtigung mittel- und langfristiger Entwicklungen vorgeschrieben werden.

Die Jugendhilfeplanung im Kreis ist mit einer Person im Rahmen einer Vollzeitstelle besetzt. Der Schwerpunkt ihrer Arbeit liegt nahezu ausschließlich in der Kitabedarfsplanung. Dieser Aufgabenzuschnitt resultiert maßgeblich daraus, dass bis 2019 eine Amtsleitung tätig war, die die Jugendhilfeplanung als Leitungsaufgabe verstand und umsetzte. Die nachfolgende Amtsleitung, mit der im Rahmen der Fallstudie die Chronologie erstellt wurde, verweist im Interview auf die umfänglichen Anforderungen im Rahmen der Kitabedarfsplanung im Landkreis, die den Großteil der Stellenressourcen der Planungsfachkraft binden. In Hinblick auf weitere »klassische« Aufgaben, bzw. Planungsgegenstände der Jugendhilfeplanung legt sie die aktuelle Situation dar und verweist vor diesem Hintergrund auf einen angestrebten Ausbau der Personalressourcen:

> »Also die klassischen Planeraufgaben, die ja ein normales Jugendamt, [...] auch noch innehaben, sei es HzE oder, oder, oder, das kann [Name der Planungsfachkraft] in der Tiefe überhaupt nicht bedienen. Das haben wir tatsächlich so Stück weit verschoben, dass das mit bei der Sachgebietsleitung ASD liegt oder bei [...] den einzelnen Aufgabenspektren der jeweiligen Sachgebietsleitung in unserem Amt. [...] Das kann, so wie wir es ja gerade dargestellt haben, faktisch durch [die Planungsfachkraft] gar nicht geleistet werden. [...], dann ist der Arbeitstag auch endlich. Und insofern müssen wir da noch jemand weiteres hoffentlich dazubekommen, der das dann ergänzt und dann auch die Kollegen Prävention, [...], Sachgebietsleitung ASD, ein Stück weit entlastet, um hier die notwendigen Prozesse, die klassischerweise auch in der Jugendhilfeplanung [...] zu vollziehen sind, dann zu erledigen.« (Amtsleitung; F1_Ch, Pos. 173–178)

Hier wird deutlich, dass die Aufgaben der Jugendhilfeplanung, die derzeit nicht vollumfänglich durch die zuständige Fachkraft umgesetzt werden können, mit der geplanten Einstellung einer weiteren Fachkraft wieder verstärkt in diesem Bereich angesiedelt werden sollen. Dies soll vor allem der Entlastung der aktuellen Jugendhilfeplanung, aber auch der beiden erwähnten Abteilungsleitungen beitragen.

3.2.2 Darstellung des ausgewählten Planungsprozesses

a) Gestaltung der Planungsstruktur

Neben den besonderen Herausforderungen rund um die Corona-Pandemie werden im Jahresbericht des Kreisjugendamtes für das Jahr 2020 in der Kitabedarfsplanung die hohe Nachfrage nach Plätzen für Kinder unter drei Jahren und insbesondere der stark gestiegene Bedarf an entsprechenden Plätzen für einjährige Kinder und die daraus resultierenden Anforderungen bzgl. der Gruppenformen und -vorgaben beschrieben. Dass der Kreis in der Lage war, diese Bedarfe zu decken, führt der Jugendhilfeplaner auf ein differenziertes Vorgehen bei der Bedarfsabfrage und ein Vergabe- und Aufnahmeverfahren zurück, das zentral vom Kreisjugendamt gesteuert wird. Dieses Verfahren – das den zentralen Punkt der Bedarfsplanung im Kreis und somit der Fallstudie darstellt – wurde im Jugendhilfeausschuss verabschiedet und befindet sich im dritten Jahr der Durchführung.

Die Kitabedarfsplanung im Kreis wird durch die Planungsfachkraft als zweidimensionaler Prozess beschrieben. In der ersten Dimension steht die jährliche Bedarfsanalyse und die darauf beruhende Bereitstellung notwendiger Plätze im Vordergrund. Die zweite Dimension fokussiert eine weitergehende Perspektive, die die mittel- bzw. langfristigen Entwicklungen in der kommunalen Bedarfsplanung berücksichtigen soll.

> »Ich würde das so beziffern mit zwei Gesprächen pro Jahr, ungefähr, wo wir uns das irgendwie anschauen. Gibt es neue Baugebiete? Wie sind die Entwicklung? Welche Projekte sind angedacht? Also es gibt jetzt den Bedarf einer erkannten Kita, die dann entstehen muss mit drei Gruppen. Wie weit ist der Bauantrag? Wo können wir noch unterstützen als Jugendamt? Wo können wir uns vernetzen? [...] Ist alles in time? Oder stellt man dann fest, bis zum 01.08. zum nächsten Kita-Jahr ist die Hütte nicht fertig, wir brauchen einen Übergang. Wo wir dann wieder miteinander ins Gespräch kommen zu schauen, wie können wir das realisieren und umsetzen.« (Planungsfachkraft; F1_Ch, Pos. 136)

Die Entscheidung, eine jährliche Bedarfsplanung vorzunehmen, wurde durch das Kreisjugendamt bereits getroffen, bevor die Kommunen durch gesetzliche Rahmungen des Bundeslandes dazu aufgefordert wurden. Begründet wird dieses Vorgehen mit der Erkenntnis, dass Planung in diesem Leistungsbereich der Kinder- und Jugendhilfe nur kurzfristig – also jährlich erfolgen könne. Eine zeitliche Planungsperspektive, die über diesen Horizont hinausgeht, biete keine ausreichende Sicherheit.

> »[...] für den U3-Bereich bleibt es einfach ein Kaffeelesen. Also das ist so. Also wir wissen nicht, wie viele Kinder werden geboren im nächsten Jahr. [...] wir gehen in der Planung immer von der Annahme aus, dass die Quote wie im Vorjahr sich darstellt, das machen glaube ich viele so und können dann so Entwicklung anzeigen. Aber letztlich ist das der Grund, warum wir sagen, es ist unseriös oder hat sich für uns auch nicht bewährt. Wir haben das mal gemacht eine Fünf- Jahresplanung zu machen. Die war fertig und zwei Wochen später konnten wir die wieder in die

Tonne kloppen. So, darum kommt man glaube ich in diesem Geschäft nicht drum herum, auch jährlich genau hinzuschauen, aber die großen Entwicklungen grundsätzlich auch in den Blick zu nehmen und dann entsprechend vorzubereiten.« (Planungsfachkraft; F1_Ch, Pos. 69)

Eine grundlegende Konzeption für den Prozess der jährlichen Kitabedarfsplanung liegt nicht vor. Das heißt, eine schriftliche Formulierung der Ziele für das jeweilige Planungsjahr sowie Indikatoren zu deren Überprüfung, existieren nicht. Begründet wird dies mit der Selbstverständlichkeit durch den gesetzlichen Auftrag und dem grundsätzlichen politischen Interesse vor Ort, eine bedarfsgerechte Infrastruktur für Familien vorzuhalten:

»Also dazu eine Planungskonzeption in dieser Form, wie die schriftlich ist, liegt nicht vor. Es gibt auch in dem Sinne keinen Auftrag aus der Politik, weil ich meine, das ist ja unser gesetzlicher Auftrag, die Kindergartenbedarfsplan und zum 15.03. abzuliefern jedes Jahr beim Land, das ist in der Natur der Sache. Von daher wird er, geht dann nicht jedes Mal ein Planungsauftrag. Aber es ist durchaus so, dass es schon dieser Prozess auch politisch so gewollt ist und es auch politische Entscheidungen gibt, bedarfsgerecht Familienangebote zu machen.« (Planungsfachkraft; F1_Ch, Pos. 27)

Im Steckbrief wurde angegeben, dass der Kreis in der Bedarfsplanung extern beraten wurde. Dabei handelt es sich um die Durchführung einer umfangreichen Elternbefragung in Kooperation mehrerer Träger im Jahr 2016. Die Ergebnisse dieser Befragung hatten jedoch keinen Einfluss auf den hier dargestellten Planungsprozess.

b) Gestaltung des Planungsprozesses

Ablauf der Bestandsfeststellung, Bedarfsermittlung und Maßnahmenplanung

Der Planungsprozess startet mit den »Anmeldewochen«: Ende Oktober/Anfang November werden die Bedarfe der Eltern bzgl. der Betreuung ihrer Kinder über einen analogen Fragebogen in den Kindertageseinrichtungen erhoben. Darin werden die Eltern u. a. aufgefordert, den benötigten Betreuungsumfang (25, 35 oder 45 Stunden) sowie drei Optionen zur Wunscheinrichtung anzugeben. Zudem werden Informationen zur Erwerbstätigkeit der Eltern erhoben. Die ausgefüllten Fragebögen werden an die jeweilig zuständigen kreisangehörigen Kommunen weitergeleitet, digitalisiert und an das Kreisjugendamt übermittelt. Die Planungsfachkraft begründet dieses Verfahren über die Träger/Einrichtungen mit deren Wunsch, direkten Kontakt zu Eltern zu haben, und verweist gleichzeitig auf den Weiterentwicklungsbedarf hinsichtlich einer zentralen, digitalisierten Lösung:

»[...] ab dem Moment, wenn diese Daten erfasst sind auf diesen Bogen, wird das dann digital, weil es dann in einer eigens konzipierten Datenbank in einem Portal, indem auch die weitere Kommunikation mit den Trägern mit den Kitas gestaltet wird. Das war und bis dato immer sehr wichtig, auch Wunsch der Träger, dass halt dieser Kontakt zu den Eltern nicht sozusagen verloren geht, wenn die sich informieren, wo es denn eine Einrichtung, die ich mir vorstellen kann, wie sind die aufgestellt, konzeptionell? Und die schon Eindruck von den Eltern haben. Uns ist sehr wohl bewusst, dass wir da im Moment auch an so einem Scheideweg sind. Und wir im Sinne der Digitalisierung irgendwann auch dahinkommen müssen, dass Eltern das sozusagen direkt ins Netz irgendwie eingeben und ihren Bedarf dort so zum Ausdruck bringen. Das ist auch kein großes Hexenwerk, das irgendwie zu tun. Das ist im Grunde nur noch zwei, drei Knöpfe umlegen, sage ich mal.« (Planungsfachkraft; F1_Ch, Pos. 13)

Parallel dazu werden durch das Kreisjugendamt zum 30.10. die aktuellen Kinderzahlen aus den kommunalen Meldeämtern angefordert. Auf dieser Grundlage erstellt die Planungsfachkraft eine erste Analyse der Bedarfe für das kommende Kita-Jahr, die im Dezember in sogenannten »Regionalkonferenzen«, die in den jeweiligen Sozialräumen des Kreises – den kreisangehörigen Kommunen – stattfinden, diskutiert und bewertet werden. Um einen Diskurs bzgl. der durch das Jugendamt erstellten Analyse zu ermöglichen, werden Charts vorbereitet, die den aktuellen Bestand an Plätzen und den Bedarf für das zu planende Kita-Jahr präsentieren. An den Konferenzen nehmen die freien Träger sowie deren Kita-Fachberatungen, -leitungen, gewählte Vertreter:innen der Kommune, Tagespflegepersonen sowie Vertreter:innen des Jugendamtselternbeirates teil. Ziel dieses Formates ist, Transparenz und Partizipation gegenüber den teilnehmenden Akteur:innen zu schaffen, bzw. zu ermöglichen, vor allem aber eine erste Analyse der Anmeldesituation zu bieten:

»Und da wird dann sozusagen sichtbar, ob auch [...]weitere Maßnahmen zu ergreifen sind im Sinne von wir haben jetzt einfach zu viele Anmeldungen und müssen sehen, an welcher Stelle wir womit verfahren oder wo Dynamiken deutlich werden, dass es eine deutlich starke Nachfrage bei einem Träger gibt und beim anderen nicht in der Form. Und das klar ist, dass da die Anmeldungsströme umgelenkt werden müssen. Und dass da die Dynamiken im Grunde den beteiligten Akteuren deutlich werden.« (Planungsfachkraft; F1_Ch, Pos. 37)

Anschließend führt die Planungsfachkraft ab Mitte Januar bis Februar, gemeinsam mit der stellvertretenden Amtsleitung, die für den Abgleich zwischen Planung und Finanzen zuständig ist, **Trägergespräche** im Kreisjugendamt durch.

»Wir haben [...] 41 oder 42 Träger und wir führen dann in dem Zeitraum von Mitte Januar bis Februar tatsächlich mit jedem Träger, je nach Umfänglichkeit und Anzahl der Einrichtung, weil wir ja wirklich konkret auch jede Einrichtung uns dann angucken, ich sag mal 1-2-stündige Gespräche. Also im Januar habe ich Fusseln am Mund, weil dann tatsächlich wir da intensive Gespräche mit jedem einzelnen Träger zu Situation führen, die dann letztlich die monetäre Auskömmlichkeit der Finanzierung der Einrichtung bedingt. Da feilscht man, wenn man so will, wirklich dann so Pauschalen. (Planungsfachkraft; F1_Ch, Pos. 77)

Schließlich findet im Februar bis Anfang März in allen Sozialräumen das »Matching« mit den Kindertageseinrichtungen statt. In diesen Abgleichgesprächen stellt das Jugendamt den Einrichtungsleitungen der jeweiligen Kommune einen Entwurf vor, der die Aufteilung jedes Kindes nach Einrichtung beinhaltet und anschließend diskutiert wird:

> »Da passiert dann das Matching der angemeldeten Bedarfe hin auf die Plätze. Wo wir mit den Einrichtungsleitungen zusammensitzen und gucken, wer nimmt denn jetzt welche Kinder auf? Da gibt es irgendwie Routinen und im Grunde, ja das ist noch nicht digitalisiert oder automatisiert, das machen im Grunde wir dann im Jugendamt. Wir erarbeiten dann einen Vorschlag, wie können wir die Kinder irgendwie entsprechend nach den Wünschen der Eltern für ihren Bedarf verteilen auf die Einrichtung, stellen denen das vor und dann besprechen wir das noch mal mit allen zusammen, weil wir vielleicht irgendwo an der ein oder anderen Stelle einen blinden Fleck haben oder eine Information zu einer Familien nicht wussten. Und so kommt dann dieses Matching zustande. Das ist sehr aufwendig, aber wir finden das eine lohnende und wichtige Geschichte, weil wir durch ein gutes Matching auch entsprechend eine optimale Auslastung der Kitas erzielen können. Das hängt zusammen dann auch mit nachwachsenden Kindern, die später einen Platz belegen können. Also ein gutes Aufnahmemanagement, wo zum Teil die Einrichtung auch noch mit überfordert sind oder die das in der Tiefe nicht durchdringen und dann durch unseren Support an dieser Stelle, wir tatsächlich zu einer optimalen Ausnutzung des vorhandenen Angebot kommen.« (Planungsfachkraft; F1_Ch, Pos. 97)

Diese enge Aushandlung mit den Einrichtungen in den Kommunen wird als Grund dafür genannt, dass eine optimale Auslastung erreicht wird. Das Ergebnis des Matchingprozesses wird durch die Planungsfachkraft als so gewinnbringend bewertet, dass der hohe Aufwand und die Bindung von Ressourcen als lohnend eingeschätzt werden.

Die daraus resultierende Planung wird dem Jugendhilfeausschuss mitsamt charakteristischer Besonderheiten einzelner Kommunen vorgestellt, zum Beschluss vorgelegt und nach Verabschiedung beim Land angezeigt.

Besonderheiten und Herausforderungen in einem Landkreis

Kitabedarfsplanung in einem Landkreis beinhaltet – im Gegensatz zu einem Stadtjugendamt – die Herausforderung, dass die Planungsverantwortung für Angebote und Leistungen der Kinder- und Jugendhilfe beim Landkreis liegen, der rechtliche Anspruch der Adressat:innen also gegenüber dem Kreis als Träger der örtlichen Kinder- und Jugendhilfe besteht. Zuständig für die Bereitstellung der Plätze sind jedoch die kreisangehörigen Kommunen. Diese Konstellation in der Kooperation zwischen Kreis und Kommunen und die sich daraus entwickelnde Dynamik, wird als besonders schwierig beschrieben:

> »Wir haben auch Vertreter der Kommunen, die dann sagen, ja wieso, [...] der Rechtsanspruch richtet sich nicht gegen uns. Also wir haben da noch mal Zeit, und wir müssen auch aufpassen, dass unsere Verantwortung im Hinblick auf die Planungen eingehalten werden. Und manches Mal werden wir schon sehr unruhig. Wenn dann gesagt wird, ja wir müssen aber erst noch für die Kita ein Architekten-

Wettbewerb ausschreiben. Und wir brauchen die Kita aber in ein, eineinhalb Jahren. Dann ist für uns schon klar, dann wird das nicht ohne eine Übergangslösung gehen, und so weiter und so fort. Und das sind, das sind zum Teil wirklich auch aufreibende Momente, weil das rechtlich, es ist so wie beschrieben und trotzdem nicht befriedigend am Ende das Ergebnis, dass ich Betreuungsplätze da haben möchte, damit das auch alles gut gelingt. Das ist echt ein Problem.« (Amtsleitung; F1_Ch, Pos. 137)

Wie voraussetzungsvoll und unterschiedlich die Qualität in der Zusammenarbeit zwischen Kreis und angehörigen Kommunen ist, zeigt sich in diesem Fall u. a. daran, dass bisher noch nicht in allen kreisangehörigen Kommunen die Notwendigkeit erkannt wurde, die kommunale Bauplanung und die Kitabedarfsplanung zusammenzuführen. So werde durch die Jugendhilfeplanung nach Aussage der Planungsfachkraft seit längerem auf die Notwendigkeit hingewiesen, bei der Erschließung und in der Bebauung von Neubaugebieten die Kitabedarfsplanung einzubeziehen.

Die Planung eines Flächenlandkreises birgt zudem die Herausforderung, sozialräumliche Planung in einem ländlich geprägten Gebiet umzusetzen. Was das bedeutet und welche Anforderungen an Planung damit verbunden sind, wird im Interview als »Kirchturmdenken« beschrieben. Gemeint ist, dass Angebote und Leistung jeweils in unmittelbarer Erreichbarkeit – also in Kirchturmnähe – vorzuhalten sind, auf Grundlage der unterschiedlichen Bedarfe in den jeweilig unterschiedlich großen Sozialräumen aber schwer zu planen seien. So wäre ein kurzfristiges Reagieren auf unvorhergesehene Bedarfe bspw. schon dann notwendig, wenn eine Kommune einen Mehrbedarf meldet, der den aktuellen Bestand der vorhandenen Einrichtungen und damit verbunden Betreuungsplätze bereits mit zwei weiteren Kindern überschreitet. In der Schaffung von Lösungen dieser Situationen seien aber immer die mittel-, bzw. langfristige Perspektiven einzubeziehen.

»Aber wir erleben uns schon auch so, dass wir zum Teil in die Städte und Gemeinden gehen und sagen okay, wir brauchen jetzt, meinetwegen zum übernächsten Kita-Jahr, den Ausbau um X. Aber, ob das alles so bleibt, das ist noch eine andere Frage. Das heißt, auch Modelle, die bei einem Ausbau, die nochmal in weiteren anders genutzt werden können, gerade in sehr, sehr kleinen Gemeinden, [...] kleine Sozialräume, da muss man eben in beide Richtungen denken. Also einmal in die Richtung Ausbau der Kita, aber was mach ich denn, wenn das jetzt in den nächsten Jahren nicht erweitert wird, weil das Baugebiet ist jetzt vollgelaufen, und die Kinder dort sind alle geborene und entwachsen also dem Kita-Alter. Kann ich dann diesen Anbau oder diesen Ausbau dann nicht auch noch anders nutzen? Das sind Fragen, die eben auch zunehmend auf uns zukommen, aber vor allen Dingen eben in den sehr, sehr kleinen Sozialräumen. (Planungsfachkraft; F1_Ch, Pos. 63)

Dieses Zitat verdeutlicht, wie insbesondere ländliche Räume mit der Herausforderung konfrontiert sind, Sozialräume zu definieren, die im Vergleich zu urbanen Gebieten nicht unmittelbar in einen anderen Nutzen übergehen. Angebote vor Ort bereitzustellen birgt hier verstärkt die Anforderung, nachhaltige Nutzungskonzepte perspektivisch mitzudenken.

Beteiligung der Adressat:innen im Planungsprozess

Neben der machtvollen Stellung der freien Träger und der Kommunen, auf die der Kreis als Kooperationspartner u. a. in der Gewährleistung der Angebotsvielfalt angewiesen ist, ist ebenso die Beteiligung der Adressat:innen im Planungsprozess hervorzuheben. In der Selbstbewertung durch den Kreis wird die Beteiligung der Eltern über den jährlich verwendeten Fragebogen als sehr hoch eingeschätzt, da dieser ein differenziertes Bild der Bedarfslage von Familien liefere. Um den Zugang für Eltern zur Bedarfsangabe zu erleichtern, soll dieser zukünftig digitalisiert werden. Im Rahmen der Regionalkonferenzen findet zudem eine mittelbare Beteiligung der Eltern in Form des Jugendamtselternbeirats statt. Darüber hinaus werden sowohl durch die Planungsfachkraft des Kreises wie auch in den vertiefenden Interviews deutlich, dass informelle Beteiligungsstrukturen die Bedarfsplanung beeinflussen. So werden Bedarfe in kleinen Sozialräumen bspw. durch Eltern in direkten »Vier-Augen-Gesprächen« mit Vertreter:innen der Verwaltung angezeigt.

Dass qualitative Planungsaspekte im Prozess jedoch weitestgehend unbeachtet bleiben, stellt die Amtsleitung selbstkritisch fest:

> »Und jetzt kommen wir auch noch in den Bereich, den wir noch gar nicht betrachtet haben. Also, wenn wir in den Qualitätsdialoge gehen wollen, [...] also neben der eigentlichen Bedarfsplanung, sind das ja auch noch Momente, die da wichtig sind. Das kann, so wie wir es ja gerade dargestellt haben, faktisch durch [die Planungsfachkraft] gar nicht geleistet werden. Also so wie gerade dargestellt, zehn Städte und Gemeinden und, und, und.« (Amtsleitung; F1_Ch, Pos. 173)

Inwiefern sich der dargestellte Prozess – erweitert um einen qualitativen Faktor – verändern würde, bleibt unklar. Aus dem Zitat kann jedoch entnommen werden, dass dies nur mit zusätzlichen personellen Ressourcen umzusetzen ist.

Rolle der Planungsfachkraft

Neben der Schaffung eines transparenten und partizipativen Planungsprozesses für die beteiligen Akteure, beschreiben die im Kreis für Planung verantwortlichen Personen ihr Planungsverständnis, bzw. ihre Rolle als Dienstleistende, die auf »Augenhöhe« mit den kreisangehörigen Kommunen ein bedarfsgerechtes Angebot für die Familien schaffen wollen. Spezifischer definiert die Planungsfachkraft ihre Rolle als verantwortlich dafür, den Gesamtprozess im Blick zu behalten, das notwendige Datenmaterial zur Verfügung zu stellen und zu interpretieren, die Entscheidungsfindung zu moderieren sowie den Kommunikationsprozess mit den Partnern zu steuern.

c) Einschätzung und Bewertung des Planungsprozesses durch die Beteiligten

Neben den oben genannten, für die Kitabedarfsplanung im Landkreis besonderen Herausforderungen, wird darauf verwiesen, welche zeitlichen Ressourcen die Kommunikation und die Organisation der eingeführten Formate (Regionalkonferenzen, Trägergespräche, Abgleichgespräche) im Prozesse binden. Die Jugendhilfeplanung hat dabei die Aufgabe, die Interessen der beteiligten Akteure einzubinden und gleichfalls fachlich zu bewerten und einzuordnen. Dieses Spannungsfeld zeigt sich beispielsweise in der Zusammenarbeit mit den freien Trägern im Kontext der Finanzierung:

> »Wir stellen auch fest, welche Träger, ich nenne mal so ein Beispiel im Sinne der Steuerung mit diesen 45-Stunden-Buchungen, bei welchem Träger plötzlich, wenn die Kinder in das beitragsfreie Kita-Jahr kommen, die 45-Stunden-Buchungen drastisch nach oben schnellen. Wie die Bedarfslage der Familien sich scheinbar plötzlich ganz deutlich verändern, weil die Familien das ja selber nicht mehr zahlen müssen. Und dann kann man ja auch 45 Stunden buchen.« (Planungsfachkraft; F1_Ch, Pos. 81)

Diese Aussage ist besonders interessant, da hier aus Sicht des Amtes eine indirekte Bewertung über jene freien Träger getroffen wird, welche das letzte beitragsfreie Kita-Jahr nutzen, um eigene finanzielle Interessen zu verfolgen. Die Bedarfe der Eltern, so wird vermutet, spielen dabei keine Rolle. Zu hinterfragen wäre hier, ob sich die Bedarfslage der Eltern tatsächlich »plötzlich scheinbar« verändert oder, ob sie nun – ohne Beitragszahlung – dem tatsächlichen Bedarf entspricht, da sie nicht durch finanziellen Zwang gelenkt wird.

Vor dem Hintergrund des geschilderten Falles wurden die Planungsfachkraft und Amtsleitung aufgefordert, Faktoren im Prozess zu benennen, die dessen Gelingen befördern. Dabei wurde zunächst das Eigenverständnis in der Planungspraxis in der Zusammenarbeit zwischen Landkreis und Kommunen als »Verantwortungsgemeinschaft« hervorgehoben. Ein guter Planungsprozess beinhalte einen engen Austausch mit den Kommunen und der zuständigen politischen Fachausschüsse. Des Weiteren wurde die Transparenz gegenüber den involvierten Akteuren sowie eine differenzierte Bedarfsabfrage und ein gutes Matching benannt.

Die Möglichkeit der Beteiligung in den Regionalkonferenzen und weiteren Gesprächen wird primär den Kooperationspartnern, wie den kreisangehörigen Kommunen und freien Träger, geboten – also denen, die für die Umsetzung der geplanten Maßnahmen zuständig sein werden. Ob das selbstgenannte Ziel umgesetzt wurde, den Planungsprozess für die beteiligen Akteure transparent und partizipativ zu gestalten, kann letztlich nur durch diese beantwortet werden.

In vertiefenden Interviews mit Trägervertreter:innen und Vertreter:innen kommunaler Verwaltung wurde bzgl. der Regionalkonferenzen nach den intendierten Zielen des Formates sowie dessen Nutzen für die Träger gefragt:

> »Also ich glaube, das Ziel ist wirklich, die größtmögliche Transparenz und Information für die Träger, aber auch für die Gemeinde [...], die ja ein Interesse [...] an der Kita-Bedarfsplanung im ganzen Allgemeinen hat. Und ich als Träger weiß dann einfach, in welche Richtung ich planen muss, [...] und das halt schon vor Weihnachten.« (F1_VI1, Pos. 10)

Insgesamt zeigt sich in der Bewertung der interviewten externen Akteure eine hohe Zufriedenheit mit dem Planungsprozess und insbesondere mit der Haltung der im Kreisjugendamt verantwortlichen Personen – über die Planungsfachkraft, die Amtsleitung sowie deren Stellvertretung.

> »Der Erfolg eines Prozesses hat immer mit den handelnden Beteiligten zu tun. Die sind beim Kreisamt [...] einfach gut aufgestellt. Da sind Leute, die ihr Handwerk verstehen. Die ihren Auftrag richtig definieren. Die kooperatives Arbeiten nicht nur auf einem Blatt Papier schreiben, sondern auch in der Wirklichkeit leben. Also nicht so nach dem Motto, ich bin hier die Obrigkeitsverwaltung und ich sage der Gemeinde mal eben, wie es geht.« (F1_VI2, Pos. 25)

3.2.3 Zusammenfassung und Fazit zum Fall

Ungeachtet der Bewertung des dargestellten Planungsprozesses steht dieser Fall exemplarisch für die in der quantitativen Erhebung ersichtlichen Tendenz, Leistungen und Angebote der Kinder- und Jugendhilfe überwiegend bereichsorientiert zu planen. Dabei nimmt vor allem die Kitabedarfsplanung eine Sonderstellung ein, die in vielen Jugendämtern mittlerweile als eigenständiger, von der Jugendhilfeplanung als nahezu losgelöster Planungsbereich bearbeitet wird und durch den hohen Druck, quantitative Bedarfe zu decken, geprägt ist.

Zweifelsohne ist die im Fall dargestellte Kitabedarfsplanung als ambitionierter Prozess zu werten, der bzgl. einer quantitativen Planung ein hohes Maß an Diskurs und Aushandlungsprozessen ermöglicht. In Regionalkonferenzen, in Trägergesprächen und in Abstimmungsgesprächen bietet die Jugendhilfeplanung des Kreises verschiedene Räume und Formate, um diskursiv die Entwicklung im zu beplanenden Bereich gemeinsam auszuhandeln.

Vor dem Hintergrund der im Fall dargestellten Planung und der geschilderten Beteiligung der Eltern ist unter Betrachtung der rechtlichen Rahmung für die Jugendhilfeplanung festzuhalten, dass Planung – neben einer quantitativen – auch eine qualitative Ebene einschließt. Diese wird im Planungsprozess nicht abgebildet und spielt auch in der Bedarfsabfrage der Eltern keine Rolle. Zudem ist anzumerken, dass eine umfassende Planung, die quantitative wie qualitative Aspekte einbezieht, die primäre Adressat:innengruppe – nämlich Kinder – einschließt. Das dies in der dargestellten Bedarfsplanung unterlassen wird, ist wohl – wie eingangs bereits erwähnt – dem hohen Druck geschuldet, den hohen Bedarf, insbesondere im U3-Bereich, zu befriedigen.

Eine aufeinander abgestimmte Planung aller Aufgaben- und Leistungsbereiche der Kinder- und Jugendhilfe kann in diesem Fall nicht aufgezeigt werden. Wie dargestellt liegen die Ursprünge dafür in der historischen Verortung der Jugendhilfeplanung bei der vorherigen Amtsleitung und in der Entwicklung einer komplexen Teilfachplanung im Bereich der Förderung von Kindern in Tageseinrichtungen und Tagespflege, die einen hohen Spezialisierungsgrad aufweist.

Wenn für die Jugendhilfeplanung allgemein festzuhalten ist, dass sich keine allgemeinen Standards entwickelt haben, dann ist dies ebenfalls für die vorgestellte Kitabedarfsplanung als Teilfachplanung festzuhalten. So verweisen die interviewten planungsverantwortlichen Personen wiederholt darauf, sich bewusst zu sein, dass die Art und Weise, wie vor Ort geplant werde, sich von anderen unterscheide und keine relevanten Vorgaben – bis auf die rechtlichen Bestimmungen des Bundeslandes – bestünden. Zudem wird wiederholt auf internes und externes »Erfahrungswissen« in unterschiedlichen Kontexten der Planung verwiesen. Das zeige bspw. in der Erstellung der Bedarfsanalyse, also in der Auswertung und Interpretation der durch die Meldeämter erhaltene Daten, oder in den Kenntnissen über die Familien in den Sozialräumen durch die Einrichtungsleitungen und pädagogischen Fachkräfte in den Einrichtungen vor Ort. Wenn diese Teilfachplanung mit ihren umfangreichen diskursiven Formaten bereits eine Vollzeitstelle in Anspruch nimmt, wird deutlich, dass eine Gesamtplanung der Kinder- und Jugendhilfe (in Abstimmung mit anderen Planungsbereichen) mit den gleichen Ansprüchen an Beteiligung, Diskurs und Datenbasierung nach deutlich mehr Personalressourcen verlangt.

3.3 Fall 2 – Ein arbeitsfeldübergreifendes Planungsthema der Kinder- und Jugendhilfe

Rahmenbedingungen	
Jugendamtstyp	Stadtjugendamt
Einwohnerzahl	≥ 500.000
Verortung der Jugendhilfeplanung	Eigene Abteilung als Stabsstelle der Jugendamtsleitung
Stellenumfang	5,2 Vollzeitäquivalente auf sechs Personen
Weitere Aufgaben der Planungsfachkraft	keine
Weitere Planungsstellen in der Kommune	Planungsaufgaben im Bereich Förderung von Kindern in Tageseinrichtungen und -tagespflege liegen in der entsprechenden Fachabteilung
Ausgewählter Planungsprozess für die Fallstudie	
Planungsgegenstand	Interkulturelle Öffnung aller Angebote und Leistungen der Kinder- und Jugendhilfe
Dauer	ca. 4 Jahre (2017–2021)
Status	abgeschlossen
Budget	nein
Externe Beratung	nein

3.3.1 Rahmenbedingungen der Jugendhilfeplanung in der Kommune

In diesem Stadtjugendamt ist die Jugendhilfeplanung als Sachbereich innerhalb einer Abteilung organisiert, die in der Hierarchie in Nähe der Amtsleitung verortet ist. Insgesamt sind 5,2 Vollzeitstellen auf sechs Personen in der Jugendhilfeplanung verteilt. Planungsaufgaben im Bereich Förderung von Kindern in Tageseinrichtungen und Tagespflege sind exkludiert. Mit dieser personellen Ausstattung ist das Jugendamt eine Ausnahme in der Bundesrepublik, wie an den quantitativen Ergebnissen dieser Studie zu erkennen ist (s. Kapitel 3.1). Die interviewten Fachkräfte thematisieren die gute Personalausstattung und vielfältige Expertise als Gelingensfaktoren sowohl für diesen ausgewählten Planungsprozess als auch für die Jugendhilfeplanung der Kommune insgesamt:

> »Da ist schon viel Manpower reingeflossen und ich glaube, dass wir personell recht gut aufgestellt sind. Und ich glaube auch, dass es auch angemessen ist. Also ich glaube wir können so umfassend planen und auch Kommunikation betreiben, auch Beteiligung betreiben, weil wir genug Leute sind. [...] Also wir haben jetzt, da bin ich total glücklich, auch eine Kollegin die im Prinzip für Datenmanagement, Dokumentation und diese ganzen Sachen zuständig ist. Die sich mit Excel gut auskennt.« (Sachbereichsleitung; F2_Ch, Pos. 266)

Der im Folgenden beschriebene Planungsprozess beschäftigte sich von 2017 bis 2021 mit dem arbeitsfeldübergreifenden Thema der interkulturellen Öffnung aller Angebote und Leistungen, die die Kinder- und Jugendhilfe im Einzugsbereich des Jugendamtes erbringt.

Zur Erstellung der Planungschronologie wurde ein gemeinsames Interview mit der Leitung des Sachgebiets Jugendhilfeplanung sowie einer für den Prozess hauptverantwortlichen Planungsfachkraft geführt. Vertiefend ist ein weiteres Interview mit zwei Vertreter:innen einer der am Prozess beteiligten Facharbeitsgruppen geführt worden.

3.3.2 Darstellung des ausgewählten Planungsprozesses

a) Gestaltung der Planungsstruktur

Die im Chronologiegespräch geschilderte Praxis der Jugendhilfeplanung existiert in dieser Form seit dem Jahr 2016, in dem diese durch Beschluss einer grundlegenden Planungskonzeption durch den Stadtrat neu strukturiert wurde. Diese Planungskonzeption beinhaltet in vier Teilen Aussagen zur Struktur und zur Fortschreibung der Jugendhilfeplanung. Für die Schilderung der Fallstudie ist insbesondere der zweite Teil zu betrachten, in dem übergreifende Themen, die durch den Jugendhilfeausschuss anlassbezogen beschlossen und mittelfristig (3–5 Jahre) als Schwerpunktthema der fachlichen Planung gesetzt werden, beschrieben sind. Bereits 2016 wurde hier das Thema »interkulturelle Öffnung« als Planungsthema eingebracht, 2017 ebenfalls durch den Stadtrat beschlossen und als Planungsauftrag an die Jugendhilfeplanung übergeben. Die Priorisierung des Themas durch den Stadtrat wird durch den seit 2015 verstärkten Zuzug geflüchteter Menschen und damit verbundenen Herausforderungen für die Kinder- und Jugendhilfe erklärt:

> »In diesem Teil zwei des Planungsrahmens, der also dann 2017 beschlossen wurde, nachdem der Stadtrat 2016 das Prinzip beschlossen hat, wurden dann quasi Dokumente 2017 beschlossen, im vierten Quartal. Da steht ein Satz mit drin, eines der drei Themen, die der Jugendhilfeausschuss uns mitgibt, interkulturelle Öffnung aller Leistungsfelder und Leistungsarten der Jugendhilfe. Das heißt, das war 2017 [...] als ganz viele geflüchtete Menschen auch hier ankamen und diese Frage wie

offen sind A die offenen Einrichtungen für geflüchtete Menschen, das war der Ausgangspunkt. Mindestens genauso intensiv aber auch die Frage für alles, was Hilfen zur Erziehung betrifft, wie nimmt die Jugendhilfe sich dieser Aufgabe an. Deswegen ist das also eine der Querschnittsaufgaben, die der Jugendhilfeausschuss uns mitgegeben hat für die nächsten etwa fünf Jahre, also drei bis fünf Jahre so ungefähr, mit der Aufgabe, in allen Planungsprozessen dieses Thema zu bearbeiten.« (Sachbereichsleitung; F2_Ch, Pos. 2)

Ziel des Planungsprozesses ist die Erstellung eines Berichtes, der bzgl. des Planungsthemas aufzeigt, wie sich der Ist-Stand in den Angeboten und Leistungen der Kinder- und Jugendhilfe darstellt, welche gelingende Integrationskonzepte gestaltet wurden und welche Herausforderungen sich perspektivisch für die Stadt und somit für die Infrastrukturplanung ergeben. Der Bericht soll abschließend durch den Jugendhilfeausschuss verabschiedet werden.

Folgende bestehende Strukturen wurden im Planungsprozess genutzt:

- Sozialräumliche Regionalkonferenzen mit Fachkräften der Kinder- und Jugendhilfe, weiteren Einrichtungen und Akteuren im Sozialraum und teilweise Schulvertreter:innen;
- Arbeitsgemeinschaften nach § 78 SGB VIII, insbesondere die Fach-AG »Junge Migrantinnen und Migranten«.

Im Steckbrief wurde durch die Planungsfachkräfte angegeben, dass für den Planungsprozess kein Budget zur Verfügung stand und keine externe Beratung hinzugezogen wurde.

b) Gestaltung des Planungsprozesses

Rolle der Planungsfachkraft

Vor dem Hintergrund des dargestellten Planungsauftrages durch den Stadtrat ist an dieser Stelle zunächst das Rollenverständnis der Planungsfachkräfte hervorzuheben. Die Jugendhilfeplanung der Stadt sieht sich selbst in einer aktiven Rolle, die nicht nur das »Tagesgeschäft bedient«, sondern sich eigenständig Aufgaben sucht und – als positiver Störer in das System Jugendhilfe hineinwirkt und Diskurse mit der Praxis ermöglichen möchte.

Im Interview betonen die Sachgebietsleitung und die für den Planungsbericht zuständige Planungsfachkraft ihre aktive Rolle und das engagierte Vorantreiben dieses für die Fallstudie ausgewählten Planungsthemas, insbesondere vor dem Hintergrund der Erfahrungen mit dem Zuzug geflüchteter Menschen nach Deutschland ab 2015:

»Das heißt, wir haben das Thema dann eigentlich getrieben und immer wieder reingebracht. Das war mit diesem Thema relativ leicht, weil das natürlich oft auch intrinsische Motivation der Fachkräfte war, die auch plötzlich mit einer neuen Situation umgehen mussten. Von daher war das relativ gut anschlussfähig an das, was gerade an Fachdiskurs stattfand. Da haben wir also ganz oft auch offene Türen

> eingerannt, zumindest so in den ersten anderthalb bis zwei Jahren, wo also jeder auch mit darüber sprechen wollte.« (Sachbereichsleitung; F2_Ch, Pos. 4)

Ablauf der Bestandsfeststellung, Bedarfsermittlung und Maßnahmenplanung

Bezogen auf den untersuchten Planungsprozess werden vor allem die Planungskonferenzen als ein wesentliches Format benannt, um diesen Diskurs in der Stadt zu gestalten. Diese Planungskonferenzen finden pro Sozial-/Planungsraum alle drei Jahre statt und sollen die Bedarfe der Adressat:innen aufgreifen, formulieren und entsprechende Maßnahmen bzw. Empfehlungen in Planungsberichten an das Jugendamt übergeben, aber auch bereits vor Ort eigenständig Maßnahmen zwischen den im Stadtteil vertretenen Akteuren, Einrichtungen, bzw. Leistungserbringern abstimmen und umsetzen. Je nach Planungsraum nehmen an diesen fünf- bis sechsstündigen Konferenzen 15 bis 60 Personen teil.

> »In der Summe sitzen dort, neben den Vertretern des Jugendamtes natürlich, also Jugendhilfeplanung nur drin, weil wir sind die Einladenden, die Fachkräfte der Jugendarbeit, Jugendsozialarbeit, oft auch Kita-Einrichtungen. Wenn wir Glück haben, bekommen wir ein paar Schuldirektoren hin, das passiert leider viel zu selten. Akteure des Sozialraums, [...] zum Beispiel Migrationssozialarbeit oder auch Erziehungsberatungsstellen. [...] Und so wird eigentlich die Gruppe zusammengesetzt. Es sitzen in dieser Planungskonferenz nur in Ausnahmefällen junge Leute drin, Adressaten, weil das eher eine Fachkonferenz ist.« (Sachbereichsleitung; F2_Ch, Pos. 10)

Um in diesem Planungsprozess sicherzustellen, dass eine diverse Zusammensetzung der Fachpraxis an der Diskussion zum Thema der interkulturellen Öffnung teilnimmt, wurde darauf verzichtet, dieses als alleiniges Thema einer Planungskonferenz zu setzen. Dadurch sollte verhindert werden, dass u.U. nur Fachkräfte teilnehmen, die sich diesbezüglich als Expert:innen betrachten.

In den ab 2018 durchgeführten und extern moderierten Planungskonferenzen wurde jeweils nach einem einleitenden Input zur Darstellung des Ist-Standes für den jeweiligen Stadt-/Planungsraum bzgl. ausgewählter Bereiche an Thementischen gearbeitet. Neben Themen wie bspw. Nutzung von Freizeitflächen, Demokratiebildung wurde durch die Jugendhilfeplanung in allen Planungsräumen ein Thementisch zur interkulturellen Öffnung moderiert, um eine gemeinsame Bedarfsanalyse und erste Maßnahmenplanung vorzunehmen:

> »Darüber wird am Thementisch gesprochen: sagen, was heißt denn das? Betrifft euch das? Was macht ihr dazu? Das ist so [der] erste Teil dieser Thementischrunde. Das ist immer so ein zwei, drei Stunden moderiertes Gespräch und der zweite Teil ist eben, was machen wir jetzt damit gemeinsam. [Am] Anfang geht es im Prinzip so ein bisschen um die Bedarfsgeschichte oder auch Vorkommnis-Geschichte, dass wir zum Teil schon vorgegeben haben, aber der immer noch mal modifizierter ist, auch oft modifiziert wird, dann oft noch mit Handlungsziel unterlegt und dann

daraus die letzten anderen Stunden in die Maßnahme zu kommen. Was wollen wir als Fachkräfte des Stadtraums oder auch wir als Fachkräfte des Jugendamtes denn hier gemeinsam tun? Und in der nächsten Tagungskonferenz, die nach drei Jahren kommt, wird natürlich bilanziert, was ist denn nun eigentlich daraus geworden.« (Sachbereichsleitung; F2_Ch, Pos. 31)

Auf Grundlage der soziodemografischen Daten der Stadt erstellte die Jugendhilfeplanung für die jeweiligen Planungskonferenzen vorab planungsraumspezifische Steckbriefe, die den aktuellen Stand sowie Dynamiken im Stadtgebiet aufzeigen und als Diskussionsgrundlage dienen. Dafür wurden u. a. amtsintern vorliegende Dokumente, Sachberichte, Informationen ausgewertet und Gespräche mit Einrichtungen und Trägern geführt. Zudem flossen eine Umfrage der Jugendhilfeplanung aus dem Jahr 2017 zum Stand der interkulturellen Öffnung, eine bereits 2016 durchgeführte qualitative und quantitative Befragung von unbegleiteten ausländischen Minderjährigen sowie eine ASD-interne themenspezifische Befragung zu Herausforderungen um das Thema Migration/Interkulturalität in die Bestandsfeststellung ein. Des Weiteren wurden wissenschaftliche Studien zum Thema berücksichtigt.

Zwar werden die Planungskonferenzen durch die Planungsfachkräfte im Planungsprozess der Bedarfsanalyse zugeordnet, gleichwohl spielen auch hier Aspekte der Bestandfeststellung eine Rolle.

> »Ja, also die Konferenzen sind die Bedarfsanalyse. Die Bestandsaufnahme hatten wir ja vorher, also wir wissen ja, was da ist. Das wird im Prinzip im ersten Teil der Konferenzen mitgebracht. Wir nennen es sonst immer in dem Moment noch nicht Bedarf, sondern sozialpädagogisches Erfordernis. Denn Bedarf wird es ja erst, wenn der Jugendhilfeausschuss es beschlossen hat. [...] Und das heißt, wenn man in diesem Dreischritt eigentlich ist, ist die Bestandsanalyse vorher erfolgt, also durch uns, dass wir im Prinzip ja wissen, was gibt es, was gibt es an Einrichtungen. Es wird ein bisschen natürlich auch in der Planungskonferenz gefragt, also wenn wir Anfang 2018 sind, was macht ihr in diesem Bereich, also wo es noch um die inhaltliche Bestandsaufnahme geht, also das spielt dort auch schon mit rein. Und dann ging es aber eigentlich drum, um die Frage, was ist der Bedarf, das Erfordernis, und das natürlich dann auch schon, wenn das das Erfordernis ist, dann hat es diese und diese Maßnahme zur Folge, und für diese Maßnahme ist übrigens Max Müller bis 31.12. in Zusammenarbeit mit Lisa Schmitz und so weiter. Also weniger mit Namen benannt, sondern eher so mit Institutionen, oder das Jugendhaus ist dafür zuständig das...« (Sachbereichsleitung; F2_Ch, Pos. 16)

Das hier beschriebene Verständnis von »Bedarf« orientiert sich stark an der Deutungs- und Entscheidungsmacht der Politik. Im Rahmen der Jugendhilfeplanung werden aus fachlicher Perspektive »sozialpädagogische Erfordernisse« formuliert, auf deren Grundlage der Jugendhilfeausschuss mit einem politischen Beschluss die Bedarfe definiert.

Ergebnisse der Planungskonferenzen werden in Berichtsform an das Jugendamt übergeben, das diese dahingehend überprüft, ob die fachlich begründeten Bedarfe und vorgeschlagenen Maßnahmen im Rahmen einer abgestimmten Planung umsetzbar, sinnvoll und finanzierbar sind, bevor diese an den Jugendhilfeausschuss zum Beschluss weitergegeben werden.

> »Das passiert folgendermaßen, dass wir als Jugendamt, also nicht nur wir als Jugendhilfeplanung, sondern auch die zuständigen Fachabteilungen, uns gemeinsam die Ergebnisse natürlich anschauen. Sagen, wie schätzen wir das ein? Was ist davon machbar? Was ist umsetzbar? Was ist vielleicht gar nicht Aufgabe der Jugendhilfe? Wenn dort eine Turnhalle gebaut werden soll, dann können wir es gern mit aufnehmen, aber das können wir als Jugendamt schlecht lösen. Oder irgendwelche Wohnungen, keine Ahnung. Und dann passiert es eigentlich, die Federführung der Erstellung des Planungsberichtes liegt bei uns, Sachgebiet Jugendhilfeplanung. Und unter Beteiligung anderer Verwaltungsmitarbeiter, im Sinne des Zweiges Jugendamtes dann. Und dann wird daraus eine Beschlussvorlage gemacht, die dann veröffentlicht wird, noch mal diskutiert wird und wo es uns auch tatsächlich wichtig ist, dass die jeweils zuständigen Stadtteilrunden dort noch einmal drauf gucken können. Allerdings erst, nachdem es fertig ist, um dort noch einmal zu widersprechen, zu bestätigen oder irgendwas, dass sie noch mal drauf gucken und sie im Prozess der Beschlussfassung dort noch mal Stellung dazu nehmen können.« (Sachbereichsleitung; F2_Ch, Pos. 37)

Diese Praxis scheint vor dem Hintergrund der Bewertung durch teilnehmende Vertreter:innen nicht gänzlich unproblematisch. In einem vertiefenden Interview wird diesbezüglich zwar einerseits der hohe Beteiligungsgrad grundsätzlich gelobt. Auf der anderen Seite wird darauf verwiesen, dass im Rahmen der Planungskonferenzen Bedürfnisse identifiziert und Maßnahmen gefordert werden, die nicht umgesetzt werden, wodurch das Gefühl einer »Alibi-Beteiligung« entstehen könnte.

Neben den Planungskonferenzen greift die Stadt auf eine ausgeprägte Struktur an Arbeitsgemeinschaften nach § 78 SGB VIII zurück, um den Diskurs vor Ort zu führen. Im Planungsprozess wurde insbesondere die Fach-AG »Junge Migrantinnen und Migranten« einbezogen, die sich aus Vertreter:innen von Organisationen und Einrichtungen zusammensetzt, die mit eben jener Zielgruppe zusammenarbeiten, wie bspw. der Ausländerrat und Migrant:innenselbstorganisationen der Stadt.

> »[...] beziehungsweise eben Institutionen, Einrichtungen, aus dem Bereich Kinder- und Jugendhilfe, die in ihrer täglichen Arbeit sehr viel mit jungen Menschen mit Migrationshintergrund zu tun haben. Also die das für sich selbst als Arbeitsschwerpunkt haben. Es ist ein fachliches Austauschgremium für jene Einrichtungen, die in dem Bereich fachlichen Austausch eben suchen.« (Sachbereichsleitung; F2_Ch, Pos. 97)

Ebenfalls vertreten in der Fach-AG ist eine seit 2017 im Jugendamt eigens geschaffene Fachstelle zum Thema »Jugendhilfe im Kontext Migration«.

Nach der Durchführung der Planungskonferenzen begann im zweiten Quartal 2020 die Arbeit am Planungsbericht. Zum Zeitpunkt des Interviews – im vierten Quartal 2021 – befindet sich dieser in der verwaltungsinternen Abstimmung, bevor er dem Jugendhilfeausschuss im November übergeben werden soll. Im Gegensatz zu anderen Planungsberichten verweisen die Planungsfachkräfte darauf, dass er sich auf die Präsentation der Bedarfe und Handlungsziele beschränkt. Eine Maßnahmenplanung, die üblicherweise Bestandteil wäre, wurde bewusst ausgespart, um zu garantieren, dass die Diskussion zum Thema nicht abbricht und Maßnahmen in einem weiterverlaufenden Diskurs gemeinsam entwickelt werden:

> »[...] viele Fachkräfte und eben auch die Integrations- und Ausländerbeauftragte, haben jetzt die Befürchtung, dass das Thema dann wieder wegfällt, dass es dann einfach nicht betrachtet wird. Und um zu zeigen, dass das eben jetzt aber auch ein weitergehendes Thema ist, [...] ist dieser Planungsbericht eben auch noch mal in anderer Form ein Startpunkt für die gemeinsame Arbeit, als es andere Planungsbericht sind. Vor dem Hintergrund wird der Jugendhilfeausschuss mindestens irritiert sein, warum es nicht so aussieht wie immer, wird dazu Fragen stellen – ob er es gutheißt oder ob er sagt: ›Nein, das geht so nicht, wir wollen jetzt schon noch mal konkretere Maßnahmen abgeleitet‹ – kann ich nicht einschätzen. Aber [...] genau das ist jetzt vielleicht auch so ein kleiner Trick, um sie zu orientieren, um sie noch mal ins Gespräch zu bringen. Weil eigentlich wollen wir hier tatsächlich halt mal mehr Gespräch bekommen, als es bei anderen Planungsberichten ist. (Planungsfachkraft; F2_Ch, Pos. 198)

In diesem Kontext wird besonders deutlich, welche politische Brisanz mit dem Thema »interkulturelle Öffnung« und damit verknüpfte Interessen und Zielsetzungen – insbesondere in der Zusammenarbeit mit einem politischen Gremium wie dem Jugendhilfeausschuss – verbunden sind.

Kooperation mit anderen Planungsbereichen im Planungsprozess

Neben dem Planungsprozess zur interkulturellen Öffnung fand in der Stadt ein parallel verlaufender Prozess statt, der darauf abzielte, das städtische Integrationskonzept zu überarbeiten und durch die beim Bürgermeister verortete Beauftragte für Integration und Ausländer gesteuert wurde. Hier wurde an vielen Stellen von einer intensiven Zusammenarbeit profitiert und ebenfalls Ergebnisse aus Befragungen für die Erstellung des Planungsberichtes genutzt. So wurden im zweiten Quartal 2021 in der Überarbeitung des Integrationskonzeptes Beteiligungswerkstätten durchgeführt, auf deren Ergebnisse durch die Jugendhilfeplanung ebenfalls zurückgegriffen werden konnte.

> »Und hier hat man dann eben im Zusammenspiel jetzt auch noch mal geguckt, was sind Impulse, die für die Jugendhilfe von Relevanz sind und diese sind jetzt, wenn

> sie nicht sowieso schon drin waren, im Entwurf des Planungsberichtes doch noch mit eingearbeitet worden.« (Sachbereichsleitung; F2_Ch, Pos. 59)

Rolle des Jugendhilfeausschusses

Während des Planungsprozesses ist der Jugendhilfeausschuss über die fortlaufende Entwicklung durch die Planungsfachkräfte einbezogen worden, indem ihm die Dokumentationen der einzelnen Planungskonferenzen regelmäßig übergeben wurden. Besonders zum Beginn beschreiben die Planungsfachkräfte ein hohes (Eigen-)Interesse am Planungsprozess durch Träger und Parteien, welches jedoch im Verlauf des Prozesses nachgelassen hat:

> »Unser Jugendhilfeausschuss ist von manchen Trägern sehr bestimmt oder von manchen Verbänden, die natürlich immer Interessen haben. Und [...] ihr Interesse an interkultureller Öffnung [...] war sehr groß, als es darum ging, dass [es] eine Menge Geld dafür gibt und zusätzliches Geld für die Träger. Inzwischen hat sich das Thema ein bisschen abgenutzt, und wir wollen es eigentlich inhaltlich sehr gern wieder auf aufs Tablett heben.« (Sachbereichsleitung; F2_Ch, Pos. 177)

Deutlich wird die politische Bedeutung des Planungsthemas vor allem in der Betrachtung der Zusammenarbeit mit dem Jugendhilfeausschuss – insbesondere in Erwartung der Reaktionen, die der Planungsbericht hervorrufen könnte in Anbetracht der unterschiedlichen trägerbezogenen und politischen Interessen. Von der Sachbereichsleitung wird betont, dass bei diesem Bericht deutlich mehr verwaltungsinterne Abstimmung stattgefunden hat als sonst und trotzdem Unsicherheit besteht, wie er im Ausschuss aufgenommen und diskutiert wird:

> »Wir haben [...] auch einen paar provokante Stellen mit drin. Wenn es um Haltungsfragen geht, um inter-sektionellen Ansatz, um die Frage, welche Auswirkungen hat kulturelle Prägung innerhalb der Jugendarbeit, also der Adressaten. Es kann sein, dass es keiner liest und alle freundlich lächeln. Dann wird nur der AfD-Mann dagegen wettern. Es kann sein – das ist unsere Hoffnung, so haben wir es versucht zu schreiben – dass es wirklich innerhalb der Fachschaft einen Diskurs gibt und der Ausschuss das supportet, indem er [...] sagt, ja, das ist auch unseres, das sehen wir auch so. Wir sind tatsächlich sehr neugierig, wie der Bericht so ankommt. Wir haben ihn mehr als alle anderen Planungsberichte vorher mit verschiedenen Seiten auch verwaltungsintern besprochen. Dass die Integrations- und Ausländerbeauftragte den Bericht, bevor er überhaupt in den Geschäftsumlauf geht, schon mal liest, das gibt es eigentlich sonst nicht. Aber uns war diese Abstimmung wichtig, dass wir da irgendwie auch mit einer Sprache sprechen. Und ich habe tatsächlich keine wirkliche Prognose. Es kann sein, dass irgendetwas drinsteht, wo uns irgendeine Formulierung nicht gelungen ist und sich einzelne Leute an Einzelnem aufhängen, dann werden wir verprügelt werden. Gefeiert werden wir dafür nicht, glaube ich. Das passiert ja sowieso nie.« (Sachbereichsleitung; F2_Ch, Pos. 190)

3.3.3 Zusammenfassung und Fazit zum Fall

Dieser Planungsprozess ist gekennzeichnet von einem arbeitsfeldübergreifenden Thema der Kinder- und Jugendhilfe, das durch eine aktuelle gesellschaftliche und politische Herausforderung – oder »Krise« – besonders virulent und dadurch priorisiert wurde. Im zeitlichen Verlauf lässt sich das Phänomen beobachten, dass die Bedeutung des Planungsthemas im öffentlichen Interesse wieder abnimmt, und es bleibt am Ende die Frage, wie die Planungsergebnisse von der Politik aufgenommen werden.

Selbstverständlich ist das Thema Migration/Interkulturalität kein Thema, dass in der Kinder- und Jugendhilfe erst 2015 aufgetaucht ist. Schon der gesetzliche Auftrag fordert, dass ihre Leistungen und Aufgaben in der Ausgestaltung generell die »jeweiligen besonderen sozialen und kulturellen Bedürfnissen und Eigenarten junger Menschen und ihren Familien berücksichtigen« (§ 9 SGB VIII) sollen. Im Rahmen der quantitativen Onlinebefragung war »Migration« ein Thema von insgesamt 16, die nach ihrer Wichtigkeit und Priorität bewertet werden sollten. Auf einer Skala von 1 (unwichtig) bis 6 (sehr wichtig) wurde Migration als aktuelles Thema mit durchschnittlich mit 4,4 bewertet. Die Wertung der Priorität, mit der dieses Thema aktuell tatsächlich bearbeitet wird, lag mit 3,5 (1 = keine Priorität; 6 = sehr hohe Priorität) deutlich darunter (wie auch bei den anderen Themen). Nun ist vor dem Hintergrund dieses Falls zu vermuten, dass diese Bewertung aus dem Jahr 2020 anders ausfällt, als sie 2015 ausgesehen hätte. Auch erhält das Thema aktuell in 2022 aufgrund der Flucht vieler Millionen Menschen aus der Ukraine wieder mehr Bedeutung.

Das im Fallbeispiel wiederholt geschilderte, zunächst starke, im Verlauf jedoch abfallende öffentliche Interesse für das Planungsthema versinnbildlicht exemplarisch die Herausforderung für die Jugendhilfeplanung, fachpolitische, qualitativ gute und langzeitige Planung zu betreiben und gleichzeitig auf unvorhergesehene Bedarfe kurzfristig zu reagieren, ohne dabei ständig durch akut auftauchende Themen bestimmt oder gar blockiert zu werden. In einer 2004 durchgeführten Studie zur fachlichen und jugendhilfepolitischen Bedeutung des Jugendhilfeausschusses entwickelten Merchel und Reismann bzgl. der Setzung aktueller Themen folgende These, die sich in der grundsätzlichen Dynamik in dem vorliegenden Fall bestätigen lässt:

> »Die Phasen einer ›unruhigen See‹ werden in der Jugendhilfe häufig durch katalytische Ereignisse ausgelöst, wie skandalisierende Medienberichte, die ein Thema dramatisieren und schlagartig in das Zentrum der öffentlichen Aufmerksamkeit rücken. [...] Solche Ereignisse werden beinah zwangsläufig auf die Agenda gesetzt, verlieren aber ebenso schnell wieder an Bedeutung, wenn die öffentliche Aufmerksamkeit nachlässt oder erste – oftmals symbolische – Schritte eingeleitet wurden.« (Merchel/Reismann 2004: 108)

Die Jugendhilfeplanung im untersuchten Fallbeispiel versucht dieser Tendenz durch eine bewusste Modifizierung des Planungsberichtes entgegenzuwirken und durch den »Kniff«, die ansonsten enthaltene Maßnahmenplanung nicht aufzuführen, das Ziel zu verfolgen, die Diskussion um das Planungsthema sowie über die erforderlichen, notwendigen, rechtzeitigen und ausreichenden Schritte und Maßnahmen aufrechtzuerhalten. Im Sinne des durch die Planungsfachkräfte geäußerten Selbstverständnisses wird das übliche Vorgehen absichtlich im konstruktiven Sinne »gestört«, um eine Reaktion durch den Jugendhilfeausschuss zu provozieren bzw. diesen zu aktivieren.

Dass die Jugendhilfeplanung der Stadt dazu in der Lage ist, kann neben der aktiven Rolle und dem Planungsverständnis der Planungsfachkräfte ohne Zweifel einer personellen Ausstattung zugeschrieben werden, über die die Mehrheit der deutschen Jugendämter nicht verfügt. Neben dem Planungsprozess zur interkulturellen Öffnung wurde durch die zuständige Planungsfachkraft, die zudem für die HzE-Planung verantwortlich ist, ein weiterer stadtteilbezogener Prozess begleitet. Darüber hinaus sind im Sachgebiet Jugendhilfeplanung weitere Kolleg:innen mit anderen – auch übergreifenden Planungsthemen, wie bspw. Inklusion oder Sozialraumorientierung – befasst.

Hinsichtlich der Ressourcen für die Jugendhilfeplanung ist weiterhin zu erwähnen, dass die Planung zur Förderung von Angeboten für Kinder in Tageseinrichtungen und Tagespflege nicht im Sachbereich Jugendhilfeplanung verortet ist. Die umfänglichen Planungsaufgaben einer Kitabedarfsplanung – wie in den Fallbeispielen 1 und 4 dargestellt – binden folglich an dieser Stelle keine Personalressourcen. Inwiefern dies wiederum einer Wahrnehmung der Kinder- und Jugendhilfe als Gesamtsystem entgegenwirken kann, bleibt spekulativ.

Ein übergreifendes Planungsthema, wie die hier betrachtete interkulturelle Öffnung, legt nahe, auch über die Grenzen der Kinder- und Jugendhilfe hinaus Planungskooperationen und eine mit anderen Systemen abgestimmte, »integrierte« Planung anzustreben. Der Planungsrahmen der Stadt formuliert dazu die Vorgabe, dass für diesen Zweck zunächst die eigenen Planungsprozesse so zu gestalten sind, dass sie an andere anschlussfähig sind. In den Planungskonferenzen wird mitunter sortiert und transparent gemacht, welche Aufträge sich an die Kinder- und Jugendhilfe richten und dort auch umgesetzt werden können und welche an andere Stellen weitergeleitet werden.

Wenn Jugendhilfeplanung das Instrument zur Gestaltung diskursiver Prozesse ist, ist von entscheidender Bedeutung, in welcher Form diese geführt, auf welcher Grundlage sie gestützt und moderiert werden. Hinsichtlich der Gestaltung des Diskurses ist in diesem Fall interessant, wie auf Ergebnisse aus anderen Beteiligungsprozessen zurückgegriffen wird. Obwohl die Planungsfachkräfte teilweise selbstkritisch anmerken, dass direkte Adressat:innenbeteiligung im Rahmen des Planungsprozesses nicht stattgefunden hat, vermochten sie es Querverweise zu quantitativen und qualitativen Befragungen, die nicht auf Impulse der Jugendhilfeplanung entstanden sind, zu schaffen und diese in den Prozess einzubinden, wie beispielsweise die Ergebnisse der Beteiligungswerkstätten, die im Rahmen der Überarbeitung des Integrationskonzeptes durchgeführt wurden. Mit der Nutzung dieser Ergebnisse verschafft sich die Jugendhilfeplanung eine vertiefende fachliche Legitimation.

3.4 Fall 3 – Bestandsaufnahme zur Weiterentwicklung der Familienbildung

Rahmenbedingungen	
Jugendamtstyp	Kreisjugendamt
Einwohnerzahl	< 200.000
Verortung der Jugendhilfeplanung	in einem Sachgebiet
Stellenumfang	ein Vollzeitäquivalent auf eine Person
Weitere Aufgaben der Planungsfachkraft	keine
Weitere Planungsstellen in der Kommune	Planungsanteil bei der Amtsleitung
Ausgewählter Planungsprozess für die Fallstudie	
Planungsgegenstand	Familienbildung
Dauer	1,5 Jahre (Oktober 2020 – Januar 2022)
Status	abgeschlossen
Budget	nein
Externe Beratung	ja – Prozessbegleitung und Moderation

3.4.1 Rahmenbedingungen der Jugendhilfeplanung in der Kommune

Im dritten Fall wird ein Planungsprozess in einem Kreisjugendamt betrachtet, der durch die Teilnahme an einem Modellprojekt des zugehörigen Bundeslandes initiiert und durch eine externe Beratung begleitet wurde. Inhaltlich behandelt der Prozess die Planung der Leistungen und Angebote der Familienbildung im Landkreis, die gemäß der gesetzlichen Rahmung »[...] auf Bedürfnisse und Interessen sowie auf Erfahrungen von Familien in unterschiedlichen Lebenslagen und Erziehungssituationen eingehen, die Familien in ihrer Gesundheitskompetenz stärken, die Familie zur Mitarbeit in Erziehungseinrichtungen und in Formen der Selbst- und Nachbarschaftshilfe besser befähigen, zu ihrer Teilhabe beitragen sowie junge Menschen auf Ehe, Partnerschaft und das Zusammenleben mit Kindern vorbereiten« (§ 16 Abs. 1 SGB VIII).

Zur Erstellung der Chronologie des Planungsprozesses wurde ein gemeinsames Interview mit der Jugendamtsleitung und der Jugendhilfeplanungsfachkraft geführt. Vertiefend wurden die externe Prozessberatung und eine Person aus der Projektbegleitgruppe, die gleichfalls Mitglied des Jugendhilfeausschusses und Kreisrates ist, interviewt.

Die Planungsfachkraft ist im Rahmen einer Vollzeitstelle für die Jugendhilfeplanung des Kreises zuständig. Die Kitabedarfsplanung wird auf Kreisebene durch eine weitere Person durchgeführt, die auch Aufgaben der Fachberatung für Kindertageseinrichtungen wahrnimmt.

Als Voraussetzung zur Teilnahme am Modellprojekt des Bundeslandes wurde durch den Projektträger die Bereitstellung einer 0,25 Personalstelle gefordert. Diese wurde im Kreis anteilig durch die Jugendhilfeplanungsfachkraft sowie durch die Koordination der Frühen Hilfen erbracht.

3.4.2 Darstellung des Planungsprozesses

a) Gestaltung der Planungsstruktur

Den Anlass zum Planungsprozess gab die Entwicklung und Veröffentlichung eines Rahmenkonzeptes zur Familienbildung auf Ebene des Bundeslandes. Durch das zuständige Sozialministerium wurde darauffolgend ein Projekt initiiert, um dieses in Kommunen modellhaft zu erproben bzw. zu übertragen.

Die Initiative zur Bewerbung für die Teilnahme am Projekt ging maßgeblich auf die Planungsfachkraft und die Jugendamtsleitung zurück. Im Sommer 2020 erhielt das Jugendamt die Zusage zur Teilnahme und somit gleichfalls einen Planungsauftrag, der aufgrund der Initiative des Amtes in erheblichem Maß selbst bestimmt wurde. Über die Teilnahme am Projekt und die daraus resultierenden Aufgaben für das Jugendamt wurde der Jugendhilfeausschuss anschließend informiert. Die Amtsleitung verweist in diesem Zusammenhang darauf, dass zunächst keine Kosten – bis auf die Bereitstellung der bereits erwähnten Personalressource – entstehen, der Kreis jedoch durch externe Beratung, Prozessbegleitung und Moderation bei der Planung Unterstützung erhalten sollte. Gleichwohl wurde mit Blick auf die perspektivische Umsetzung von im Prozess geplanten Maßnahmen die Notwendigkeit gesehen, den Jugendhilfeausschuss sowie den Kreistag einzubeziehen und einen Planungsbeschluss einzuholen, da geplante Maßnahmen zwangsläufig auch mit Kosten verbunden sein werden

Neben der Teilnahme am Modellprojekt als initiierenden Faktor verweisen die Amtsleitung und die Jugendhilfeplanungsfachkraft zudem auf eine Rahmenkonzeption des Kreises zur Familienbildung, das vor 20 Jahren maßgeblich durch die gegenwärtige Amtsleitung entwickelt wurde, die damals als Jugendhilfeplanungsfachkraft und stellvertretende Amtsleitung tätig war. Das Modellprojekt war somit anschlussfähig an bisherige (Planungs-)Aktivitäten im Kreis. und diente auch dazu, diese Konzeption zu überprüfen und weiterzuentwickeln:

> »[...] vor über 20 Jahren, Anfang der 90er Jahre, [wurde im Kreis] auch eine Rahmenkonzeption Familienbildung erarbeitet, wo auch Grundsätze niedergeschrieben worden sind, inwieweit [...] die verschiedenen Familienbildungsträger bei uns [...] finanziell unterstützt werden durch Kreishaushaltsmittel. Welches Einzugsgebiet [...] die Familienbildungsträger auch bearbeiten müssen, in Anführungszeichen. Und da haben wir dann gesagt, es bietet sich jetzt an, in dem Projekt [...] zu gucken, was wurde vor über 20 Jahren erarbeitet und auch mit den Trägern damals, ja, erarbeitet. Und inwieweit ist das Konzept oder auch allgemein die Familienbildung [...] up-to-date. Was läuft gut, was läuft nicht so gut, wo gibt es Weiterentwicklungspotenzial. Und da haben wir gesagt, das bietet sich in diesem Rahmen sehr gut an in dem Projekt.« (Planungsfachkraft; F3_Ch, Pos. 3)

Als Ziele des Planungsprozesses wurden die Erhebung des Ist-Standes sowie die Analyse von Entwicklungsbedarfen formuliert. Insbesondere sollte aufgezeigt werden, wo Synergieeffekte mit im Kreis parallellaufenden Projekten entstehen und wie diese optimal genutzt werden können.

b) Gestaltung des Planungsprozesses

Ablauf der Bestandsfeststellung, Bedarfsermittlung und Maßnahmenplanung

Mit der Zusage zur Teilnahme am Modellprojekt fand im Sommer 2020 ein Clearing-Gespräch zwischen dem Projektträger, dem Kreis und der externen Prozessbegleitung statt, in welchem über Strukturen der Zusammenarbeit im Planungsprozess beraten wurden. So wurde sowohl eine Steuerungsgruppe als auch eine Projektbegleitgruppe eingerichtet. Die Steuerungsgruppe im Jugendamt besteht aus der Jugendamtsleitung und der Jugendhilfeplanungsfachkraft sowie der Netzwerkkoordination der Frühen Hilfen und der Fachberatung für Kindertagesbetreuung. Diese Zusammensetzung wurde strategische damit begründet, das Thema Familienbildung nicht isoliert, sondern übergreifend und im Kontext weiterer Angebote und Leistungen für Familien zu betrachten.

> »Weil wir auch gesagt haben, es ist auch wichtig, das Thema Familienbildung nicht als eigenes Thema nur quasi zu behandeln, sondern auch im Allgemeinen dann zu gucken, wie geht es links und rechts auch von dem Thema Familienbildung weiter. Da war für uns klar, dass das Thema Frühe Hilfen [...], aber natürlich auch [...] die Kitas ein [...] wichtiges Thema sind und auch ein Punkt sind, wo wir andocken können. Weil wir natürlich auch noch andere parallel laufende Projekte und Programme haben, wo dann auch unser Ziel war, eine Verzahnung herzustellen zwischen anderen Prozessen, die aktuell laufen, und auch jetzt dem Prozess hier. (Planungsfachkraft; F3_Ch, Pos. 17)

Neben der amtsinternen Steuerungsgruppe wurde eine Projektbegleitgruppe installiert, in der Akteure und Träger der Familienbildung im Kreis (bspw. Volkshochschulen, Haus der Familie), eine Vertreterin des Jugendhilfeausschusses, die gleichfalls Kreisrätin ist, eine Mitarbeiterin einer kommunalen Beratungsstelle sowie eine kommunale Kitafachberatung vertreten sind. Auch in dieser Gruppe wurde durch die Jugendhilfeplanungsfachkraft und die Amtsleitung bewusst ein besonderer Fokus auf die Vernetzung der Familienbildung mit den Kindertageseinrichtungen gelenkt, um wohnortnahe Angebot auszubauen:

> »Vielleicht noch ein Hinweis, warum bei uns hier mehrfach die Kindertageseinrichtungen in dem Zu-sammenhang eine Rolle spielen. [...] Es hat damit zu tun, dass wir als ländlich geprägter Kreis gesehen haben, dass im Grunde hier vier Standorte bei der jetzigen Trägerlandschaft im Grunde nicht wohnortnah genug ist für die Angebote. Und wir wollen deshalb die Kindertageseinrichtungen stärker in Richtung Orte für Familienbildung entwickeln. Das ist so ein wichtiger Teil, Baustein, dieses Projekts.« (Amtsleitung; F3_Ch, Pos. 20)

In einem gemeinsamen Workshop der Steuerungs- und Projektbegleitgruppe im Herbst 2020 wurde der Bestand von Angeboten und Leistungen der Familienbildung im Kreis mittels einer SWOT-Analyse – also der Betrachtung von Stärken, Schwächen, Chancen und Risiken – bewertet. Auf dieser Grundlage wurden Themenschwerpunkte für den weiteren Prozessverlauf gesetzt und im weiteren Verlauf in beiden Gruppen vertiefend bearbeitet. Ebenfalls fanden bilaterale Gespräche mit Familienbildungsträgern, wie bspw. den Volkshochschulen, statt, um besondere Bedarfe feststellen zu können. In diesem Stadium des Prozesses spielte die Erhebung und Nutzung von Daten bspw. zur Bevölkerungs- und Leistungsinfrastruktur keine signifikante Rolle. Vielmehr fand eine Auseinandersetzung darüber statt, wo sich im Kreis Sozialräume befinden und wie diese zu definieren sind. Die Planungsfachkraft verweist jedoch bereits darauf, dass in der konkreten Planung und in der Umsetzung von Maßnahmen Daten bspw. zu den Einwohner:innen eines Sozialraums sowie Zahlen aus der Kinder- und Jugendhilfe – wie Fallzahlen der Hilfen zur Erziehung – notwendig sind, um finanzielle Voraussetzungen zu schaffen.

> »Also wir haben bis jetzt noch nicht wirklich Daten [...] gesammelt. Ich würde aber trotzdem sagen, wir haben da deutlich mehr als nichts getan, indem wir beispielsweise gesagt, festgelegt haben, was verstehen wir eigentlich beim Thema Familienbildung unter Sozialraum. Ist der östliche [Name des Kreises] ein Sozialraum, [...] der westliche [...] oder der mittlere und südliche und nördliche? Nein, wir haben gesagt, die Sozialräume sind dort, wo die Menschen leben, wohnen, wo sie in die Kita und zur Schule gehen. Also jede Gemeinde, jeder Ortsteil einer Gemeinde, jeder Stadtteil ist ein Sozialraum. [...] Und zum anderen muss man aber auch sagen, natürlich als in den 90er Jahren die Rahmenkonzeption erarbeitet worden ist, wurde schon auch geguckt, wie viele, [...] Personen leben dann auch quasi in dem Einzugsgebiet. Und auf Grundlage von dem wurde dann auch die Schlüsselung entwickelt von dem finanziellen Zuschuss. Und ich denke, das ist auch ein Thema, wo man jetzt auch angucken muss nächstes Jahr in Kombination mit den Rückmeldungen von den Elternbefragungen, aber vielleicht auch in Kombination

mit anderen Fallzahlen wie im Bereich von HZE oder auch im Bereich der Frühen Hilfen, was gibt es da für belastbare Daten. Dass man dann aus denen quasi, aus den verschiedenen Daten dann ein Gesamtpaket schnürt, um zu gucken, wo denn auch wirklich, wie der Bedarf aussieht. Das sind jetzt mal so Grundüberlegungen. Müssen wir nächstes Jahr dann auch gucken, wie wir dann auch die Planung dann konkret auch angehen.« (Planungsfachkraft; F3_Ch, Pos. 35)

Bis in den Sommer 2021 fanden in verschiedenen Arbeitsphasen fachliche Auseinandersetzungen darüber statt, wie die Familienbildung derzeit strukturell aufgestellt ist, wie Angebote und Leistungen in einem ländlich geprägten Kreis sozialräumlich orientiert und dezentral angeboten werden können, welche Rolle Netzwerke dabei spielen können und wie vor Ort Sozialräume einzuteilen und zu definieren sind. Dabei wurden auch parallellaufende Projekte in der Diskussion berücksichtigt, die in ihrer Ausrichtung überschneidende Ziele verfolgen und die gleiche Zielgruppe ansprechen. Die Absicht, Synergien aus bestehenden Projekten mit dem laufenden Planungsprozess zu schaffen, bildet sich bereits von Beginn an in der Besetzung der Steuerungsgruppe ab, in der die für diese Projekte teilnehmende Netzwerkkoordination Frühen Hilfen und die Fachberatung für Kindertagesbetreuung integriert wurden.

Im November 2021 wurden die Ergebnisse und die entwickelte Maßnahmenplanung im Jugendhilfeausschuss vorgestellt. Zu den geplanten Maßnahmen gehörten die Erarbeitung eines Konzeptes zur Umsetzung der geplanten Maßnahmen, das auch die Umsetzung einer Bedarfserhebung bei Adressat:innen enthält.

Im Januar 2022 wurden die Ergebnisse des Planungsprozesses im Rahmen eines gemeinsam mit der wissenschaftlichen Begleitung vorbereiteten Bilanzworkshops einem breiten Spektrum an Akteuren und Interessierten im Kreis vorgestellt. Dieses Format, in dem konkrete weitere Schritte erarbeitet werden sollen, dient als Abschluss für das Modellprojekt und somit auch der Projektbegleitgruppe.

Beteiligung der Adressat:innen und Träger im Planungsprozess

Über das Projekt und den Planungsprozess wurden die Einwohner:innen des Kreises in kommunalen Zeitungen und Gemeindeblätter informiert. Die Träger von Angeboten und Leistungen der Familienbildung wurden in der Anfangsphase des Projektes in einer Online-Befragung zum Ist-Stand in der Familienbildung – besonders vor dem Hintergrund der aktuellen Corona-Rahmenbedingungen – befragt.

Eine eigenständige Bedarfserhebung unter Beteiligung der Adressat:innen wurde durch den Kreis bisher nicht durchgeführt. Über die wissenschaftliche Begleitung der am Modellprojekt teilnehmenden Kommunen wurde jedoch eine übergreifende Online-Befragung für Eltern umgesetzt, die punktuell durch Fragen der jeweiligen Kommune ergänzt und angepasst werden konnten. Diese wurde durch das Amt kreisweit beworben. Aus den Ergebnissen, die zum Zeitpunkt der Durchführung der Interviews nicht vorlagen, werden erste Hinweise auf die Bedarfe der Adressat:innen erwartet und sollen als Grundlage der weiterführenden Planung in 2022 dienen. Die Berücksichtigung der Adressat:innen-Perspektive zur Bedarfsermittlung ist somit primäres Ziel für den weiteren Planungsprozess:

> »Und nächstes Jahr geht es dann auch darum, zu gucken, dass wir [...] das Thema Beteiligung in den Fokus nehmen. Eltern beteiligen oder auch Fachkräfte beteiligen und da zu gucken, wo sind denn da die Bedarfe aus deren Sichtweise. Wenn wir dieses Jahr eher strukturell unterwegs waren und nächstes Jahr dann auch die andere Seite betrachten wollen, um dann nachdem die Träger uns rückgemeldet haben, was sie für Bedarfe konkret haben und für Vorstellungen haben nächstes Jahr. Dass wir dann auch gucken, wie müssen wir das dann finanziell oder wie können wir das finanziell darstellen, um eventuell Beschlüsse im Haushalt herbeizuführen.« (Planungsfachkraft; F3_Ch, Pos. 22)

Kooperationsbezüge zu Planungsbereichen neben der Kinder- und Jugendhilfe werden im bearbeiteten Planungsthema von den Befragten aktuell nicht gesehen. Die Jugendhilfeplanungsfachkraft und die Amtsleitung formulieren zwar den Willen, Angebote und Leistungen der Familienbildung künftig inklusiver zu gestalten, sehen jedoch keine direkten Arbeitszusammenhänge.

Rolle der Planungsfachkraft und Planungsverständnis

Um die Rolle der Planungsfachkraft bzw. deren Rollenverständnis zu betrachten, ist im dargestellten Fall die Verbindung zur Jugendamtsleitung hervorzuheben. Wie bereits beschrieben ist diese seit über zwanzig Jahren im Jugendamt tätig – zunächst in der Jugendhilfeplanung und dann in Stellvertretung der Leitung. Wie Jugendhilfeplanung im Kreis in der Vergangenheit umgesetzt und ausgerichtet wurde und aktuell durchgeführt wird, ist folglich maßgeblich durch die jetzige Amtsleitung beeinflusst worden. Dies findet seinen Ausdruck vor allem im zugrundeliegenden Verständnis der Jugendhilfeplanung im Kreis, das den Schwerpunkt auf Diskurs und Aushandlung legt:

> »[...], wenn es notwendig ist, dann machen wir auch das Klassische, also Zahlen, Daten, Fakten sammeln, zusammentragen, Lücken identifizieren und dann Maßnahmen entwickeln. Aber viel häufiger tun wir das eigentlich im Rahmen der Weiterentwicklung oder auch Neuentwicklung von Projekten mit entsprechenden Umsetzungsschritten, Aushandlungsprozessen mit Kooperationspartnern. Also wir nehmen sozusagen die prozessorientierte Jugendhilfeplanung praktisch sehr ernst und handeln da auch danach.« (Amtsleitung; F3_Ch, Pos. 8)

Diese Haltung prägt sowohl die Zusammenarbeit zwischen Amtsleitung und Jugendhilfeplanung als auch das Rollenverständnis der Planungsfachkraft. So beschreibt sie sich als gestaltenden und impulsgebenden Faktor, der Prozesse strategisch vorbereitet und moderierend lenkt – insbesondere zwischen beteiligten Trägern und Adressat:innen. Vor allem aber sieht sie sich als diejenige Person, die den Prozess mit fachlicher Expertise anreichert. Dass die Rolle in dieser Form eingenommen werden kann, schreibt die Planungsfachkraft vor allem dem Planungsverständnis seitens des Amtes und dessen Leitung zu.

Diese bekräftigt die Aufgaben der Planungsfachkraft vor dem Hintergrund ihres prozessorientierten Planungsverständnisses und betont die geteilte Steuerungsverantwortung:

> »[Name der Planungsfachkraft] ist auch Kommunikator und Netzwerker. Er ist auch in Abstimmung mit mir als Amtsleitung steuernd unterwegs. Also er bestimmt mit mir zusammen die Richtung, die es nehmen kann oder soll, mit. Wir sind ziemlich viel im Austausch, im engeren. Ich sehe ihn auch ein Stück weit schon neben mir selber als Mitverantwortlichen in dem, in der prozesshaften Entwicklung, Qualitätsentwicklung. Also ich sehe einfach so, er ist, er muss hier [...] weit mehr sein als nur ein Datensammler, der mir die Daten dann vorlegt, spiegelt, und ich mache dann was draus als Leitung. So läuft es hier nicht. (Amtsleitung; F3_Ch, Pos. 60)

Diese übereinstimmende Darstellung der Amtsleitung und der Planungsfachkraft wird auch durch die die Bewertungen des Planungsprozesses durch die externe Beratung bestätigt. Vor dem Hintergrund ihrer langjährigen Erfahrung in der Beratung und Begleitung von Planungsprozessen hebt diese die jahrelange Erfahrung der Amtsleitung hervor und betont deren hohes Interesse und Engagement für das Planungsthema und den Prozess. Außerdem beschreibt sie eine ambitionierte Jugendhilfeplanungsfachkraft, die mit »persönlichem Engagement [und] großer Überzeugung« (vertiefendes Int. 1; F3_Ch, Pos. 17) das Planungsthema vorantreibt.

Dieses Bild zeichnet im vertiefenden Interview auch das in der Projektbegleitgruppe beteiligte Jugendhilfeausschussmitglied und benennt als Grundlage des hohen Anspruchs der Jugendhilfeplanung im Kreis maßgeblich die Zusammenarbeit der in der Leitungsgruppe vertretenen Personen.

c) Einschätzung und Bewertung des Planungsprozesses

Die Bewertung des Planungsprozess durch die Befragten ist maßgeblich durch die Einschränkungen beeinflusst, die sich durch die Corona-Pandemie für die Zusammenarbeit in den unterschiedlichen Arbeitsgruppen ergeben haben. Ein Großteil der gemeinsamen Sitzungen und Arbeitsphasen mussten digital geführt werden, dafür wurde für alle in den Arbeitsgruppen teilnehmenden Personen Schulungen für die verwendeten Online-Tools angeboten. Zusätzlich standen einige in der Projektbegleitgruppe teilnehmenden Institution zeitweilig vor der Beendigung der Mitarbeit, da sowohl ihre eingebrachten Personalressourcen als auch Räumlichkeiten für die Aktivierung und Inbetriebnahme von Impfzentren geblockt waren.

Insgesamt wird der Prozess aus Sicht der Planungsfachkraft und der Amtsleitung aber positiv bewertet. Dabei wird vor allem die Einrichtung der beiden Planungsgruppen sowie die Beratung und Moderation durch eine externe Prozessbegleitung als Gelingensbedingungen benannt. Zudem wird hervorgehoben, dass durch den Planungsprozess Lücken in der Angebotslandschaft identifiziert werden konnten.

> »Wir haben definitiv eine Lücke aufgedeckt. Wir haben [...] nicht das, was man klassischerweise unter Familienerholungs- und Familienfreizeitmaßnahmen ver-

steht für Familien, die zum Beispiel belastet sind. Also außer den früheren oder alten Mutter-Kind-Kuren, die es in der Form, die man, an die man heute auch sehr schwer nur noch drankommt, gibt es keine Familienfreizeitmaßnahmen. Kein Träger bietet sowas bisher an. In den Ferienzeiten gibt es so Ferienprogramme in den Gemeinden für während der Ferienzeit. Aber das deckt nur einen Teil des Tages ab. Aber echte, ernstzunehmende, entlastende Familienfreizeiten oder Familienerholungsangebote gibt es keine. Und es zählt, nach dem Gesetz zählt es definitiv zu den Familienbildungsangeboten, die es geben sollte.« (Planungsfachkraft; F3_Ch, Pos. 84)

Auch durch die beiden amtsexternen Interviewpartner:innen wird der Prozess positiv bewertet. Dabei werden vor allem der Wille zur fachlichen Auseinandersetzung und die offene Diskussionskultur, die aus ihrer Sicht durch das Jugendamt befördert werden, sowie der Wille zur Vernetzung und Kooperation innerhalb des Amtes erwähnt. Durch die externe Begleitung werden in diesem Kontext die direkten und kurzen Entscheidungswege hervorgehoben, die sich vor allem dadurch ergeben, dass die in der Leitungsgruppe vertretene Amtsleitung direkten Zugriff auf die Leitung des Sozialdezernates hat und Entscheidungen somit schnell getroffen werden können.

Ebenfalls als besonderes gewinnbringend für den Planungsprozess wird durch das interviewte Jugendhilfeausschussmitglied die Begleitung des Prozesses durch eine externe Moderation bewertet. So wird die Bereitschaft des Amtes gelobt, sich einer externen Begleitung zu öffnen und somit »aus dem eigenen Dunstkreis herauszugehen« (vertiefendes Interview 2., Pos. 25). Außerdem wird ein genereller Mehrwert durch eine externe Begleitung darin gesehen, dass ein neutraler Blick von außen sowie die professionelle und zielgerichtete Vorbereitung und Durchführung von Arbeitstreffen eine zielorientierte Arbeit fördere. Kritik wurde in diesem vertiefenden Interview jedoch an der Art und Weise geübt, wie Zwischenergebnisse im Prozess an die Mitglieder der Projektbegleitgruppe übermittelt wurden. Hier wird vor allem das Verhältnis zwischen dem, was durch die Mitglieder in die Gruppe und somit in den Planungsprozess als Wissen und Anregung hineingegeben wurde, zu dem, was ihnen als Ergebnis zurückgespiegelt wurde, bemängelt.

3.4.3 Zusammenfassung und Fazit zum Fall

Der im Fall beschriebene und im Januar 2022 abgeschlossene Planungsprozess ist insgesamt als Zwischenetappe zu bewerten, denn er markiert den Übergang von der Bestandfeststellung in die Bedarfserhebung. Hervorzuheben ist dabei, dass diese erste Etappe durch eine qualitative Diskussion darüber geprägt wurde, was bspw. vor Ort unter Planungsräumen verstanden wird, wie Sozialräume zu definieren sind und wie Bedarfe zu erheben sind. Dabei wurden keine Daten erhoben, da der quantitative Aspekt der Planung vorerst verschoben wurde. Dass Daten aber eine wesentliche Rolle spielen, zeigen die Überlegungen der Planungsfachkraft zur Umsetzung von Maßnahmen und deren Finanzierung, bzw. in der Überzeugung des Jugendhilfeausschusses von zu beschließenden Maßnahmen. Die Bestandsfeststellung ist somit nicht abgeschlossen.

Zwei Punkte sind in der Betrachtung dieses Falles besonders hervorzuheben. Das ist zum einen das hier geschilderte Tandem aus einer langjährig erfahrenen Amtsleitung und einer jungen Jugendhilfeplanungsfachkraft, die offenbar das gleich Planungsverständnis und die Haltung gegenüber der Bedeutung von Jugendhilfeplanung als Steuerungsinstrument teilen. Jugendhilfeplanung wird hier weder auf die Rolle des Datenlieferanten und -verarbeiters oder als für sich stehende Teilfachplanung reduziert, die lediglich durch quantitativen Druck definiert wird. In den Vordergrund wird durch Amtsleitung und Planungsfachkraft die konzeptionelle Arbeit gerückt. Dies wird natürlich auch dadurch ermöglich, dass die Jugendhilfeplanungsfachkraft – wie bereits erwähnt – nicht für alle Planungsfelder der Kinder- und Jugendhilfe im Kreis verantwortlich ist. Aus den Schilderungen im Interview und aus der Zusammensetzung der Steuerungsgruppe zeigt sich aber der Wille, im Jugendamt eine enge Vernetzung herzustellen. Dies scheint, auch nach Aussagen des interviewten Jugendhilfeausschussmitgliedes, ebenso in der Außenwahrnehmung bemerkbar.

Zum anderen ist der Umstand hervorzuheben, dass es sich um ein begleitetes Modellprojekt des Bundeslandes handelte, in dem der Kreis durch eine externe Moderation und Prozessberatung unterstützt wurde. Dies wirkt als Motor für den Prozess und fällt zudem auf fruchtbaren Boden, da ein Thema zu behandeln war, an das angeschlossen werden konnte. In diesem Kontext sei auf die aktivierende Funktion von Modellprojekten hingewiesen, die nicht selten dazu beitragen, eingefahrene Planungsabläufe zu hinterfragen und umzugestalten. Im hier geschilderten Fall wurden klassische Aufgaben der Jugendhilfeplanung durch die externe Unterstützung übernommen und durchgeführt – wie bspw. die Entwicklung eines Umsetzungskonzept für die Modellprojektphase und die Moderation der Arbeitsgruppen. Neben der Übernahme dieser Aufgaben ist vor allem aber die »Störung« positiv hervorzuheben, die eine externe Person in das anscheinend eingespielte Team im Jugendamt bringt.

3.5 Fall 4 – Quantitative Kitabedarfsplanung als dringlichste Planungsaufgabe

Rahmenbedingungen	
Jugendamtstyp	Jugendamt einer kreisangehörigen Stadt
Einwohnerzahl	≤ 50.000
Verortung der Jugendhilfeplanung	Stabsstelle Jugendamtsleitung
Stellenumfang	22 Wochenstunden auf eine Person (zeitweise Aufstockung auf 30 Std.)
Weitere Aufgaben der Planungsfachkraft	keine
Weitere Planungsstellen in der Kommune	ja, Übernahme von Planungsaufgaben durch Sachgebietsleitungen
Ausgewählter Planungsprozess für die Fallstudie	
Planungsgegenstand	Kitabedarfsplanung
Dauer	5 Monate (November 2020 bis März 2021)
Status	abgeschlossen, aber jährliche Durchführung in gleicher Form
Budget	nein
Externe Beratung	nein

3.5.1 Rahmenbedingungen der Jugendhilfeplanung in der Kommune

Wie bereits im ersten Fall wurde als Gegenstand des vierten Falls der Prozess der Kitabedarfsplanung im Zeitraum November 2020 bis März 2021 gewählt – es handelt sich dieses Mal jedoch um ein Jugendamt einer kreisangehörigen Stadt (zur Erläuterung der Kitabedarfsplanung siehe Fall 1).

Die zuständige Fachkraft ist zum Zeitpunkt des Interviews seit fünf Jahren in der Jugendhilfeplanung tätig, die vorherige hat mittlerweile die Leitung des Jugendamts[15] übernommen. Die Jugendhilfeplanungsfachkraft ist bei der Amtsleitung als Stabsstelle verortet und verfügt über einen Stellenanteil von 22 Wochenstunden. Im Rahmen des Interviews verweist die Planungsfachkraft mehrfach darauf, dass sie keinen pädagogischen bzw. sozialarbeiterischen Hintergrund hat. Neben dem im Fall betrachteten Planungsprozess rund um die Kitabedarfsplanung bearbeitet die Planungsfachkraft derzeit den Kinder- und Jugendförderplan in Zusammenarbeit mit der zuständigen Sachbereichsleitung.

3.5.2 Darstellung des Planungsprozesses

a) Gestaltung der Planungsstruktur

Wie bei der Kitabedarfsplanung im ersten Fall liegt für diesen Planungsprozess weder ein gesonderter Auftrag noch eine verschriftlichte Konzeption vor. Der Auftrag zur Planung im Bereich der Kindertagesbetreuung – bzw. zu deren jährlicher Fortschreibung – wird auch hier auf die landesgesetzlichen Regelungen zurückgeführt, die im Ausführungsgesetz einen Stichtag benennen, an dem die kommunale Planung dem Land darzulegen ist. Die interviewte Planungsfachkraft schildert in diesem Kontext, dass die Kommune bereits vor Inkrafttreten des Landesgesetzes dazu übergegangen ist, ab 2016 die Angebote zur Förderung von Kindern in Tageseinrichtungen und Tagespflege in einem jährlichen Turnus zu planen. Diese Entscheidung resultiert aus den Erfahrungen der vorangegangenen Jahre, in denen jeweils für einen Zeitraum von bis zu vier Jahren geplant wurde. Nachdem die Kommune damit vor der Problematik stand, dass die Planung nicht den tatsächlichen Anforderungen und Bedarfen entsprach und dadurch Einrichtungen geschlossen worden waren, die schnellstmöglich wieder geöffnet werden mussten, wurde die Notwendigkeit einer jährlichen Bedarfsplanung erkannt und umgesetzt.

Da keine politisch beschlossene schriftliche Konzeption zur Planung vorliegt, ist die konkrete Umsetzung zum überwiegenden Teil abhängig von der individuellen Arbeitsplanung der Planungsfachkraft und den Prioritäten, die durch die Dynamiken im Planungsbereich gesetzt werden. Auf Nachfrage im Interview ist sich die Planungsfachkraft dieser Situation und der Zuschneidung des Prozesses auf ihre Person bewusst:

> »Ich weiß halt, welche Schritte werden gemacht, und ich habe meine Wiedervorlagen und packe das an. Klar, wenn ich jetzt heute ausfallen würde, [...] dann würde der Nächste es anders machen [...].« (Planungsfachkraft; F4_Ch, Pos. 65)

15 Die Perspektive der Jugendamtsleitung auf den dargestellten Planungsprozess, die Rolle der Jugendhilfeplanung und der zuständigen Planungsfachkraft konnte leider nicht erhoben werden, da das Interview im Erhebungszeitraum nicht zustande gekommen ist.

b) Gestaltung des Planungsprozesses

Ablauf der Bestandsfeststellung, Bedarfsermittlung und Maßnahmenplanung

Zunächst beginnt der Planungsprozess im November damit, dass aktuelle Daten erhoben werden. Dies sind vor allem Bevölkerungs- und Infrastrukturdaten – also Einwohnerdaten unterteilt nach Altersjahrgängen, Daten zu Wanderungsbewegungen wie Zu- und Wegzüge aus dem Einwohnermeldeamt, Daten zum Platzbestand der Kindertagespflege sowie den Kindertagesstätten durch die im Amt zuständigen Fachberatungen sowie die freien Träger und Hinweise durch das Bauamt zu neu ausgewiesenen Baugebieten. Die Planungsfachkraft betont in diesem Kontext wiederholt Schwierigkeiten, die sich in der Sammlung von Daten und in der Zusammenarbeit mit externen Partnern ergeben, wie beispielsweise dem Bürgerbüro:

> »Was ich dann aktuell noch explizit vom Bürgerbüro erhalte und wo ich drauf angewiesen bin, dass die es mir geben, weil ich selber nicht drankomme, sind solche Daten wie Zuzüge, die tatsächliche Geburtenzahl [...] da komme ich nicht dran. Würde ich auch gerne selber. Ich habe auch gesagt, wenn es nur an der Zeitkapazität liegt – ich sage nicht, dass ich die Zeit zu viel habe – aber bevor ich gar nicht drankomme, setze ich mich auch alleine dran und ziehe mir die Daten, wenn ich den Zugriff habe, nur ich brauche sie, so.« (Planungsfachkraft; F4_Ch, Pos. 17)

In der Laufzeit des geschilderten Planungsprozesses musste zudem mit den Schwierigkeiten der Corona-Pandemie umgegangen werden. So wurde beispielsweise eine neue Software der Meldeämter in Betrieb genommen, für die keine Schulung angeboten werden konnte, was wiederum zu Störung in der Zusammenarbeit führte.

Besondere Bedeutung in der Bedarfsplanung von Angeboten zur Förderung von Kindern in Tageseinrichtungen und Tagespflege spielen Prognosen zur Entwicklung der Bevölkerung, die möglichst kleinräumig zur Verfügung stehen sollten. Für diesen Zweck wurde in der hier untersuchten Kommune lange Zeit eine Datenbank des Bundeslandes genutzt. Diese stellt Daten mittlerweile jedoch nur noch auf übergeordneter Kreisebene zur Verfügung. Für eine kleinräumige Planung – so die Planungsfachkraft – sei diese Datenquelle somit nicht mehr verwendbar und eine Alternative musste gefunden werden. Die Kommune verwendet zur Erstellung von Bevölkerungsprognosen seither die Bevölkerungsmodelle der Hildesheimer Planungsgruppe.[16]

Der Wunsch der Eltern nach einem Platz für ihre Kinder in einer Kindertageseinrichtung wird in der Kommune über das Online-Tool »LITTLE BIRD«[17] erhoben. In vielen anderen Kommunen wird nach wie vor so verfahren, dass Eltern ihre Anmeldung bzw. ihren Betreuungswunsch persönlich in einer Kita in analoger Form anzeigen müssen. Aufgrund der angespannten Situation in der Bedarfsdeckung entstehen somit Situationen, in denen Eltern mehrere Einrichtungen aufsuchen und somit auf unterschiedlichen

---

16 Weitere Informationen unter: https://hildesheimer-planungsgruppe.de

17 Weitere Informationen unter: https://www.little-bird.de

Anmeldungslisten stehen. Die dann bei der Kommune eingehenden Betreuungswünsche spiegeln folglich ein verzerrtes Bild des tatsächlichen Bedarfs wider und bilden auch die Priorität der Eltern – welche der Einrichtungen bevorzugt würde – nicht ab. Online-Tools, wie bspw. das hier verwendete »LITTLE BIRD« oder der »Kita-Navigator«[18], bieten Eltern die Möglichkeit, zwischen allen Angeboten der Kommune trägerübergreifend, eine limitierte Anzahl zu wählen und zu priorisieren. Ein zentrales Anmeldesystem ist folglich ein nahezu unvermeidlicher Weg, die Planung effizienter zu gestalten, vor allem aber um für Transparenz im Anmeldeverfahren für die Eltern zu sorgen, das pädagogische Personal und die Einrichtungsleitungen zu entlasten.

Aber auch ein solches Anmeldesystem beinhaltet Herausforderungen für die Planungsfachkraft, denn die Kommunikation mit den Eltern über eine Online-Plattform erfordert Ressourcen. Zum Zeitpunkt des Interviews verweist die Planungsfachkraft darauf, dass ihre 22-Stunden-Stelle kürzlich um 8 Stunden aufgestockt wurde. Diese sind für die Betreuung des »LITTLE BIRD«-Programmes und für die Kommunikation mit den Eltern vorgesehen.

Liegen die Bestandsdaten und die Bedarfsanzeigen der Eltern vor, wird durch die Planungsfachkraft ab Dezember eine Übersicht der Überhänge und Defizite für die jeweiligen Planungsräume erstellt. Diese wird zunächst amtsintern in den zuständigen Fachabteilungen und Fachberatungen besprochen und eingeordnet. Anschließend wird ein Kitaplan erstellt, der Informationen zur Bestandsfeststellung, Bedarfserhebung und zu den nach Planungsbereichen gegliederten Planungsmaßnahmen sowie Informationen zur Finanzierung enthält.

> »Und in dem Kontext sprechen wir nochmal über diese Problemlage und gucken, was für Maßnahmen können da möglich sein, welche Standorte, wie müssen wir jetzt weiter vorgehen. Und dann wird es natürlich auch später, [...] dem Jugendhilfeausschuss und Rat [vorgestellt]. Aber eigentlich erst dann, wenn wir auch den Kitaplan fertig haben und wenn wir eigentlich auch schon Maßnahmen vorschlagen und uns eigentlich den Beschluss dafür abholen wollen... Standort so für eine neue Kita oder Anbau von Kita XY oder sonst irgendwas. Also quasi erst, wenn wir konkrete Vorschläge haben, wie kann es denn behoben werden, was müsste man machen, gehen wir natürlich in die Politik. Weil wenn wir mehr Geld brauchen, müssen wir natürlich den Kämmerer mit einbeziehen. [...] Und natürlich wird es auch mit der Bürgermeisterin diskutiert. Die will das natürlich auch wissen, wie es da weitergeht, bevor das dann im Jugendhilfeausschuss öffentlich gemacht wird. Aber das wird automatisch diskutiert, indem wir den Kitaplan ihr vorstellen und sie [...] diese Freigabe erteilen muss. « (Planungsfachkraft; F4_Ch, Pos. 39)

Der Kitaplan wird dem Jugendhilfeausschuss durch die Planungsfachkraft vorgestellt und sodann von diesem und dem Rat der Stadt verabschiedet, um die Planung anschließend, wie im Landesgesetz geregelt, beim Bundesland anzuzeigen und geplante Maßnahmen

18 Weitere Informationen unter: https://www.itk-rheinland.de/dienstleistungen/kita-navigator

umzusetzen. Der Kitaplan wird zudem im Ratsinformationssystem der Stadt eingestellt und ist dort einsehbar.

Beteiligungsformate für Adressat:innen und Träger sowie Kooperation mit anderen Planungsbereichen

Eine Elternbefragung oder andere Beteiligungsformate, die neben der quantitativen Erhebung des Betreuungsbedarfs und der Betreuungszeit weitere, auch qualitative Faktoren beinhalten, gibt es in dieser Kommune nicht. Begründet wird der Verzicht auf eine ausführlichere Bedarfserhebung – wie bspw. zu Randzeitenbetreuungen – mit dem Personalmangel im Elementarbereich:

> »Wir haben bisher davon Abstand genommen, eine Elternbefragung zu machen. Mich hätte natürlich die Betreuung von Randzeiten und so weiter interessiert, aber ist personell gerade nicht möglich. Also wir wollen keine Begehrlichkeiten wecken. Wenn wir jetzt fragen, brauchen Sie Randzeitenbetreuung, und wir können es mit dem Personal gar nicht stemmen, bringt uns natürlich diese Abfrage nichts.« (Planungsfachkraft; F4_Ch, Pos. 3)

Hier wird Partizipation als eine Art Dienstleistungsverhältnis verstanden, in dem Begehrlichkeiten an die Kommune herangetragen werden, die nicht erfüllt werden können, nicht aber als Ermächtigung der Adressat:innen, die in die Lage versetzt werden, für ihre Bedarfe selbst zu sorgen.

Die Beschäftigung mit qualitativen Aspekten sieht die Planungsfachkraft aktuell eher bei den Fachberatungen der Kindertageseinrichtungen und Kindertagespflege angesiedelt, in der Planung sei die Abdeckung des quantitativen Bedarfs aktuell dringlicher:

> »Ich glaube, das wäre dann der nächste Schritt, [...] jetzt doch mal so zu gucken so pädagogisch, was kann man mit den Trägern machen. Oder ich hoffe ja so ein bisschen, dass wir irgendwann auch aus dieser Not rauskommen, dass es zu wenig Plätze gibt in den Kitas, sondern dass man dann wirklich nochmal sagen kann, wir können die Gruppen verkleinern, haben Bestandsgruppen, und die sind dann nicht voll. Und dann kann man natürlich auch nochmal gucken, wie kann man pädagogisch nochmal ein bisschen mehr reinbringen. Nur das ist halt jetzt aktuell eher so das Steckenpferd natürlich von meiner Fachberatung Kindertagesstätte oder auch konzeptionell bei Kindertagespflege, die dann da qualitativ gucken oder auch pädagogisch gucken, was ist da in welcher Kita irgendwie möglich. [...] Das schwingt aber in meine Planung so halt erstmal nicht rein, weil wir im Moment erstmal dran sind, den Fehlbedarf auszugleichen. Weiß nicht, machen das andere Kommunen anders?« (Planungsfachkraft; F4_Ch, Pos. 81)

Eine Planungs- oder Arbeitsgruppe nach § 78 SGB VIII oder sonstiger Form, welche den Planungsprozess begleitet, existiert nicht. Die bestehende Kitaleitungsrunde – die durch die Amtsleitung und die Fachberatung regelmäßig durchgeführt wird – wird bei Bedarf und am Ende des Planungsprozesses über die Planungsergebnisse informiert. Die Planungsfachkraft verweist aber darauf, dass die einzelnen Einrichtungsleitungen im Prozess persönlich angesprochen und informiert werden, wenn sich Platzzahlen ändern bzw. wenn mit Veränderungen für die jeweilige Einrichtung zu rechnen ist. Die Planungsfachkraft überlegt perspektivisch, durch die Amtsleitung mehr in die Kitaleitungsrunde eingebunden zu werden.

In der Kooperation mit anderen Planungsbereichen zeigt sich ein eher ambivalentes Bild. Denn auf der einen Seite fordert die Planungsfachkraft die Beteiligung der Jugendhilfeplanung in Kontexten, in denen es um Kinder und Jugendliche geht und artikuliert ihr Unverständnis dafür, wenn dies nicht geschieht:

> »Ich hatte noch vorhin vor unserem Termin einen Termin zur Spielplatzsituation und erfahre durch Zufall vom Betriebshof, dass ein neuer Spielplatz gebaut ist, eigentlich schon letztes oder vorletztes Jahr hätte gebaut werden sollen. Dass die aber ganz schön planen, und wie soll der denn aussehen und so weiter. Und wo ich dann nur denke, ja, und wo ist die Beteiligung von uns? Also offiziell sind wir als Jugendamt zuständig für die Spielplätze, für die Planung. Und der Betriebshof ist für die Pflege, Unterhaltung, Wartung, vielleicht auch dem Ersatz von Spielgeräten zuständig. [...] Aber da frage ich mich dann tatsächlich, wo bleibt meine Rolle in der Jugendhilfeplanung. Da wird man einfach, ja, vergessen, weiß ich nicht, oder dass es halt irgendwie auch nicht weitergegeben wird.« (Planungsfachkraft; F4_Ch, Pos. 75)

Auf der anderen Seite scheint es kaum Strukturen und Formate der Zusammenarbeit, bzw. der Kooperation zu geben, die aktiv durch die Jugendhilfeplanung im Rahmen der Kitabedarfsplanung initiiert und oder genutzt werden. So beschränkt sich die Beteiligung der freien Träger auf die Aushandlung der zu stellenden neuen Betreuungsplätze. Externe Partner, wie beispielsweise das Gesundheitswesen und Schulen – wichtige Akteure in der Gestaltung bspw. im Übergang von der Familie in die Kita und dann von der Kita in die Grundschule –, spielen für den quantitativen Planungsprozess keine nennenswerte Rolle.

Rolle der Planungsfachkraft

Die besondere Dynamik in der Kitabedarfsplanung – die sich vor allem durch den enormen Druck des quantitativen Ausbaus sowie das fehlende Bauland in vielen Regionen ergibt und in den letzten Jahren durch den steigenden Fachkräftemangel im Elementarbereich zusätzlich verschärft wurde – wirkt sich auch im hier vorgestellten Fall und somit in der Jugendhilfeplanung der Kommune aus. Dies verdeutlichen die Ausführungen der Planungsfachkraft insbesondere dann, wenn sie davon berichtet, dass sie durch ihre begrenzten zeitlichen Ressourcen an Grenzen stößt.

So beschreibt sie ihre eigene Rolle im Planungsprozess als »Feuerlöscher«, der von einem auftretenden Feuer zum nächsten eilt. Somit bleibt aber kaum Zeit, sich intensiv einer Aufgabe zu widmen. Unzufriedenheit tritt dann hervor, wenn beispielsweise durch die Bürgermeisterin unvorhergesehene Arbeitsaufträge gestellt werden, die eine zusätzliche Belastung darstellen:

»Hinzu kommt, dass wir gerade dabei sind, und deswegen habe ich eigentlich auch heute gar keine Zeit für dieses Interview, aber wir sind gerade in den Endzügen, den Kinder- und Jugendförderplan zu schreiben. Den schreibe ich zusammen mit der Sachgebietsleitung von der Jugendförderung. Da sind wir jetzt, ich hoffe, nächste Woche zum Abschluss, so dass ich dann ab November tatsächlich einen Kopf für die Kitas frei hätte. Das ist halt im Moment das Problem, da ploppt immer sowas auf. Dann möchte die Bürgermeisterin heute sofort eine Entscheidung zu einem Standort. Und ich sage, ey Moment, ich bin gerade voll im anderen Thema, habe da auch gerade voll die Zeitnot und soll jetzt mal eben nochmal meine komplette Bedarfsanalyse aktualisieren. Da habe ich ein Problem, so. Das hatte ich im Juni halt auch, da sollte ich quasi nochmal genau alles nochmal neu ziehen, das, was ich konnte und und und. Das heißt, dann grätscht man mir natürlich dann nochmal in meine Planung rein, auch in mein Zeitmanagement.« (Planungsfachkraft; F4_Ch, Pos. 71)

Vor dem Hintergrund dessen, wie die Planungsfachkraft die eigene Rolle beschreibt, wirft dies auch Fragen dazu auf, wie das Verhältnis zur Vorgesetzten eingeschätzt wird, wie Prioritäten durch wen festgelegt und/oder delegiert werden. Werden Mitarbeiter:innen gesehen und gehört? Welche Gelegenheiten gibt es, das zu verhandeln, und lässt die Organisationskultur das zu?

Da die interviewte Planungsfachkraft für die Planung der gesamten Kinder- und Jugendhilfe zuständig ist, wurde sie im Interview auch dazu befragt, wie andere Bereiche der Kinder- und Jugendhilfe geplant werden. Neben der Kitabedarfsplanung, die ihre 22 Wochenstunden nahezu vollständig füllen, arbeitet sie derzeit an der Erstellung des Kinder- und Jugendförderplans gemeinsam mit der zuständigen Sachgebietsleitung. Andere Bereiche können durch die Planungsfachkraft aufgrund fehlender zeitlicher Ressourcen nicht geplant werden:

»[...] ich glaube, dass ich in den Bereich HzE, wie mein Vorgänger, nie reinkommen werde, weil ich einfach keine Zeit habe. Weil jetzt, wie gesagt, jetzt sind wir gerade im Jugendförderplan in der Endphase. Ab November wird dann die Kitaplanung aufploppen [...] Ja, und irgendwann würde ich auch ganz gerne mal in die Spielplatzplanung drankommen. Das wäre so das Nächste, was ich ganz gerne mal machen würde. [...] wie gesagt, ich fände die Sache auch spannend, weil ich, wie gesagt, aus dem Bereich wirtschaftliche Jugendhilfe komme und die Grundzüge schon kenne, da in dem Bereich HzE auch nochmal einzusteigen. Aber im Moment ist einfach die Kapazität zeitlich nicht da. Wie gesagt, wäre mal spannend, aber viel mehr Infos kann ich Ihnen dazu leider halt nicht geben.« (Planungsfachkraft; F4_Ch, Pos. 71–73)

c) Einschätzung und Bewertung des Planungsprozesses durch die Planungsfachkraft

Trotz der oben beschriebenen Herausforderung, neben den anderen Planungsaufgaben genügend Zeit und Aufmerksamkeit auf die Kitabedarfsplanung richten zu können, bewertet die Planungsfachkraft den dargestellten Prozess insgesamt positiv, da das Ziel, die Sicherstellung des Betreuungsbedarfs, mit dem Vorgehen erreicht wird. Hier wird kein größerer Veränderungsbedarf gesehen. Lediglich der Wunsch nach engerer Zusammenarbeit mit anderen Fachämtern, insbesondere mit dem Bauamt sowie mit den Leitungen der Kindertageseinrichtungen, wird von ihr thematisiert:

> »Ich glaube, das wäre so das Hauptkriterium, wie kann ich quasi den Betreuungsanspruch sicherstellen. Das wäre bei mir das Oberste, so. Und natürlich der Rest ist Mittel zum Zweck. Also wie komme ich dahin, um das zu tun, wäre dann quasi so die nächsten Schritte, [...]. Da wäre eher zu überlegen, kann man noch mehr beteiligen, oder macht es vielleicht sogar Sinn, mehr in diese Kitaleitungsrunden einbezogen zu werden. Was ich sicherlich auch nochmal mit meiner Amtsleitung thematisieren würde, dass es vielleicht bei Bedarf sie mich wirklich mal mit dazu nimmt.« (Planungsfachkraft; F4_Ch, Pos. 103–113)

Zusätzlich schien die Fachkraft im Interview zu reflektieren, dass vertiefende quantitative und qualitative Aspekte der Bedarfsermittlung der Planung zuträglich sein könnten, wenngleich ihr aktuell hierfür die Ressourcen fehlten.

3.5.3 Zusammenfassung und Fazit zum Fall

Der in diesem Fall präsentierte Planungsprozess beschreibt eine Teilfachplanung der Jugendhilfeplanung. Als solche kann sie nur einen Auszug dessen beschreiben, was für die Jugendhilfeplanung verpflichtend ist. In diesem Sinn kann der vorgestellte Prozess als Reinform einer quantitativen Bedarfsplanung betrachtet werden, die darauf ausgerichtet ist, Betreuungsplätze auf Grundlage von Elternbefragungen in Abgleich mit dem Bestand an Einrichtungen und einer verlässlichen Bevölkerungsprognose bereitzustellen, um auch perspektivisch sichere Prognosen bzgl. der zukünftigen Inanspruchnahme geben zu können.

Grundsätzlich ist dieser Planungsprozess strukturell dadurch geprägt, dass eine Fachkraft mit einer Teilzeitstelle für die Jugendhilfeplanung zuständig ist und selbst angibt, unter Zeitdruck zu arbeiten. Ihr Stellenprofil und die Ressourcen ermöglichen ihr lediglich die Planung im Bereich der Förderung von Tageseinrichtungen von Kindern und der Tagespflege sowie die Mitarbeit am Kinder- und Jugendförderplan. Wie aber in anderen Bereichen der Kinder- und Jugendhilfe geplant wird und wie eine integrierte kommunale Jugendhilfeplanung – von ressortübergreifender Planung mit externen Fachbereichen ist hier nicht die Rede – verfolgt wird, bleibt weitestgehend unbeantwortet. Wenn Sachbereichsleitungen Planung durchführen – wie hier beim Kinder- und Jugendförderplan –, wie werden dann einzelne Teilfachplanungen zu einer aufeinander abgestimmten kommunalen Planung zusammengeführt und wer ist für die Koordination verantwortlich, wenn nicht die Jugendhilfeplanung?

Dass Jugendhilfeplanung neben dem besonders in der Kitabedarfsplanung drängenden quantitativen Aspekt auch auf die Entwicklung der Qualität von Angeboten und Leistungen abzielt, scheint angesichts der dargestellten Situation eine nachgeordnete Rolle zu spielen. Im Vordergrund stehen als Hauptziele der Planung die Bereitstellung von Betreuungsplätzen, die Vermeidung von Fehlberechnung und somit der Wiederholung einer Situation wie die in 2016 erlebte (kurzfristige Schließung und Wiedereröffnung von Einrichtungen). Dabei bleiben jedoch nicht nur qualitative Aspekte der Planung unbeachtet, sondern auch diskursive Elemente zur Aushandlung dessen, was vor Ort erforderlich, geeignet, rechtzeitig und notwendig ist, finden kaum Anwendung. So wird bspw. auf eine Elternbefragung, die über die Anzeige des quantitativen Betreuungswunsches hinausgeht, auch aus dem Grund verzichtet, Begehrlichkeiten bei den Adressat:innen zu vermeiden, die vor dem Hintergrund des Fachkräftemangels im Elementarbereich nicht bedient werden könnten.

Hier wird deutlich, dass die in der Jugendhilfe generell drängenden Themen des Fachkräftemangels bzw. der Fachkräftegewinnung und -sicherung indirekt auch die Jugendhilfeplanung beeinflussen. Inwiefern derzeit in der kommunalen Jugendhilfeplanung ressortübergreifende Strategien zur Problemlösung mitentwickelt werden, bleibt unklar.

Des Weiteren wird über das Bestehen einer Gruppe der Kita-Leitungen berichtet, die nicht als Gremium im Planungsprozess einbezogen, sondern über die amtsintern geplanten Maßnahmen informiert werden. Ob in dieser Gruppe qualitative Aspekte im Bereich der Kindertagesbetreuung bearbeitet werden, bleibt spekulativ, Arbeitsergebnisse finden jedoch keinen Eingang in die Bedarfsplanung.

Wenn sich die Planungsfachkraft selbst als Feuerlöscher beschreibt, die Aufgaben nach Dringlichkeit und unter Zeitdruck bearbeitet, scheinen neben diskursiven Elementen und qualitativen Aspekten der Planung auch langfristige Planungsperspektiven und die Planung unvorhergesehener Vorkommnisse unrealistisch zu sein. Gemessen an den zu erfüllenden Aufgaben der Jugendhilfeplanung ist angesichts des hier vorgestellten Falles deutlich zu hinterfragen, wie Kommunen mit einer halben Vollzeitstelle eine abgestimmte, kommunale Planung durchführen können. Oder werden diese als Jugendhilfeplanungsstellen bezeichneten Positionen dafür geschaffen, um dort, wo landesgesetzliche Regelungen bestehen und beispielsweise Fördergelder beantragt werden können, langfristige Ressourcen zu etablieren?

Abschließend soll trotz dieser in Teilen kritischen Auseinandersetzung mit dem Spannungsfeld von theoretischem Anspruch und praktischer Umsetzungsmöglichkeiten hervorgehoben werden, dass die Bewertung des Planungsprozesses durch die Planungsfachkraft positiv ausfällt. Das Ziel, ausreichend Betreuungsplätze zu schaffen, wird erreicht und die Verwendung des Online-Tools zur effizienten Erhebung der Elternbedarfe ist dabei hilfreich. Gleichwohl benennt sie Unsicherheiten bzgl. ihrer Rolle als Jugendhilfeplanerin sowie den Herausforderungen der knappen Ressourcen und verweist mehrfach darauf, dass sie nicht über eine (sozial-)pädagogische, sondern eine wirtschaftliche Qualifizierung verfügt und sich mehr Vergleichsmöglichkeit mit anderen Kommunen wünscht.

3.6 Fall 5 – Entwicklung einer Angebots- und Netzwerkstruktur in den Frühen Hilfen

Rahmenbedingungen	
Jugendamtstyp	Kreisjugendamt
Einwohnerzahl	50.001–100.000
Verortung der Jugendhilfeplanung	Stabsstelle Jugendamtsleitung
Stellenumfang	ein Vollzeitäquivalent auf eine Person
Weitere Aufgaben der Planungsfachkraft	keine
Weitere Planungsstellen in der Kommune	Fachabteilung Frühe Hilfen
Ausgewählter Planungsprozess für die Fallstudie	
Planungsgegenstand	Frühe Hilfen
Dauer	ca. 3 Jahre (2012–2015) für den Aufbau der Netzwerkstruktur
Status	Einstieg abgeschlossen, aber fortlaufende Planung im Netzwerk
Budget	ja, durch Fördermittel der Bundesinitiative für Raummiete, Verpflegung, Moderator:innen und Referierende
Externe Beratung	nein

3.6.1 Rahmenbedingungen der Jugendhilfeplanung in der ausgewählten Kommune

In der Kommune gibt es eine Planungsfachkraft, die als Stabstelle bei der Jugendamtsleitung verortet ist und unterschiedliche Planungsaufgaben übernimmt. Dem Jugendhilfeausschuss ist ein kleinerer »Lenkungsausschuss Jugendhilfeplanung« vorgeschaltet, in dem aktuelle Herausforderungen, Bedarfe oder Planungsvorhaben diskutiert und politische Entscheidungen vorbereitet werden. Laut Geschäftsordnung setzt sich der Lenkungsausschuss aus Vertretenden der im Kreistag besetzten Fraktionen und der stimmberechtigten und beratenden Mitglieder des Jugendhilfeausschusses sowie aus der Gleichstellungsbeauftragten, der Dezernatsleitung für den Fachdienst Jugend, der entsprechenden Fachdienstleitung, der Jugendhilfeplanungsfachkraft, der Netzwerkkoordination Frühe Hilfen und einer Trägervertretung für das Netzwerk Frühe Hilfen zusammen. Die Jugendhilfeplanungsfachkraft hat die Aufgabe, den Lenkungsausschuss fachlich und durch Zuarbeit zu unterstützen. Eine Durchsicht der Sitzungsprotokolle seit 2017 zeigt, dass sich die Jugendhilfeplanung neben den Frühen Hilfen mit verschiedenen Themen der Kinder- und Jugendhilfe auseinandergesetzt hat: u. a. mit Angeboten der Kinder- und Jugendarbeit, Präventionsprojekten, Berufsorientierung, Formaten der Kinder- und Jugendpartizipation, Elternbildung, Angebote für geflüchtete Familien, Kooperation von Jugendhilfe und Schule. Die Planung der Frühen Hilfen findet in der entsprechenden Fachabteilung durch die Netzwerkkoordination statt.

Der im Folgenden beschriebene Prozess umfasst die ersten drei Jahre und den Aufbau der Netzwerkstruktur in den Frühen Hilfen anlässlich der Bundesinitiative Frühe Hilfen im Jahr 2012. Ein übergeordnetes Ziel der Frühen Hilfen ist die (Weiter-)Entwicklung einer präventiven kommunalen Infrastruktur für (werdende) Eltern und ihre Kinder bis zum vollendeten dritten Lebensjahr. Mit diesem Ziel ist ein expliziter Planungsauftrag verbunden, der sich an den öffentlichen Träger richtet. Die Planung der Frühen Hilfen sollte sowohl mit der Jugendhilfe als auch mit der Gesundheitsplanung verknüpft werden (vgl. Sann et al. 2022: 53 f.). Diese ressortübergreifende und interdisziplinäre Planung ist sowohl auf strategischer kommunaler Ebene als auch im Rahmen der Netzwerke Früher Hilfen zur konkreten Angebotsentwicklung und Abstimmung gefordert.

Über die Bundesinitiative wurden u. a. Personal- und Sachkosten zum Aufbau und zur Weiterentwicklung der Netzwerke gefördert. Der heutige Jugendhilfeplaner in der hier betrachteten Kommune hatte zum Zeitpunkt des Netzwerkaufbaus die Stelle Frühe Hilfen in der Kommune inne und war zuständig für diesen Prozess. Für die folgende Analyse wurde ein Interview mit ihm geführt sowie die Planungskonzeption und ausgewählte Sitzungsprotokolle des Jugendhilfeausschusses seit 2012 ausgewertet.

3.6.2 Darstellung des ausgewählten Planungsprozesses

Anlass des ausgewählten Prozesses war der Beginn der Bundesinitiative Frühe Hilfen im Jahr 2012 und die Notwendigkeit, die Angebots- und Netzwerkstruktur in den Frühen Hilfen weiterzuentwickeln. Als Einstieg wurde eine erste Netzwerktagung durchgeführt, in dessen Verlauf deutlich wurde, dass viele Angebote bereits existieren und gleichzeitig eine systematische Bestandsaufnahme durch die Planungsfachkraft notwendig ist.

a) Gestaltung der Planungsstruktur

Für den Planungsprozess liegt eine schriftliche Konzeption einschließlich einer Gremienstruktur vor. Der erste Konzeptentwurf wurde durch die Planungsfachkraft erstellt und dann in der Jugendamtshierarchie abgestimmt. Das Gesundheitsamt hat das Konzept zur

Kenntnisnahme erhalten. Als nächste Schritte wurden die Planungskonzeption im »Lenkungsausschuss Jugendhilfeplanung« vorgestellt und anschließend im Jugendhilfeausschuss beschlossen.

Die Konzeption beinhaltet folgende strukturelle Elemente:

- Der Einsatz einer Gründergruppe mit Vertreter:innen der Wohlfahrtsverbände zur Vorbereitung der ersten übergreifenden Netzwerktreffen und zur Unterstützung der Aufbauphase,
- die Bildung von drei regionalen Netzwerken im Landkreis und
- eines übergreifenden Netzwerkes sowie
- der feste Sitz einer Netzwerkvertretung im »Lenkungsausschuss Jugendhilfeplanung«.

Eine externe Beratung für den Planungsprozess wurde nicht in Anspruch genommen, jedoch ein in dem Themenfeld renommierter Referent zu Auftaktveranstaltungen der Netzwerke eingeladen.

b) Gestaltung des Planungsprozesses

Ablauf der Bestandsfeststellung, Bedarfsermittlung und Maßnahmenplanung

Als Einsteiger in das Arbeitsfeld der Frühen Hilfen nahm die Planungsfachkraft zu Beginn des Prozesses eine Recherche der Angebots- und Netzwerkstruktur vor und erstellte das bereits erwähnte Planungskonzept.

Die Bedarfsermittlung wurde überwiegend im Diskurs zwischen dem Jugendamt, den Trägern der freien Jugendhilfe und weiteren Kooperationspartnern im Kontext der Frühen Hilfen umgesetzt. Den Einstieg in den Planungsprozess bildete entsprechend des Konzeptes eine kreisübergreifende Auftaktveranstaltung, deren Arbeit in regionalen Netzwerken fortgesetzt wurde. In diesem Rahmen sind aktuelle Angebotsstrukturen analysiert und Lücken identifiziert worden. Ergänzend führte die Planungsfachkraft einzelne Umfragen bei Trägern durch und stimmte sich mit potenziellen Kooperationspartnern ab.

In den regionalen Netzwerken wurden Ideen gesammelt, um Angebotslücken zu schließen, und konkrete neue Angebote entwickelt. Die Umsetzung und Erfolge werden fortlaufend bis heute in den Netzwerken thematisiert:

> »Und was wir natürlich immer machen: Wir haben immer diese Projekte, die wir wirklich im Rahmen der Frühen Hilfen/Netzwerkarbeit, entwickelt haben. Die thematisieren wir häufig auch. Was sind gerade die Arbeitsinhalte, was sind die Arbeitserfolge? Was läuft gut, was läuft nicht so gut? Das wird natürlich in den Netzwerktreffen auch immer reflektiert, weil dort sitzen ja die Leute, die entweder in den Projekten tätig sind, beziehungsweise sitzen die Fachleute, die davon gehört haben oder die auch dann verweisen auf diese Projekte.« (Planungsfachkraft; F5_Ch, Pos. 47)

Zusammenspiel von Datenbasierung, Diskurs und Beteiligung

Über alle Planungsphasen hinweg spielt der fachliche Diskurs die größte Rolle, während der Einbezug von relevanten Daten oder der Perspektive von Adressat:innen nur begrenzt bzw. gar nicht stattfindet. In Bezug auf eine gesicherte Datenbasis merkt die Planungsfachkraft retrospektiv kritisch an, diesem Aspekt heute eine größere Bedeutung zuzuschreiben:

> »Bei uns ist ja wirklich alles mehr aus einem praktischen Ansatz entstanden, was ja nicht bedeutet, dass letztendlich das Ziel oder das Ergebnis dessen, was geschaffen wird, schlechter oder besser ist, aber es ist einfach ein anderes Fundament. Das ist natürlich ganz klar. Jetzt als Planer sehe ich umso mehr, dass man eigentlich immer ein Fundament haben muss, und dieses kann eben nur aus Zahlen, Daten, Fakten bestehen, und dass man darauf aufbauend etwas planen, etwas umsetzen muss.« (Planungsfachkraft; F5_Ch, Pos. 67)

Gleichzeitig räumt die Planungsfachkraft ein, dass auch in ihrer aktuellen Tätigkeit wenig Zeit für eine fundierte Konzeptionierung eines Planungsprozesses – inkl. der Sammlung und Auswertung von Daten – vorhanden ist. Es bleibt folglich ein fachlicher Anspruch, der in der Praxis dieser Kommune selten umgesetzt wird:

> »Was aber alles momentan –, was sehr schwer ist natürlich, wenn man wirklich so einen richtigen Planungsprozess machen möchte, weil, man braucht die entsprechende Zeit dafür. Das ist dann immer das Problem. Anspruch an die eigene Arbeit und die Realität: Wie viel Zeit habe ich wirklich für die einzelnen Themen, die ich bearbeiten muss, zur Verfügung? Das ist dann der Widerspruch Anspruch und Realität in der Praxis.« (Planungsfachkraft; F5_Ch, Pos. 63)

Die Beteiligung von Adressat:innen bzw. die Erhebung ihrer Perspektive findet in dem beschriebenen Prozess nicht statt. Somit werden die Bedürfnisse und Wünsche von Eltern sowie ihrer Kinder durch die Sicht der an den Netzwerken beteiligten Fachkräfte stellvertretend eingebracht. Die Planungsfachkraft begründet dies, angesichts der fehlenden Ressourcen, als eine pragmatische Entscheidung. Aktuell wird in der Abteilung Frühe Hilfen eine Elternbefragung durchgeführt, die sich auf die Erfahrungen rund um die Geburt in der Pandemie-Situation bezieht.

Bedeutung von Kooperation sowie Bezüge zu anderen Planungsbereichen im Planungsprozess

Frühe Hilfen basieren auf der Grundidee einer sektorenübergreifenden und interprofessionellen Vernetzung von Akteuren aus der Kinder- und Jugendhilfe und dem Gesundheitswesen sowie von weiteren Sozialleistungssystemen und Akteuren als Basis einer abgestimmten, bedarfsgerechten Infrastruktur (vgl. NZFH 2016: 13).

Im vorliegenden Prozess wurden entsprechend der gesetzlichen Vorgabe zur Netzwerkbildung alle dort genannten Kooperationspartner (§ 3 Abs. 2 KKG) zur Mitwirkung in den Netzwerken angesprochen und eingeladen. Die Bewertungen der Planungsfachkraft hinsichtlich der Kooperation beziehen sich vor allem auf die Zusammenarbeit im Netzwerk. Dabei wurden die niedergelassenen Ärzt:innen und das Gesundheitsamt besonders hervorgehoben. Eine regelmäßige Teilnahme der niedergelassenen Ärzt:innen sei schwer umzusetzen, daher fragt die Planungsfachkraft hier vor allem anlassbezogen und persönlich an:

> »Was wir im Laufe der Jahre immer hinbekommen haben ist netzwerkbezogene, projektmäßige oder begrenzte Zusammenarbeit. Wenn wir gesagt haben: So, wir möchten gerne einen Fachtag planen, oder wir möchten gerne zu dem und dem Thema Input machen. Das sind immer so Sachen, da [...] haben wir eigentlich einen guten Kontakt, einen guten Draht. Und da lassen sich die niedergelassenen Hausärzte auch drauf ein.« (Planungsfachkraft; F5_Ch, Pos. 21)

Mit dem Gesundheitsamt habe es bereits vor 2012 eine regelmäßige Zusammenarbeit gegeben, insbesondere in Bezug auf den Einsatz und die Koordination von Familienhebammen. Die Planungsfachkraft bewertet diese Zusammenarbeit als selbstverständlich und positiv, ausschlaggebend für deren Gelingen seien vor allem der persönliche Kontakt und die Art der Kommunikation, nicht die formelle Anweisung:

> »Die Zusammenarbeit basiert einfach darauf – wir haben da keine schriftliche Form der Zusammenarbeit [...] – wir sind Landkreis, und wir arbeiten zusammen oder versuchen zusammenzuarbeiten. Das ist so der Hauptpunkt dabei, dass man ja schon innerhalb –, wir sind ja intern –, dass wir intern schon angewiesen sind auch, uns gegenseitig zu unterstützen. Und das klappt auch wirklich gut. [...] Es ist ja die Art und Weise, wie man miteinander umgeht. Wenn man einen guten Kontakt pflegt, dann stellt einem da ja auch keiner Stolpersteine –, also, so habe ich das bisher kennengelernt, Stolpersteine in den Weg. Es ist –, hat ganz viel mit Kommunikation zu tun, und wie wirke ich natürlich auf mein Gegenüber, dass die auch Lust haben, sich zu engagieren, losgelöst von diesem ganzen offiziellen: ›Wir sind Landkreis, und wir müssen zusammenarbeiten.‹« (Planungsfachkraft; F5_Ch, Pos. 31–33)

Das Zitat hebt die Bedeutung von informellen Kommunikationsstrukturen in der Kommune hervor. Aus organisationsanalytischer Sicht ist hierbei zusätzlich relevant, dass diese geäußerte Haltung (sinngemäß: »Als Kreis wollen wir gut zusammenarbeiten.«) Teil der Organisationskultur und nicht nur personenabhängig ist.

Rolle der Planungsfachkraft

Die interviewte Jugendhilfeplanungsfachkraft war in diesem zurückliegenden Aufbauprozess der Frühen Hilfen noch in der entsprechenden Fachabteilung angestellt. Deutlich wird in den vorherigen Ausführungen, dass die Fachkraft ihre Gestaltungsaufgabe als fortlaufenden Prozess verstanden und konzeptioniert hat. Die Verankerung der Frühen Hilfen als Thema der Jugendhilfeplanung ist durch die fixe Teilnahme der Fachkraft Frühe Hilfen am Lenkungsausschuss gesichert.

Während des beschriebenen Prozesses war die Planungsfachkraft zuständig für

- die Entwicklung und Verschriftlichung der Planungskonzeption,
- die Vorbereitung, Moderation und Dokumentation der Netzwerktreffen,
- die passende Ansprache der Beteiligten und
- die regelmäßigen Berichte in Ausschüssen.

Durch die Funktion im Lenkungsausschuss besteht für die Planungsfachkraft die Möglichkeit, direkt mit dem Vorsitzenden des Jugendhilfeausschusses Inhalte abzusprechen, was aus ihrer Sicht eine Zustimmung oder einen Beschluss begünstige:

> »[...] als Angestellter der Verwaltung darf ich, weil ich den Lenkungsausschuss mache, direkt mit der Politik sprechen. Es ist ja sonst immer ein heikles Feld, aber im Zuge der Funktion kann ich mit dem Vorsitzenden des Jugendhilfeausschusses auch mal sprechen.« (Planungsfachkraft; F5_Ch, Pos. 51)

Zusätzlich zu diesen koordinierenden und planerischen Aufgaben hat die Planungsfachkraft im Rahmen der zur Verfügung stehenden Vollzeitstelle auch die Konzeptionierung einzelner Angebote der Frühen Hilfen übernommen.

Rolle des Jugendhilfeausschusses

Der »Lenkungsausschuss Jugendhilfeplanung« als vorgeschaltetes Gremium zum Jugendhilfeausschuss bietet den Rahmen, aktuelle Themen vorab zu besprechen und teilweise eigenständig zu bearbeiten. Die Sitzungsprotokolle und Ergebnisse werden durch die Jugendhilfeplanungsfachkraft im Jugendhilfeausschuss regelmäßig als fester Tagesordnungspunkt vorgestellt. Auf diese Struktur konnte auch im vorliegenden Prozess zurückgegriffen werden, indem die Fachkraft Frühe Hilfen als ständiges Mitglied im Lenkungsausschuss aufgenommen wurde und dort Themen platzieren konnte.

Die Planungsfachkraft beschreibt ein fortlaufend hohes Interesse der Politik an den Frühen Hilfen, insbesondere in der Anfangsphase aufgrund der gesetzlichen Neuerung:

> »In der Anfangszeit [...] war wirklich ein sehr hohes Interesse der Politik an dieser Thematik Frühe Hilfen, weil es etwas Neues halt war, weil wir als Landkreis ein ganz neues Arbeitsfeld entdeckt haben, auch, wenn das Arbeitsfeld bei vielen anderen Professionen schon lange auf der Agenda war. Aber das war ja so der Zeitpunkt dann, dass wir als Landkreis uns da auch aufgemacht haben. Und dem Grunde nach ist das Interesse immer noch sehr hoch.« (Planungsfachkraft; F5_Ch, Pos. 51)

Gleichzeitig wird in der nachfolgenden Aussage deutlich, dass die Planungsfachkraft auch eine Strategie verfolgt, wenn sie den Ausschuss regelmäßig zu laufenden Projekten informiert und Berichte vorlegt, insbesondere in den Frühen Hilfen. Damit schafft sie Transparenz und eine Legitimationsgrundlage für die Verwendung der Mittel bzw. beugt mitunter einem Legitimationsdruck vor:

»Freiwillige Mittel sind ja immer das in der Regel, was als erstes gestrichen werden kann, wenn mal wirklich der Rotstift angesetzt werden muss. Und deswegen haben wir uns wirklich angeeignet, regelmäßig in die Ausschüsse zu gehen, und sei es nur, um einen Bericht oder irgendwas vorzuzeigen, um den aktuellen Stand mitzuteilen, sodass Politik, Verwaltungsspitze immer auf dem Laufenden ist: Was ist gerade in den Projekten los? Wie sind die Teilnehmer? Wie sind die Ziele? Wie viel erreichen wir? Was sind gerade Schwierigkeiten? Sodass wir nicht in die Bredouille kommen, dass mal irgendjemand fragt –, oder versuchen, nicht in die Bredouille zu kommen, dass mal irgendjemand nachfragt: ›Warum geben wir da eigentlich im Jahr 60.000 Euro aus, für wen und was? Was soll das?‹« (Planungsfachkraft; F5_Ch, Pos. 47)

c) Einschätzung und Bewertung des Planungsprozesses durch die Beteiligten

Als Herausforderung beschreibt die Planungsfachkraft die Tatsache, dass sie ohne umfangreiche Vorkenntnisse zu den Frühen Hilfen und zur Infrastruktur vor Ort in den Planungsprozess eingestiegen ist. Vor diesem Hintergrund hat sie sich bewusst Zeit für die Konzeptentwicklung, Bestandsaufnahme und Einarbeitung genommen sowie erfahrene und etablierte Akteure vor Ort in die Planung einbezogen. Als hilfreich für die Bearbeitung dieses Planungsthemas benennt die Planungsfachkraft zudem den Rückhalt in der Verwaltungsspitze und Politik zum Konzept, die Mitwirkung und das Engagement der Träger in den Netzwerken und Austausch mit anderen Landkreisen.

Bei der Gestaltung der Netzwerkarbeit zielt sie in der Vorbereitung und Durchführung vor allem auf die Art der Kommunikation ab und darauf, für alle Beteiligten einen Mehrwert zu identifizieren:

»Das ist auch-, das hat ja immer auch ganz, ganz viel zu tun-, wie arbeitet mit den Kollegen, die dann in Netzwerken aktiv sind-, wie arbeitet man mit denen zusammen, eben auf Augenhöhe, oder wie geht man eben-, wie redet man miteinander, wie spricht man miteinander? Davon hängt ja auch ganz viel ab, inwieweit sie sich wirklich aktiv einbringen möchten. Weil, eins ist ja klar: Netzwerkarbeit ist immer etwas, was von den Akteuren freiwillig gemacht wird in der Regel, und sie müssen für sich einen Nutzenmehrwert haben. Das ist für mich immer ganz, ganz, ganz oberste Prämisse.« (Planungsfachkraft; F5_Ch, Pos. 73)

Insbesondere mit Blick auf die Zusammenarbeit unterschiedlicher Professionen, wie sie bei den Frühen Hilfen immanent ist, betont die Planungsfachkraft die Notwendigkeit, die unterschiedlichen fachlichen Perspektiven und Sprachen anzuerkennen und für die Zusammenarbeit nutzbar zu machen:

»Was natürlich anders ist-, in der Jugendhilfe sprechen alle die gleiche Sprache. Wir haben uns verständigt auf bestimmte Inhalte, was bestimmte Sachen sagen sollen. Und in der Zusammenarbeit mit anderen Professionen gibt es natürlich andere Fachbegriffe, Fachsprachen teilweise. [...] Also, interdisziplinäre Zusammenarbeit, das ist der Blick über den eigenen Tellerrand hinaus. Wie sehen auch andere Professionen die Umwelt, mit welchen Augen? Also, ich habe ja meinen Blickwinkel, der aus meiner Sicht geprägt ist, erstmal subjektiv natürlich von meiner Person. Dann subjektiv von der Arbeitsrichtung, aus der ich komme. Und so geht das natürlich jeder anderen Profession auch. Wenn ich mit einem Arzt oder wenn ich mit einem Polizisten zusammensitze und etwas bespreche, hat der natürlich seine eigene Realität. Und da zu gucken, wenn man an etwas inhaltlich arbeitet, dass man erstmal auch die Grundlage darüber stellt, was das gemeinsame Ziel sein soll. Und dass wir auch beide damit das gleiche meinen. (Planungsfachkraft; F5_Ch, Pos. 75)

Die Planungsfachkraft resümiert positiv, dass der beschriebene Prozess eine Netzwerkstruktur etabliert hat und die Weiterentwicklung der Infrastruktur damit fortlaufend betrieben wird. Aus ihrer Sicht fehle jedoch eine systematische Evaluation der Angebote und Strukturen in den Frühen Hilfen, die über Einzelprojekte hinaus geht:

> »[…] wir haben in der Zeit sehr viel geschaffen, insbesondere, was Angebote betrifft, was die Vernetzung, was Strukturen betrifft. Aber das mal auch zu hinterfragen in einer wirklichen Evaluation, in einer größer angelegten, das wäre schon sehr spannend.« (Planungsfachkraft, Fall 5, Pos. 71)

An diesem Beispiel zeigt sich, dass der fachliche Anspruch an eine Evaluation der Planung und der entsprechenden Maßnahmen in der Praxis zwar befürwortet, aber nicht immer eingelöst werden kann.

3.6.3 Zusammenfassung und Fazit zum Fall

Laut der quantitativen Erhebung dieser Studie wird von den befragten Jugendämtern zum Planungsbereich der Frühen Hilfen im Vergleich zu anderen systemübergreifenden Themenfeldern am häufigsten ein Planungsbeschluss (55,6 %) und Planungsaktivität (75,3 %) angegeben. In der Kommunalbefragung des Nationalen Zentrums Frühe Hilfen (NZFH) lag der Anteil an Kommunen mit Planungen für die Frühen Hilfen in 2017 bundesweit bei insgesamt 67,3 % (n=543) (vgl. Sann et al. 2022: 53). Dabei wurden unterschiedliche Formen berücksichtigt: Frühe Hilfen als eigener Planungsauftrag, als Teil der Jugendhilfeplanung und/oder in anderen Fachplanungen (z. B. Gesundheitsplanung).

Die Planung der Frühen Hilfen ist ein Anlass für ressortübergreifende, integrierte Infrastrukturplanung Planung und dieser Fall zeigt beispielhaft, wie der Aufbau und die Weiterentwicklung der zugrundliegenden Netzwerkstruktur gelingen können. Wenngleich der Planungsauftrag der Frühen Hilfen gesetzlich vorgeschrieben wird, braucht es eine den örtlichen Gegebenheiten angepasste Planungskonzeption, die Ziele, Planungsstruktur und beteiligte Akteure benennt, und eine Planungsfachkraft, die den Prozess initiiert, moderiert sowie Ergebnisse zusammenfasst und in eine beschlussfähige Form für die Politik bringt – so wie in der vorliegenden Fallstudie umgesetzt.

Die bundesweite Förderung von Personalstellen und Projektmitteln für Frühe Hilfen hat in diesem Fall – und in vielen anderen Kommunen – dafür gesorgt, dass diese Planungs- und Koordinierungsfunktion nicht eine von vielen weiteren Aufgaben der Jugendhilfeplanung geworden ist. Gleichzeitig ergibt sich die Notwendigkeit der Abstimmung der Planungen, die in dieser Kommune durch den ständigen Sitz der Fachkraft für Frühe Hilfen im Lenkungsausschuss Jugendhilfeplanung gewährleistet wird. Außerdem wird das Thema durch die Planungsfachkraft regelmäßig in den Jugendhilfeausschuss eingebracht, um seiner Bedeutung für die Infrastruktur Rechnung zu tragen.

Deutlich wird in diesem Planungsprozess auch, dass aus Ressourcenmangel pragmatische Entscheidungen gegen ein systematisches Datenkonzept zur Bestandserhebung und die Beteiligung von Adressat:innen bei der Infrastrukturentwicklung getroffen wurden. Diese Entscheidungen bewertet die Planungsfachkraft in der Retrospektive kritisch und formuliert hier einen eigenen Lernprozess bzgl. seines heutigen Planungsverständnisses, das eine fundierte Datenbasis einbezieht. Ebenso wird der Wunsch nach einer größer angelegten Evaluation der Angebote und Strukturen der Frühen Hilfen geäußert. Auch hierfür braucht es belastbare Daten und natürlich die Perspektive der Adressat:innen selbst.

Insbesondere im Feld der Frühen Hilfen mangelt es aufgrund der wissenschaftlichen Begleitung der Bundesinitiative nicht an Empfehlungen und Arbeitsmaterial zu unterschiedlichen Qualitätsdimensionen (vgl. NZFH 2016), u. a. zum Querschnittsthema Partizipation[19] und zur Nutzung eines Datenkonzepts für die Planung[20]. Trotzdem scheint die Realität der Netzwerkkoordinierenden und Planungsfachkräfte der Umsetzung nicht nur in dieser Kommune entgegenzustehen. Eine Zusatzerhebung zur Kommunalbefragung des NZFH zeigt, dass in 2018 das Thema »Partizipation von Eltern« mit 24 % (von 383 Kommunen) in der Qualitätsentwicklung das Schlusslicht bildet (vgl. Pabst et al. 2022: 9). Die »Planung und Steuerung der Infrastrukturentwicklung von Angeboten« wird von 50,2 % bearbeitet (vgl. ebd.).

Diese Fallstudie hat vor allem den zurückliegenden Aufbau einer Netzwerkstruktur in den Frühen Hilfen beleuchtet, gleichzeitig handelt es sich um eine kontinuierlichen Weiterentwicklungsauftrag. Wie eingangs beschrieben liegen in der Zuständigkeit des interviewten Jugendhilfeplaners heute andere Planungsaufträge. Mit dem Lenkungsausschuss wurde eine Struktur geschaffen, die das Bindeglied zwischen der Jugendhilfeplanung in der Verwaltung und dem Jugendhilfeausschuss darstellt und die Umsetzung von Planungsvorhaben fördert.

19 https://www.fruehehilfen.de/service/arbeitshilfen-fuer-die-praxis/praxismaterial-zur-qualitaetsentwicklung/querschnittsthema-partizipation/

20 https://www.fruehehilfen.de/service/arbeitshilfen-fuer-die-praxis/praxismaterial-zur-qualitaetsentwicklung/qualitaetsdimension-planung/

3.7 Zwischenfazit zu übergreifenden Erkenntnissen aus den Fallstudien

In jeder Fallstudie wurde ein Planungsprozess vorgestellt, der im Kontext seiner jeweils individuellen kommunalen Strukturen zu betrachten ist. Diese unterschiedlichen Planungsthemen und spezifischen Planungsprozesse vergleichend zu bewerten, ist somit nicht ziel-, sondern womöglich irreführend.

> »Es braucht kaum erwähnt zu werden, dass auf Fallstudien beruhende Erkenntnisse nicht zu weiter reichenden Verallgemeinerungen herangezogen werden können. Problematisch bleibt die Klärung der Frage, welche Schlussfolgerungen aus dem Studium [eines] Falles für andere Fälle gezogen werden können.« (Häder 2006: 349)

Im Fokus dieses Zwischenfazits steht daher die Sichtbarmachung der heterogenen Planungspraxis in Deutschland, der sich im Rahmen dieses qualitativen Bausteins des Forschungsprojektes und mit der Anzahl von fünf Fallstudien, lediglich angenähert wurde. Durch den gewählten qualitativen Zugang wurden vertiefende Blicke darauf gerichtet, wie Jugendhilfeplanung in der Praxis konkret ausgestaltet wird. Die gewählten Fragestellungen zur Organisation expliziter und impliziter Kommunikations- und Aushandlungsprozesse, der Rolle der Planungsfachkraft und des Jugendhilfeausschusses, der Bedeutung von und der Umgang mit Daten, der Kooperation sowie Bezüge zu anderen Planungsbereichen und der Umsetzung von Beteiligung ermöglichen somit Antworten, die die Perspektive auf die heterogene Praxis der Jugendhilfeplanung in Deutschland weitet. Die unterschiedlichen Fälle bieten die Möglichkeit, diese exemplarisch und kontrastierend darzustellen. Zusammenfassend ist festzuhalten: Die Ausgestaltung der Jugendhilfeplanung als kommunikativer, diskursiver, partizipativer Prozess der fachlichen, fachpolitischen und kommunalpolitischen Willensbildung und Entscheidungsfindung ist hochgradig voraussetzungsreich und abhängig von den kommunalen Strukturen, in denen sie zu operieren hat.

Ohne die einzelnen Fälle zu vergleichen, lassen sich jedoch übergreifende Aspekte identifizieren, die diese Voraussetzungen maßgeblich beeinflussen:

- Unabhängig davon, wo die Jugendhilfeplanung organisatorisch verortet ist, spielt das amtsinterne **Leitbild** und das **Rollenverständnis der Planungsfachkraft/-kräfte sowie der Amtsleitung** eine ausschlaggebende Rolle dafür, wie und ob Planungsprozesse kommunikativ, diskursiv und partizipativ gestaltet werden. Eine Jugendhilfeplanung, die lediglich zuarbeitend reagiert, bleibt hinter den ihr innewohnenden Möglichkeiten der proaktiven Steuerung und Gestaltung zurück. Um diese Potenziale entfalten zu können, ist Jugendhilfeplanung eng an die Steuerungsebene anzubinden.
- Die Anzahl notwendiger Planungsstellen, bzw. die Ausgestaltung der Jugendhilfeplanung mit notwendigen **Personalressourcen**, scheinen sich vorwiegend an der

Anzahl der Einwohner:innen zu orientieren. Dabei bleiben die sehr unterschiedlichen Herausforderungen von Planung in urbanen Räumen, im Vergleich zu ländlichen Regionen jedoch weitestgehend unbeachtet. Die besondere Notwendigkeit der Abstimmung zwischen Kreis und kreisangehörigen Kommunen, die unterschiedlichen Zuständigkeiten und Verantwortungen sowie der damit verbundene Mehraufwand bleiben dabei unbeachtet.

- Obwohl nur in zwei der fünf Fälle die **Kitabedarfsplanung** als zu untersuchender Planungsprozess gewählt wurde, spielte sie doch in allen Fallstudien eine Rolle. So ist durchweg zu beobachten, dass hier durch den starken quantitativen Druck und die gesetzlichen Regelungen eine z. T. spezialisierte Form der Teilfachplanung umgesetzt wird, für die es jedoch weder einheitliche Richtlinien noch übergreifende Standards gibt. So bleibt zu vermuten, dass es neben 576 unterschiedlichen Jugendhilfeplanungspraxen gleichfalls 576 unterschiedliche Wege der Kitabedarfsplanung mit noch mehr unterschiedlichen Erhebungsinstrumenten, Methoden der Datenverarbeitung usw. gibt. Diese Heterogenität zeigt sich in den Fallstudien u. a. daran, ob und wie die Kitabedarfsplanung organisatorisch zum Aufgabenbereich der Jugendhilfeplanung gehört und diese, aufgrund ihrer spezifischen Anforderungen, blockiert oder als eigenständige Aufgabe umgesetzt wird, die nahezu losgelöst von der Jugendhilfeplanung umgesetzt wird.
- Die **Rolle des Jugendhilfeausschusses** bleibt überwiegend profillos. Die Initiierung und Steuerung von Planungsprozessen als dessen Kernaufgabe findet in keiner der Fallstudien in einer Weise statt, die der rechtlichen Anforderung entsprechen würde. Informationen zur und Ergebnisse der Jugendhilfeplanung haben zwar einen Platz im Jugendhilfeausschuss, da Beschlüsse letztlich dort zu treffen sind. Ein Diskurs, der aktiv und verantwortlich durch den Ausschuss angestrengt wird, scheint jedoch kaum stattzufinden, ihn oftmals gar zu überfordern. Stattdessen scheinen Ausschusssitzungen in der Wahrnehmung der Interviewten oftmals durch die Interessenvertretung der freien Träger dominiert und durch die an Wahlperioden geknüpften Amtszeiten der Ausschussmitglieder geprägt zu sein. Perspektivisch bedarf es hier einer deutlichen Qualitätsoffensive bspw. durch den Bund und die Bundesländer, um Mitglieder von Jugendhilfeausschüssen intensiver über Aufgaben und Möglichkeiten in ihrer Rolle zu befähigen.
- Die **Beteiligung von Adressat:innen** findet überwiegend in mittelbarer Form und im Rahmen quantitativer Planung statt. Wenn qualitative Aspekte bearbeitet werden, bleiben sie dem Eindruck nach vorwiegend in einem Diskurs unter Fachkräften, an dem auch freie Träger beteiligt werden. Dass Jugendhilfeplanung Doppelstrukturen vermeiden kann – wie in der dritten Fallstudie dargestellt – zeigt sich darin, dass auch Beteiligungsformate für die Jugendhilfeplanung genutzt werden können, die nicht durch sie initiiert wurden. Dennoch ist ein demokratischer Prozess, in dem über Adressat:innen lediglich aus Sicht von Expert:innen gesprochen

wird und mit Beteiligung mehrheitlich Abfrage und/oder Information gemeint ist, als unzureichend zu bewerten.

- Jugendhilfeplanung scheint zu einem hohen Anteil auf Erfahrungswissen von Fachkräften zu beruhen, das ungesichert bleibt. Dies zeigt sich u. a. daran, dass selten **konzeptionelle Grundlagen** darüber vorliegen, wie zu planen, wer wann wie zu beteiligen oder einzubeziehen ist und notwendige Daten wann und wie einzubinden sind. Die Umsetzung bleibt letztlich dem Ermessen der Planungsfachkraft und somit dem Jugendamt überlassen und damit schwerlich überprüfbar. Dies lenkt den Fokus erstens auf das Thema Wissensmanagement in Jugendämtern und die Frage, wie Wissen personenunabhängig für die Institution gesichert werden kann. Zweitens wird hiermit auch das Thema Evaluation – das in keiner der Fallstudien relevant war – als unabdingbarer Prozessbaustein eines systematischen Planungsprozesses hervorgehoben.

Unabhängig von den Inhalten der einzelnen Fallstudien zeigt sich: Für Jugendhilfeplanung gibt es, neben den gesetzlichen Anforderungen, kein Rezept, nach dem ein Planungsprozess erfolgreich zu gestalten ist. Dies ist – wie eingangs geschildert – durch unterschiedlichste Faktoren wie bspw. kommunale Strukturen, politische Gegebenheiten und Interessen vor Ort, Trägerlandschaft usw. bestimmt und kaum von Kommune x auf Kommune y übertragbar.

Vor dem Hintergrund der Fragestellungen der Fallstudien und der daraus gewonnenen Erkenntnisse sei daher ein Aspekt abschließend hervorzuheben: Das Fehlen vermeintlich sicherer Verfahrensschritte führt zu Unsicherheiten, die sich bei den Interviewten in unterschiedlichen Kontexten – insbesondere aber im Umgang mit Daten und in der Beteiligung von Adressat:innen – offenbaren.

4. Zusammenfassung der Forschungsergebnisse und Fazit: Herausforderungen, Potenziale und Entwicklungsbedarfe der Jugendhilfeplanung

Im Gesamtblick zeigt die Studie sowohl anhand der quantitativen wie auch qualitativen Ergebnisse, dass sich nach wie vor in der Jugendhilfeplanung keine einheitlichen Standards entwickelt haben und ihre Durchführung hochgradig von den kommunalen Gegebenheiten bestimmt wird. Zu der Fragestellung, wie die Jugendhilfeplanung als fachliches und politisches Steuerungsinstrument in den Kommunen konzeptionell und strukturell verankert ist, und als kommunikativer, diskursiver Prozess der fachlichen, fachpolitischen und kommunalpolitischen Willensbildung und Entscheidungsfindung ausgestaltet wird, können wir somit vor allem Tendenzen beschreiben und müssen gleichzeitig auf die große Heterogenität zwischen den einzelnen Kommunen hinweisen, ohne sie jeweils konkret – abgesehen von den untersuchten Fallbeispielen – benennen zu können.

Diese Heterogenität in der Ausgestaltung der kommunalen Planungsverantwortung zeigt sich u. a. in der personellen Besetzung, in der Rollenbeschreibung der Planungsfachkräfte, der zusätzlichen Aufgaben neben der Jugendhilfeplanung, den bereitgestellten Ressourcen sowie in dem Vorhandensein von Planungskonzeptionen. Wenngleich der gesetzliche Rahmen der Jugendhilfeplanung einige Vorgaben macht, lässt er gleichzeitig ausreichend Spielraum und unbestimmte Rechtsbegriffe für die Konkretisierung vor Ort. Wie Jugendhilfeplanung personell ausgestattet wird, über welche Ressourcen sie verfügt und welche Aufgaben und Themen sie bearbeitet – diese Entscheidung treffen die Kommunen jeweils eigenständig vor dem Hintergrund der jeweiligen strukturellen, organisationalen und politischen Rahmenbedingungen. Eine heterogene Umsetzung ist somit zu erwarten und unter Berücksichtigung der Zielsetzung einer bedarfsgerechten Infrastrukturgestaltung sogar folgerichtig.

Beispielhaft lässt sich dies anhand der Verortung der Jugendhilfeplanung in der Organisation des Jugendamtes verdeutlichen. Zum überwiegenden Teil ist sie als Stabsstelle bei der Amtsleitung angesiedelt. Anhand dieser strukturellen Bedingung kann jedoch kein standardisiertes »Planungsprofil« definiert werden – welche Befugnisse und Kompetenzen eine solche Stabsfunktion innehat, scheint eher davon abzuhängen, welches (explizites oder gar implizites) Leitbild, welches Planungsverständnis und welche Planungskonzeption von Jugendhilfeplanung vor Ort bestehen. Dieser konzeptionelle und möglicherweise ideelle Rahmen beeinflusst die Zusammenarbeit zwischen denen für Planung verantwortlichen Fachkräften und der Amtsleitung, prägt außerdem maßgeblich den politischen Prozess der Aushandlung und Entscheidungsfindung zwischen Verwaltung und Politik und letztlich auch die Einbindung von Adressat:innen bzw. Bürger:innen. Dass ein Leitbild gleichsam ein Ideal verkörpert, dessen Umsetzung schwerlich zu erreichen ist, sei an dieser Stelle eingestanden – als Ziel und Grundlage einer Planungskonzeption ist es jedoch notwendig, um sich daran auszurichten, zu motivieren und die Richtung für Entwicklungsaktivitäten vorzugeben (vgl. Merchel 2016: 184).

Das Fehlen eines übergeordneten Leitbildes und einer entsprechenden strategischen Ausrichtung zeigt sich insbesondere daran, dass Jugendhilfeplanung nach wie vor mehrheitlich die Planung von Teilbereichen der Kinder- und Jugendhilfe darstellt, die zumeist unabgestimmt nebeneinander geschieht. Aktuelle Herausforderungen und Entwicklungsthemen wie bspw. Inklusion, Digitalisierung, Klimawandel sind jedoch keine Themen, die in einem Bereich der Kinder- und Jugendhilfe zu bearbeiten sind. Diese Komplexität verstärkt die Dringlichkeit einer integrierten, auch über die Grenzen der Kinder- und Jugendhilfe hinaus angelegten Planung, damit mittel- und langfristige Strategien entwickelt werden können und die Jugendhilfe als Einheit wirken und ihrem umfassenden gesetzlichen Auftrag nachkommen kann.

Dabei sind nicht allein die Jugendhilfeplanungsfachkräfte dafür zuständig, wie die Planungsverantwortung des öffentlichen Trägers umgesetzt wird – denn mit Jugendhilfeplanung hat sich originär der Jugendhilfeausschuss zu befassen. Es ist daher bezeichnend, dass sowohl die qualitativen als auch die quantitativen Ergebnisse der Studie darauf hinweisen, dass die Jugendhilfeausschüsse oftmals als inaktiv, uninformiert und von der Verwaltung getrieben beschrieben werden. Somit entsteht der Eindruck eines Ausschusses, der lediglich dafür genutzt wird, Planungen der Verwaltung politisch zu beschließen und es in der Mehrheit nicht vermag, eigene Impulse und Planungsvorhaben zu setzen und/oder zu initiieren. Diese Hinweise aus unserer Studie deuten auf einen weiteren Forschungsbedarf zur Ausgestaltung der Arbeit von Jugendhilfeausschüssen hin. Außerdem scheint es notwendig, neben den bestehenden Qualifizierungsmöglichkeiten für Jugendhilfeplaner:innen auch Angebote für Mitglieder des Jugendhilfeausschuss vorzuhalten.

Damit die Kinder- und Jugendhilfe als Gesamtsystem wirkungsvoll sein kann, braucht ihre Planung eine politisch beschlossene Gesamtkonzeption. Die in diesem Bericht geäußerte Kritik, dass in vielen Kommunen Planung ohne eine beschlossene Gesamtkonzeption stattfindet, mag praxisfern erscheinen. In der Betrachtung der weiteren empirischen Ergebnisse zur Planungssituation verdichtet sich dieser Mangel jedoch zu einem Indikator dafür, dass Planung ohne Plan beliebig ausgestattet wird, beliebig verläuft und somit auch keine Möglichkeit der Evaluation von zu erreichenden Zielen geschaffen wird.

Planung ohne Plan und ohne Ziel stellt angesichts der enormen Komplexität, die der Jugendhilfeplanung vom grundsätzlichen Auftrag her innewohnt, und zusätzlich mit Blick auf die perspektivischen, sozialpolitischen Herausforderungen und Aufgaben einen Risikofaktor dar. Vor dem Hintergrund der angespannten Haushaltslagen deutscher Kommunen und der Notwendigkeit, Ressourcen bedarfsgerecht und nachhaltig einzusetzen, ist Jugendhilfeplanung, die ohne Standards, vor allem auf Teilbereiche bezogen und an vielen Orten hinter ihren Anforderungen zurückbleibend arbeitet, ein unhaltbarer Zustand.

Dabei sind die Herausforderungen für die Jugendhilfeplanung vielfältig und abhängig von unterschiedlichsten Faktoren. Zu nennen sind beispielsweise:

- **Demografischer Wandel/demografische Gerechtigkeit:** In vielen Regionen in Deutschland lebt eine zunehmend alternde Bevölkerungen. Für eine demokratische Gesellschaft bedeutet dies, dass die Kinder und Jugendlichen keine Mehrheit bilden und deren Bedürfnisse daher nicht im Fokus politischer Entscheidungsprozesse/Wahlen stehen. Dies kann folglich dazu führen, dass Prozesse der Bedarfsermittlung im Rahmen der Jugendhilfeplanung erschwert sind bzw. werden. Hier sind neue Wege der Repräsentanz junger Menschen in demokratischen Entscheidungsprozessen zu entwickeln, wie z. B. das Herabsetzen des Wahlalters, das bereits bei einigen Landtags- und Kommunalwahlen stattfindet, und gut konzeptionierte Partizipationsprozesse.
- **Beteiligung/Partizipation:** Die Beteiligung junger Menschen ist ein wesentlicher Aspekt von Jugendhilfeplanung, da sie aufgefordert ist, anwaltschaftlich für die Interessen und Bedürfnisse der Adressat:innen einzustehen, sie in allen sie betreffenden Kontexten einzubeziehen und zu einer kinderfreundlichen Umwelt beizutragen. Die Forschungsergebnisse verdeutlichen, dass Jugendhilfeplanung

ihrer Aufgabe stärker nachkommen muss, Beteiligung und/oder Partizipation zu ermöglichen und Bedürfnisse der Adressat:innen ernstzunehmen. Dies darf nicht daran scheitern, dass zu wenig Ressourcen zur Durchführung vorhanden sind oder Adressat:innen als zu jung oder als zu schwierig erreichbar eingeschätzt werden. Die Ansprüche des SGB VIII sind in dieser Hinsicht eindeutig und Methoden sowie Materialien für Beteiligungsformate sind vielfältig und erprobt. Darüber hinaus sehen wir einen Auftrag an die Wissenschaft, Beteiligungsprozesse in der Planungspraxis zu evaluieren und dabei nicht nur gelingende Faktoren herauszuarbeiten, sondern auch zu untersuchen, aus welchen Gründen Beteiligung scheitert.

- **Migration/Integration:** Der Zuzug von Menschen mit Fluchterfahrungen, der bereits 2015, spätestens aber durch den Krieg in der Ukraine seit 2022 unmittelbar wahrnehmbaren war und ist, stellt Kommunen vor enorme Herausforderungen. Viele Angebote der Kinder- und Jugendhilfe richten sich an Kinder und Jugendliche – ungeachtet ihrer Staatsangehörigkeit. Neben der häufig kurzfristig notwendigen Bereitstellung von Leistungen und Angeboten stehen die Träger der Kinder- und Jugendhilfe vor der Herausforderung, diese bedarfsgerecht auszugestalten, die Adressat:innengruppe zu unterstützen und Integration zu ermöglichen. Darüber hinaus spielt der Aspekt Migration auch unter Berücksichtigung des Fachkräftemangels und -gewinns eine besondere Rolle. In einer Gesellschaft, die auf Zuwanderung angewiesen ist, ist auch die Kinder- und Jugendhilfe als Arbeitgeber gefordert, zukunftsgerichtete Konzepte zu entwickeln.
- **Digitalisierung:** Durch die Digitalisierung in allen Bereichen haben sich Lebenswelten in digitale Räume ausgeweitet. Auch hier steht die Jugendhilfe und somit die Jugendhilfeplanung vor Herausforderungen. Zum einen geht es um die Erreichbarkeit von Adressat:innen über neue digitale Formate. Zum anderen ist der Schutz von Heranwachsenden in diesen Umgebungen zu berücksichtigen und die nötige Befähigung, kompetent in und an diesen teilzuhaben und mitzugestalten. Darüber hinaus bedeutet dieser Aspekt auch, dass Jugendhilfeplanung so auszustatten ist, dass sie zeitgemäß arbeiten und neue Formate und Methoden in Planungsprozessen nutzen kann.
- **Finanzierung:** Die Finanzierungssituation der staatlichen Leistungen ist in vielen deutschen Kommunen angespannt. Jugendhilfeplanung ist unter diesem Druck stark gefordert, ihre Legitimation zu begründen und auf die Notwendigkeit der gesetzlichen Vorgaben – nämlich eines diskursiven Prozesses der auf eine hohe Beteiligung von freien Trägern und Adressat:innen abzielt – hinzuweisen. In der Ausgestaltung ist die finanzielle Situation der Kommune notwendigerweise zu beachten, gleichsam darf diese jedoch nicht als Vermeidungsstrategie genutzt werden, die Verantwortung zur Planung und die sich daraus ergebenden Aufgaben zu unterlassen.

So wie Jugendhilfeplanung vom Gesetzgeber beschrieben wird, stecken in ihr bereits die Potenziale, diesen – exemplarisch ausgewählten – Herausforderungen zu begegnen. Wesentlich sind zu benennen:

1. **Vernetzung und Zusammenarbeit/Schnittstellenmanagement**
   Wie mehrfach dargelegt, beschäftigt sich Jugendhilfeplanung mit Themen, die über den Bereich der Kinder- und Jugendhilfe hinaus Entwicklungsthemen für die Gesellschaft sind. Diesen kann nur begegnet werden, wenn über die Grenzen der verschiedenen Ämterlogiken hinausgedacht und zusammengearbeitet wird. Dabei trägt Jugendhilfeplanung das Potenzial in sich, Schnittstellen zu anderen Bereichen zu organisieren und zu koordinieren sowie eine enge Vernetzung und Zusammenarbeit im Sinne der Adressat:innen voranzutreiben. Gleichsam und unabhängig von der Jugendhilfeplanung braucht es kommunal abgestimmte Konzepte einer vernetzten, integrierten Sozialplanung, in der die Verantwortung nicht allein bei der Jugendhilfeplanung liegt und somit vor Überforderung schützt.

2. **Qualitätsentwicklung**
   Jugendhilfeplanung hat die Aufgabe, eine wirksame, aufeinander abgestimmte und bedarfsgerechte Kinder- und Jugendhilfeinfrastruktur zu schaffen und diese qualitativ weiterzuentwickeln. Durch die Formulierung von Kriterien, Richtlinien und Standards trägt sie einen wesentlichen Beitrag zum gelingenden Aufwachsen junger Menschen, sichert die fortlaufende Verbesserung der Qualität aller Leistungen und Angebote und treibt deren Weiterentwicklung voran.

3. **Beteiligung/Partizipation**
   Der im SGB VIII eingeforderte hohe Grad an Beteiligung ist eine Chance, Adressat:innen an demokratischen Entscheidungsfindungsprozessen zu partizipieren. Jugendhilfeplanung, die ernsthaft Beteiligung bzw. Partizipation umzusetzen sucht, stellt einen in hohem Maße demokratischen Prozess dar und kann dadurch einen Beitrag für eine lokale Kinder- und Jugendpolitik leisten, in der Adressat:innen die eigene Wirksamkeit erleben können. Eine ernsthafte, konzeptionell durchdachte und mit konkreten Zielen hinterlegte Beteiligung bietet die Chance, Demokratieförderung auf kommunaler Ebene zu leben.

4. **Empirie und Datenbasierung**
   Jugendhilfeplanung, in der diskursive Entscheidungsfindungsprozesse auf Grundlage empirischer Daten geführt werden, leistet einen Beitrag dazu, dass diese Prozesse sowie deren Ergebnisse transparent, nachvollziehbar und tatsächlich bedarfsgerecht sind. Durch die Integration verschiedener Datenquellen schafft Jugendhilfeplanung eine fundierte Diskussionsgrundlage zu Stand und Entwicklungstrends bezüglich des Aufwachsens junger Menschen und daraus folgenden Maßnahmen.

Das Ideal eines Leitbildes, welches eingangs beschrieben wurde und an dem sich Jugendhilfeplanung orientieren kann, muss folglich nicht neu entwickelt, gesucht und gefunden werden. Das SGB VIII bietet – auch angesichts des Kinder- und Jugendstärkungsgesetzes – bereits eine Vielzahl qualitativ anspruchsvoller Vorgaben und Aufgaben für die Praxis.

Um diese hohen Ziele – und das sind sie zweifelsohne – zu erreichen, braucht die Jugendhilfeplanung ...

1. einen Ausbau der für Jugendhilfeplanung bereitgestellten Ressourcen, der sich nicht nur an der Größe der Kommune, des Kreises oder an der Einwohner:innenzahl orientiert, sondern an den tatsächlich zu erfüllenden Aufgaben;
2. eine Stärkung und Förderung notwendiger Kompetenzen derjenigen Personen, die die Planung koordinieren und gestalten. Das Kompetenzprofil Jugendhilfeplanung der Bundesarbeitsgemeinschaft der Landesjugendämter (vgl. BAGLJÄ 2018) schafft hierfür einen passenden Orientierungsrahmen.
3. Fortbildungen, Fachtage und Austauschformate sowie Fach- und Prozessberatung für Planungsfachkräfte, Leitungskräfte mit Planungsverantwortung und politische Akteure;
4. eine abgestimmte, politisch beschlossene Gesamtkonzeption als Grundlage der Planung aller Leistungen und Aufgaben der Kinder- und Jugendhilfe, die nach den Regeln der Kunst Ziele formuliert und Strategien aufzeigt, wie diese erreicht werden können;
5. eine regelhafte Evaluation von Planungsprozessen und -ergebnissen, um sicherzustellen, dass Jugendhilfeplanung ihre Ziele erreicht und den gesetzlichen Ansprüchen sowie den Bedürfnissen der Adressat:innen gerecht wird;
6. eine Planungsstruktur, die geeignete Formate und Gremien schafft bzw. nutzt, um den fachlichen und politischen Diskurs zur Infrastrukturplanung zu fördern;
7. die Implementierung von Beteiligungsprozessen der Adressat:innen als Grundlage und Legitimation von Planung;
8. eine Optimierung der Kooperation zwischen den verschiedenen kommunalen und überkommunalen Akteuren und Ämtern. Dafür ist nicht nur in der Kinder- und Jugendhilfe, sondern auch in anderen Bereichen das Bewusstsein für ein ämterübergreifendes Denken zu stärken und zu fördern;
9. eine Sicherung der Datengrundlage durch kommunal abgestimmte Vorgaben auf Leitungs-/Dezernatsebene. Dabei ist zu beachten, dass sich die Qualität der Daten vor allem dadurch auszeichnet, dass sie kleinräumig verfügbar sind, fortgeschrieben werden und die vor Ort relevanten Fragestellungen hinsichtlich des gelingenden Aufwachsens von Kindern und Jugendlichen beantworten können;
10. eine stärkere Wahrnehmung und Berücksichtigung gesellschaftlicher Entwicklungen und deren Folgen, um im Sinne der Adressat:innen fachliche und fachpolitische Diskurse proaktiv und zukunftsgerichtet voranzutreiben. Aktuell benötigt

Jugendhilfeplanung dafür insbesondere interkulturelle Sensibilität und inklusive Ansätze.

Neben den benannten Forschungsbedarfen, den Aufgaben der Verantwortlichen in den Kommunen (Politik, Ämter, Fachkräfte usw.) sind auch Bund und Länder in der Verantwortung, einen verstärkten Blick auf die qualitative Weiterentwicklung der kommunalen Jugendhilfeplanung zu richten und Formate zu schaffen, die einen überregionalen Erfahrungsaustausch ermöglichen, und gleichzeitig dafür zu sorgen, verstärkt fundierte Handlungsempfehlungen zu entwickeln, die auf vertiefender Forschung und systematisch ausgewerteten Praxiserfahrungen beruhen.

Literatur

Adam, T./Schone, R./Kemmerling, S. (2010): Jugendhilfeplanung in Deutschland. Entwicklungsstand und Planungsanforderungen unter besonderer Berücksichtigung der Planungspraxis in Nordrhein-Westfalen. Ergebnisse einer Erhebung bei den öffentlichen Trägern der Jugendhilfe. Online: https://isa-muenster.de/fileadmin/images/ISA_Muenster/Dokumente/Schone_Jugendhilfeplanung-in-Deutschland.pdf [letzter Zugriff: 15.12.2022].

AGJ – Arbeitsgemeinschaft für Kinder- und Jugendhilfe (2015): »Jugendhilfeplanung aktivieren!«. Online: https://www.agj.de/fileadmin/files/positionen/2012/Jugendhilfeplanung.pdf [letzter Zugriff: 15.12.2022].

AGJ – Arbeitsgemeinschaft für Kinder- und Jugendhilfe (2020): How dare you? Die Verantwortung der Kinder- und Jugendhilfe für die Umsetzung ökologischer Kinderrechte. Diskussionspapier der Arbeitsgemeinschaft für Kinder- und Jugendhilfe. Online: https://www.agj.de/fileadmin/files/positionen/2020/How_dare_you.pdf [letzter Zugriff 15.12.2022].

Albus, S./Greschke, H./Klingler, B./Messmer, H./Micheel, H.-G./Otto, H.-U./Polutta, A. (2010): Abschlussbericht der Evaluation des Bundesmodellprogramms »Qualifizierung der Hilfen zur Erziehung durch wirkungsorientierte Ausgestaltung der Leistungs-, Entgelt- und Qualitätsvereinbarungen nach §§ 78a ff SGB VIII«. Wirkungsorientierte Jugendhilfe. Band 10. Münster.

Autorengruppe Fachkräftebarometer (2021): Fachkräftebarometer Frühe Bildung 2021. Weiterbildungsinitiative Frühpädagogische Fachkräfte. München.

BAGLJÄ – Bundesarbeitsgemeinschaft Landesjugendämter (2018): Arbeitshilfe Kompetenzprofil Jugendhilfeplanung. Online: http://www.bagljae.de/downloads/137_kompetenzprofil-jugendhilfeplanung.pdf [letzter Zugriff: 15.12.2022].

BAGLJÄ – Bundesarbeitsgemeinschaft Landesjugendämter (2020): Der Jugendamtsmonitor. Aufgaben – Trends – Daten. Online: https://www.unterstuetzung-die-ankommt.de/media/filer_public/fa/4b/fa4b2dff-7a2c-4257-87fe-f01f18503c9b/jugendamtsmonitor-bag-landesjugendaemter-web.pdf [letzter Zugriff: 15.12.2022].

Bayerisches Landesjugendamt (2015): Arbeitshilfe quantitative Bedarfsindikatoren in der Jugendhilfe. Zusammenfassung der Ergebnisse der Jahrestagung »Fokus Jugendhilfeplanung 2014«. München.

Beck, A./Kroll, A./Stöckmann, J. (2012): LIGA-Machbarkeitsstudie zur Implementierung eines strategischen Zentrums für Sozialplanung. Online: https://thasg.de/wp-content/uploads/2014/10/machbarkeitsstudie-komplett.pdf [letzter Zugriff: 15.12.2022].

Bertelsmann-Stiftung (2019): Trotz Milliardenüberschüssen: Finanzkraft der Kommunen driftet immer stärker auseinander. Online: https://www.bertelsmann-stiftung.de/de/themen/aktuelle-meldungen/2019/juli/trotz-milliardenueberschuessen-finanzkraft-der-kommunen-driftet-immer-staerker-auseinander [letzter Zugriff 15.12.2022].

Bitzan, M. (2018): »...sind angemessen zu beteiligen«. Mit Beteiligung und Gendersensibilität Jugendhilfeplanung profilieren? In: Daigler, C. (Hrsg.): Profil und Professionalität der Jugendhilfeplanung. Wiesbaden: Springer VS. S. 55–76.

BMFSFJ – Bundesministerium für Familie, Senioren Frauen und Jugend (2013): 14. Kinder- und Jugendbericht. Bericht über die Lebenssituation junger Menschen und die Leistungen der Kinder- und Jugendhilfe in Deutschland. Berlin.

Bundesinstitut für Bau-, Stadt- und Raumforschung (2020): Kreisreform in Mecklenburg-Vorpommern. Online: https://www.bbsr.bund.de/BBSR/DE/forschung/raumbeobachtung/Raumabgrenzungen/deutschland/kreisgebietsreformen/kreisreform-meck-pomm.html [letzter Zugriff: 15.12.2022].

Bundesjugendkuratorium (2012): Neuaktivierung der Jugendhilfeplanung. Potenziale für eine kommunale Kinder- und Jugendpolitik. Online: https://www.sgbviii.de/files/SGB%20VIII/PDF/S113.pdf [letzter Zugriff: 15.12.2022].

Bundesregierung (2023): Interministerielle Arbeitsgruppe »Gesundheitliche Auswirkungen auf Kinder und Jugendliche durch Corona«. Abschlussbericht. Online: https://www.bmfsfj.de/resource/blob/214866/fbb00bcf0395b4450d1037616450cfb5/ima-abschlussbericht-gesundheitliche-auswirkungen-auf-kinder-und-jugendliche-durch-corona-data.pdf [letzter Zugriff: 15.12.2022].

Bundesvereinigung der kommunalen Spitzenverbände (2022): Prognose der Kommunalfinanzen. Online: https://www.landkreistag.de/images/stories/themen/Kreisfinanzen/220818_Fachpapier_Prognose_Finanzlage_der_Kommunen.pdf [letzter Zugriff 15.12.2022].

Bürger, U. (2010): Integrierte Berichterstattung. In: Maykus, S./Schone, R. (Hrsg.): Handbuch Jugendhilfeplanung – Grundlagen, Anforderungen und Perspektiven. 3. Auflage. Wiesbaden, S. 319–328.

Burth, A. (2016): Strategische Ziele deutscher Kommunen im Bereich der Finanzen. Online: https://www.haushaltssteuerung.de/lexikon-ziele-kurzfristig-mittelfristig-langfristig.html [letzter Zugriff: 15.12.2022].

Daigler, C. (Hrsg.) (2018): Profil und Professionalität der Jugendhilfeplanung. Edition Professions- und Professionalisierungsforschung, Band 8. Wiesbaden.

Deutscher Kitaverband (2022): Positionspapier. Fachkräftemangel wirksam bekämpfen. Online: https://www.deutscher-kitaverband.de/wp-content/uploads/2022/09/Deutscher-Kitaverband_Positionspapier_Fachkraeftemangel-wirksam-bekaempfen_2022.pdf [letzter Zugriff 15.12.2022].

Deutscher Städtetag (2022): »Die Umsetzung des Rechtsanspruchs ist eine Herkulesaufgabe«. Online: https://www.staedtetag.de/themen/2022/ganztragsbetreuung-die-umsetzung-des-rechtsanspruchs-ist-eine-herkulesaufgabe [letzter Zugriff: 15.12.2022].

Deutscher Verein für öffentliche und private Fürsorge e.V. (2020): Eckpunkte des Deutschen Vereins für eine integrierte kooperative Sozialplanung. Online: https://www.deutscher-verein.de/de/uploads/empfehlungen-stellungnahmen/2020/dv-18-19_eckpunkte-sozialplanung.pdf [letzter Zugriff: 15.12.2022].

Fendrich, S./Pothmann, J./Tabel, A. (2021): Monitor Hilfen zur Erziehung 2021. Dortmund. Online: http://www.hzemonitor.akjstat.tu-dortmund.de/fileadmin/user_upload/documents/Monitor_Hilfen_zur_Erziehung_2021.pdf [letzter Zugriff: 15.12.2022].

Funcke, A./Menne, S. (2020): Factsheet Kinderarmut in Deutschland, Gütersloh: Bertelsmann Stiftung. Online: www.bertelsmann-stiftung.de/factsheet-kinderarmut [letzter Zugriff: 15.12.2022].

Gadow, T./Peucker, C./Pluto, L./van Santen, E./Seckinger, M. (2013): Wie geht‹s der Kinder- und Jugendhilfe? Weinheim/Basel: Beltz Juventa.

GEW (2022): »Fachkräftemangel dramatisch«. Online: https://www.gew.de/presse/pressemitteilungen/detailseite/gew-fachkraeftemangel-dramatisch [letzter Zugriff: 15.12.2022].

Gottwald. M. /Schröder, K. (2018): Perspektiven und Ansätze integrierter Jugendhilfeplanung In: Daigler, C. (Hrsg.): Profil und Professionalität der Jugendhilfeplanung. Wiesbaden: Springer.

Häder, M. (2006): Empirische Sozialforschung. Eine Einführung Wiesbaden: VS Verlag für Sozialforschung.

Helbig, M./Frank, L./Huber, S./Rompczyk, K./Salomo, K. (2020): Zweiter Thüringer Sozialstrukturatlas mit der Fokussierung auf Armut und Armutsprävention. Forschungsbericht im Auftrag des Thüringer Ministeriums für Arbeit, Soziales, Gesundheit, Frauen und Familie. Erfurt. Online: https://www.tmasgff.de/fileadmin/user_upload/Allgemein/Publikationen/soziales_zweiter_thueringer_sozialstukturatlas_2020.pdf [letzter Zugriff am 15.12.2022].

Hetz, H./Schnurr, J. (2007): Perspektiven einer Verknüpfung von Schulentwicklungsplanung und Jugendhilfeplanung. In: LWL-Landesjugendamt Westfalen (Hrsg.): Den Wandel gestalten. Gemeinsame Wege zur integrierten Jugendhilfe- und Schulentwicklungsplanung. Münster, S. 74–80.

ISA – Institut für soziale Arbeit e. V. (2017): Fallanalysen im Kinderschutz im Rahmen von Lern- und Entwicklungswerkstätten. Projektergebnisse und Erkenntnisse zur Qualitätsentwicklung im Kinderschutz. Münster.

ISA – Institut für soziale Arbeit e. V. (2020): Jugendhilfeplanung 2020. Schlaglichter einer quantitativen Befragung von Jugendämtern, 2021, Online: https://isa-muenster.de/fileadmin/documents/ISA_Zwischenbericht_Jugendhilfeplanung.pdf [letzter Zugriff: 15.12.2022].

Jordan, E./Schone, R. (2000): Aufgaben, Konzepte, Ziele und Realisierungsbedingungen. In: Jordan, E./Schone, R. (Hrsg.): Handbuch Jugendhilfeplanung. Grundlagen. Bausteine. Materialien. 2. Auflage. Münster. S. 57–120.

Kuckartz, U. (2012): Qualitative Inhaltsanalyse. Methoden, Praxis, Computerunterstützung. Weinheim/Basel.

KVJS – Kommunalverband für Jugend und Soziales Baden-Württemberg (2015): Jugendhilfeplanung in Baden-Württemberg – Bestandsaufnahme zur Situation und Handlungspraxis der Jugendhilfeplanung in Baden-Württemberg. Stuttgart.

KVJS – Kommunalverband für Jugend und Soziales Baden-Württemberg (2018): Jugendhilfe-planung in Baden-Württemberg. Arbeitshilfe. Stuttgart. Online: https://www.kvjs.de/fileadmin/dateien/jugend/Jugendhilfeplanung_und_-berichterstattung/Jugendhilfeplanung_Arbeitshilfe.pdf [letzter Zugriff: 15.12.2022].

Liebig, R. (2016): Die Berücksichtigung von Interessen und Lebenslagen junger Menschen in der kommunalen Jugendhilfeplanung. Analyse aktueller Kinder- und Jugendberichte sowie Jugendhilfe- und Jugendförderpläne der Jugendämter in Nordrhein-Westfalen. Dortmund.

Liebig, R. (2017): Jugendhilfeplanung und die Berücksichtigung von Interessen und Lebenslagen junger Menschen. In: deutsche Jugend – Zeitschrift für die Jugendarbeit. Heft 3/2017. S. 112–120.

Liga der freien Wohlfahrtspflege Baden-Württemberg e.V. (Hrsg.) (2018): Rolle der Freien Wohlfahrtspflege in der integrativen kooperativen Sozialplanung. Aktuelle Situation und Zukunftsperspektiven. Stuttgart. Online: https://liga-bw.de/wp-content/uploads/2020/09/1805_ligabw_expertise_expertenkongress_integrative_kooperative_sozialplanung.pdf [letzter Zugriff am 15.12.2022].

LWL/LVR (2010): Empfehlungen der Landesjugendämter Rheinland und Westfalen-Lippe zur kommunalen Jugendhilfeplanung. Online: https://www.lvr.de/media/wwwlvrde/jugend/service/arbeitshilfen/dokumente_94/jugend_mter_1/jugendhilfeplanung/empfehlungen_lvr_lwl_jhp.pdf [letzter Zugriff: 15.12.2022].

Mayring, P. (2010): Qualitative Inhaltsanalyse. Grundlagen und Techniken. 12., überarbeitete Auflage. Weinheim/Basel.

Maykus, S. (2006): Hinwendung zum Empirischen bedeutet nicht Abwendung vom kommunikativen. Anmerkungen zur Mehrdimensionalität von Planungsprozessen. In: Maykus, S. (Hrsg.): Herausforderung Jugendhilfeplanung. Standortbestimmung, Entwicklungsoptionen und Gestaltungsperspektiven in der Praxis. Weinheim/München, S. 41–54.

Maykus, S. (2010): Bildung als kommunale Gestaltungsaufgabe – Gegenstand und Aufgabe von Jugendhilfeplanung In: Maykus, S./Schone, R. (Hrsg.): Handbuch Jugendhilfeplanung – Grundlagen, Anforderungen und Perspektiven. 3. Auflage. Wiesbaden, S. 269–290.

Maykus, S./Schone, R. (Hrsg) (2010): Handbuch Jugendhilfeplanung – Grundlagen, Anforderungen und Perspektiven. 3. Auflage. Wiesbaden.

Merchel, J. (2006): Jugendhilfeplanung als Instrument kommunaler Infrastrukturpolitik? Anmerkungen zu Spannungsfeldern und Perspektiven infrastrukturbezogenen Planungshandelns in der Jugendhilfe. In: Maykus, S. (Hrsg.): Herausforderung Jugendhilfeplanung. Standortbestimmung, Entwicklungsoptionen und Gestaltungsperspektiven in der Praxis. Weinheim u. a., S. 191–208.

Merchel, J. (2012): Expertise. In: Bundesjugendkuratorium (2012): Neuaktivierung der Jugendhilfeplanung: Potenziale für eine kommunale Kinder- und Jugendpolitik. Online: https://www.sgbviii.de/files/SGB%20VIII/PDF/S113.pdf [letzter Zugriff: 15.12.2022].

Merchel, J. (2016): Jugendhilfeplanung. Anforderungen, Profil, Umsetzung. München.

Merchel, J./Reismann, H. (2004): Der Jugendhilfeausschuss. Eine Untersuchung über seine fachliche und jugendhilfepolitische Bedeutung am Beispiel NRW. Weinheim.

Messmer, H./Hitzler, S. (2011): Interaktion und Kommunikation in der Sozialen Arbeit. Fallstudien zum Hilfeplangespräch. In: Oelerich, G./Otto, H.-U. (Hrsg.): Empirische Forschung und Soziale Arbeit. Ein Studienbuch. Wiesbaden: Springer VS. S. 51–64.

Mühlmann, T. (2020): Personal im Jugendamt und im ASD. In: KomDat. Heft 1/2020. S. 6–11.

Mühlmann, T./Olszenka, N./Fendrich, S. (2020): Das Personal in der Kinder- und Jugendhilfe – ein aktueller Überblick. In: KomDat, Heft 1/2020, S. 1–6.

Nentwig-Gesemann, I./Walther, B./Thedinga, M. (2017): Qualität aus Kindersicht – Die Quaki-Studie. Abschlussbericht. Deutsche Kinder- und Jugendstiftung & Institut für Demokratische Entwicklung und Soziale Integration (Hrsg.). Berlin.

Niedersächsisches Landesamt für Soziales, Jugend und Familie – Landesjugendamt (2020): Handreichung gelingende Jugendhilfeplanung 2020. Integrierte Berichterstattung Niedersachsen. Hannover. Online: https://www.ib-niedersachsen.de/display/IW/Handreichung+gelingende+Jugend hilfeplanung+2020 [letzter Zugriff: 15.12.2022].

NZFH – Nationales Zentrum Frühe Hilfen (2016): Qualitätsrahmen Frühe Hilfen. Impuls des NZFH-Beirats zur Qualitätsentwicklung. Arbeitsversion. Köln.

Oettler, P.-E./Roland, M./Spannruft, S. (2019): Demokratie will gelernt sein. In: ISA-Jahrbuch zur Sozialen Arbeit 2018/2019. Münster. S. 181–198.

Pabst, C./Sann, A./Küster, E.-U. (2022): Stand der Qualitätsentwicklung in den Frühen Hilfen. Ergebnisse der ergänzenden Kommunalbefragung 2018. Forschungsbericht. Material zu Frühen Hilfen 13. 2., korrigierte Auflage. Herausgegeben vom Nationalen Zentrum Frühe Hilfen (NZFH). Köln. Online: https://doi.org/10.17623/NZFH:MFH-QEFH-K [letzter Zugriff: 15.12.2022]

Pluto, L./Gragert, N./van Santen, E./Seckinger, M. (2007): Kinder- und Jugendhilfe im Wandel. Eine empirische Strukturanalyse. München.

Pluto, L./van Santen, E./Seckinger, M. (2014): Lebenslagen Jugendlicher als Ausgangspunkt kommunaler Politikgestaltung. Eine Expertise zur beteiligungsorientierten Erhebung von jugendpolitischen Bedarfen. Online: http://www.allianz-fuer-jugend.de/downloads/Expertise_Lebenslagen_Jugendliche_end.pdf [letzter Zugriff am 15.12.2022].

Sann, A./Küster, E.-U./Pabst, C./Peterle, C. (2022): Entwicklung der Frühen Hilfen in Deutschland. Ergebnisse der NZFH-Kommunalbefragungen im Rahmen der Dokumentation und Evaluation der Bundesinitiative Frühe Hilfen (2013–2017). Forschungsbericht. Materialien zu Frühen Hilfen 14. Herausgegeben vom Nationalen Zentrum Frühe Hilfen (NZFH). Köln. Online: https://doi.org/10.17623/NZFH:MFH-EFHD-KB [letzter Zugriff: 15.12.2022].

Schimke, H.-J. (2016): Umsetzung von Beteiligungs- und Beschwerdeverfahren für Kinder und Jugendliche in der Kinder- und Jugendhilfe, der Schule und im Gesundheitswesen. Eine Expertise. Online: https://www.kinderstark.nrw/uploads/media/ISA-Expertise_Umsetzung-Beteiligungs-Beschwerdeverfahren_final.pdf [letzter Zugriff: 15.12.2022].

Schnurr, J./Jordan, E./Schone, R. (2010): Gegenstand, Ziele und Handlungsmaximen von Jugendhilfeplanung. In: Maykus, S./Schone, R. (Hrsg.): Handbuch Jugendhilfeplanung. Grundlagen, Anforderungen und Perspektiven. 3., vollständig aktualisierte Auflage. Wiesbaden. S. 91–113.

Schubert, H. (2015a): Impulse zur Netzwerkarbeit Frühe Hilfen. Planung, Steuerung und Qualitätsentwicklung in Netzwerken Frühe Hilfen. Köln, Bundesinitiative NZFH/BZgA. Online: http://www.fruehehilfen.de/impulse-netzwerk-schubert/ [letzter Zugriff: 15.12.2022].

Schubert, H. (2015b): Lokale Governance – Einführung in das Konzept. In: Knabe, J./van Rießen, A./ Blandow, R. (Hrsg.): Städtische Quartiere gestalten. Kommunale Herausforderungen und Chancen im transformierten Wohlfahrtsstaat. Bielefeld. S. 113–130.

Schubert, H. (2018a): Netzwerkorientierung in Kommune und Sozialwirtschaft. Eine Einführung, Wiesbaden.

Schubert, H. (Hrsg.) (2018b): Integrierte Sozialplanung für die Versorgung im Alter. Grundlagen, Bausteine, Praxisbeispiele. Wiesbaden.

Schubert, H./Bremsthaler, S./Hensel, A./Georg, A./Zinn, J. (2016): Gute Beispiele integrierter Sozialplanung in Deutschland. SRM-Arbeitspapier 62. Online: https://www.th-koeln.de/mam/downloads/deutsch/hochschule/fakultaeten/f01/srm-arbeitspapier62_ispinova_gute_beispiele_integrierter_sozialplanung_in_deutschland_fin.pdf [letzter Zugriff: 15.12.2022]

Schubert, H./Spieckermann, H./Papenfuß, K./Nutz, A. (2018): Zwischenbericht zur Situation der Sozialplanung in den Untersuchungsregionen StädteRegion Aachen und Rheinisch-Bergischer Kreis. Ergebnisse der Expert*inneninterviews auf Kreisebene, auf Trägerebene und mit dem Beratungssystem Ergebnisse der Gruppendiskussionen mit Akteur*innen unterschiedlicher Ebenen im Rahmen des Projekts »Evaluation des Modells der integrierten strategischen Sozialplanung«. Online: https://www.th-koeln.de/mam/downloads/deutsch/hochschule/fakultaeten/f01/srm-arbeitspapier69__emiss_zwischenbericht_ap2+4.pdf [letzter Zugriff: 15.12.2022]

Simon, T. (2015): Kommunale Jugendhilfeplanung. Ein Arbeitshandbuch für Ausbildung und Praxis. 8. Auflage. Wiesbaden.

Smessaert, A./Münder, J. (2010): Rechtliche Vorgaben zur Jugendhilfeplanung im SGB VIII und ihre Auswirkungen auf die Jugendhilfepläne. In: Maykus, S./Schone, R. (Hrsg.): Handbuch Jugendhilfeplanung. Grundlagen, Anforderungen und Perspektiven. 3., vollständig aktualisierte Auflage. Wiesbaden. S. 157–188.

Städte- und Gemeindebund Nordrhein-Westfalen (2022): Für eine »maßgeschneiderte« Verwaltung. Online: https://www.kommunen.nrw/presse/pressemitteilungen/detail/dokument/fuer-eine-massgeschneiderte-verwaltung.html [letzter Zugriff: 15.12.2022].

Stork, R. (2010): Beteiligungsprozesse in der Jugendhilfeplanung. In: Maykus, S./Schone, R. (Hrsg.): Handbuch Jugendhilfeplanung. Grundlagen, Anforderungen und Perspektiven. 3., vollständig aktualisierte Auflage. Wiesbaden. S. 221–244.

Tabatt-Hirschfeldt, A./Sann-Caputo, T. M./Stremlow, J./Unger, F./Sann, U./Kessler, O. (2018): Rahmenbedingungen integrierter Sozialplanung: Rollenverständnisse und Kompetenzprofile von Sozialplaner_innen und Sozialdezernent_innen. (FGW-Impuls Vorbeugende Sozialpolitik, 14). Düsseldorf.

Tammen, B. (2022): Gesamtverantwortung, Jugendhilfeplanung. In: Münder, J./Meysen, T./Trenczek, T. (Hrsg.), Frankfurter Kommentar SBG VIII Kinder- und Jugendhilfe. 9. Auflage. Frankfurt. S. 1024–1047.

Thüringer Ministerium für Bildung, Jugend und Sport (Hrsg.) (2019): Arbeitshilfe Jugendhilfeplanung. Erfurt. Online: https://bildung.thueringen.de/fileadmin/jugend/grundsatzangelegenheiten/jugendhilfeplanung/Arbeitshilfe_Jugendhilfeplanung_Thueringen.pdf [letzter Zugriff: 15.12.2022].

Umwelt Bundesamt (2022): Soziale Aspekte des Umweltschutzes/Ökologische Gerechtigkeit. Online: https://www.umweltbundesamt.de/themen/nachhaltigkeit-strategien-internationales/soziale-aspekte-des-umweltschutzesoekologische [letzter Zugriff 15.12.2022].

Westers, R. (2007): Grundlagen der Schulentwicklungsplanung – Schulentwicklungsplanung im Aufgabenfeld eines Schulverwaltungsamtes. In: LWL-Landesjugendamt Westfalen (Hrsg.): Den Wandel gestalten. Gemeinsame Wege zur integrierten Jugendhilfe- und Schulentwicklungsplanung. Münster. S. 22–24.

Wright, M./Block, M./ Unger, H. (2008): Partizipation: Mitentscheidung der Bürgerinnen und Bürger. Online: https://leitbegriffe.bzga.de/alphabetisches-verzeichnis/partizipation-mitentscheidung-der-buergerinnen-und-buerger/ [letzter Zugriff: 15.12.2022].

Zipperle, M. (2016): Jugendhilfe als Schulentwicklung – Schule als Jugendhilfeentwicklung. Zur wechselseitigen Impulsvermittlung. In: Zipperle, M./Bauer, P./Stauber, B./Treptow, R. (Hrsg.): Vermitteln. Eine Aufgabe von Theorie und Praxis Sozialer Arbeit. Wiesbaden.

ZfKJ – Zentrum für Kinder- und Jugendforschung (2022): Appell aus der Wissenschaft: Das Kita-System steht vor dem Kollaps – Wissenschaftlerinnen und Wissenschaftler fordern die Politik zum schnellen Handeln auf. Online: https://www.zfkj.de/images/Appell_der_Wissenschaft_2022_Das_Kita_System_steht_vor_dem_Kollaps.pdf [letzter Zugriff 15.12.2022].

Die Autor:innen

Philipp-Emanuel Oettler (M.A. Jugendhilfe) ist stellvertretende Leitung des Arbeitsbereichs Kinder- und Jugendhilfe am Institut für soziale Arbeit e. V. und befasst sich neben der Jugendhilfeplanung mit den inhaltlichen Schwerpunkten frühkindliche Bildung, Frühe Hilfen und Netzwerkarbeit.

Julia Pudelko (M.A. Jugendhilfe) leitet den Arbeitsbereich Kinder- und Jugendhilfe am Institut für soziale Arbeit e. V. in Münster und befasst sich neben der Jugendhilfeplanung mit den inhaltlichen Schwerpunkten Kinderschutz, Frühe Hilfen, Kinder- und Jugendförderung und Organisationsentwicklung.

André Altermann, Anneka Beck, Sarah Spannruft,
Ramona Steinhauer, Malte Vossiek (Hrsg.)
Kind- und jugendorientierte Ganztagsbildung
Impulse für die pädagogische Praxis und die Wissenschaft
SOZIALE PRAXIS
WAXMANN